REVIDIERTER BERICHT ÜBER DIE ALGORITHMISCHE SPRACHE ALGOL 68

ELEKTRONISCHES RECHNEN UND REGELN

Herausgegeben von

Prof. Dr. HANS FRÜHAUF · Prof. Dr. WILHELM KÄMMERER
Prof. Dr. KURT SCHRÖDER † · Prof. Dr. HELMUT THIELE
Prof. Dr. HORST VÖLZ

Sonderband 27

REVIDIERTER BERICHT
ÜBER DIE ALGORITHMISCHE SPRACHE
ALGOL 68

AKADEMIE-VERLAG · BERLIN
1978

REVIDIERTER BERICHT ÜBER DIE ALGORITHMISCHE SPRACHE

ALGOL 68

Herausgegeben von

A. van Wijngaarden, B. J. Mailloux, J. E. L. Peck,
C. H. A. Koster, M. Sintzoff, C. H. Lindsey,
L. G. L. T. Meertens und R. G. Fisker

In deutscher Fassung herausgegeben von

Prof. Immo O. Kerner

Pädagogische Hochschule „K. F. W. Wander“ Dresden
Sektion Mathematik/Geographie

AKADEMIE-VERLAG · BERLIN
1978

Revised Report on the Algorithmic Language ALGOL 68
ACTA INFORMATICA 5 (1975) Heft 1–3

Der definierende Bericht über die algorithmische Sprache
Revidiertes ALGOL 68
ist in Englisch formuliert und in der Zeitschrift
ACTA INFORMATICA 5 (1975) Heft 1–3
veröffentlicht worden. Diese Originalfassung bildet die alleinige Grundlage
zur Klärung aller sich eventuell aus dem hier vorgelegten
deutschsprachigen Text ergebenden Mehrdeutigkeiten
oder vermeintlichen Abweichungen

Deutsche Übersetzung:
I. O. Kerner, G. Riedewald, W. Haunschild, H.-P. Lorenzen,
H.-J. Bartsch, H.-H. Lüdtke und B. Buchholz

Erschienen im Akademie-Verlag, 108 Berlin, Leipziger Str. 3–4
Lizenznummer: 202 · 100/401/78
Gesamtherstellung: VEB Druckerei „Thomas Müntzer", 582 Bad Langensalza
Bestellnummer: 762 108 2 (6258) · LSV 1085
Printed in GDR
DDR 48,– M

Vorwort für die deutsche Ausgabe

Mit der vorliegenden deutschsprachigen Formulierung für den definierenden Bericht der algorithmischen Sprache ALGOL 68 (revidiert) wenden wir uns nun mit der gleichen Absicht das vierte Mal in der ALGOL-Historie an die Öffentlichkeit: ALGOL 60, Revidiertes ALGOL 60, ALGOL 68 und Revidiertes ALGOL 68. Nachdem wir, wie wir glaubten mit gutem Grund, auch für ALGOL 68 die bei ALGOL 60 bewährte Arbeitsmethode beibehielten, nämlich die syntaktischen Begriffe mit zu übersetzen, sind wir nunmehr davon abgewichen. Die Syntax hat in dieser Übersetzung die ursprüngliche „englische“ Form. Damit wollen wir deutschsprachige Veröffentlichungen über ALGOL 68 — soweit sie sich auch auf die Syntax beziehen — englischsprachigen Lesern zugänglich halten, d. h. die Querbeziehungen zum Original bewahren und andererseits den Nutzern unserer Übersetzung den Zugriff zum Inhalt des Originals wesentlich erleichtern. Außerdem offenbarten die „deutschen“ Kunstwörter für viele metasprachliche Begriffe, welche wir seinerzeit auf ähnliche Weise wie im englischen Urtext bildeten, oft eine unfreiwillige Komik. Diese neue Art der Übersetzung stört keineswegs syntaktische Querbezüge zum ALGOL 68 von 1968, denn der revidierte Bericht bietet ohnehin eine völlig neue Syntax an, die zwar den Sprachschatz (Form und Inhalt der ALGOL 68-Programme) kaum ändert, aber eine ganz und gar neue Stufe in der Definitionsmethodik algorithmischer Sprachen darstellt. Durch den konsequenten Verzicht auf ε-Freiheit und gerade die gezielte Benutzung von Begriffen in der Syntax mit leeren Terminalerzeugungen gelang es, alle Kontextbedingungen der Sprache in den Syntaxregeln formalisiert zu fassen. Diese speziellen Begriffe sind die Prädikate (predicates), welche der Sache nach den Charakter logischer Aussagen oder Bedingungen haben, die bei speziellen Belegungen entweder erfüllt (wahr) oder nicht erfüllt (falsch) sind. Nur im ersten Fall liefern sie leere Enderzeugungen und verschwinden aus der Ableitungsfolge, so daß nur terminale Zeichenreihen (Programme) erzeugbar sind, wenn alle Kontextbedingungen erfüllt sind.

Syntaktische Begriffe außerhalb der Syntax vertreten ganze Klassen oder Mengen von Enderzeugungen, die aus ihnen ableitbar sind. (Bei Begriffen aus der Metasyntax sind das sogar Klassen eigentlicher syntaktischer Begriffe.) Solche repräsentierenden Begriffe werden Parabegriffe genannt, und im Text wird für sie derselbe (halbfette) Typensatz wie in der Syntax verwendet. Diese Begriffe als Repräsentanten müssen auch im deutschen Text als (nicht übersetzte) Syntaxbegriffe englisch verbleiben, wenn es auch in vielen Fällen gute und eingeführte deutsche Bezeichnungen gibt. Wir versuchten den folgenden Kompromiß. Im deutschsprachigen Text werden auch deutsche Bezeichnungen und diese im Normaldruck verwendet. Haben diese Begriffe Repräsentantencharakter, wird der originale Repräsentant als Parabegriff in Klammern, d. h. auch halbfett, dahinter gesetzt (z. B. Zuweisung (**assignation**), Schnitt (**slice**)). Erscheint in einem Absatz dieser Sachverhalt öfter für denselben Parabegriff, wird auf Wiederholung der Vorgehensweise verzichtet, wenn Irrtümer dadurch nicht entstehen können. Aber Metaparabegriffe haben wir generell wie im Original behandelt. Für sie gibt es auch dann keine deutschen Entsprechungen im Text, wenn eine solche in Einzelfällen denkbar erscheint. Im Kapitel 12, welches in alphabetischer Folge technische Termini und die Parabegriffe enthält, sind die deutschen hier verwendeten Termini gelistet. Bei Programmierbezeichnungen aus dem Standardrahmen haben wir ebenfalls auf eine „Übersetzung" verzichtet.

Einige zusätzliche Erläuterungen hielten wir in den Kapiteln 2, 6 und 12 für angebracht; ihr Umfang ist gering.

Den Autoren des Originalberichts und allen Mitgliedern der IFIP Working Group 2.1 on ALGOL danken wir für die Unterstützung während der gesamten Revisionsperiode an ALGOL 68, die es uns ermöglichte, diese Übersetzung sehr kurzfristig nach dem Erscheinungstermin (Januar 1976) des Revidierten ALGOL 68-Berichts herauszubringen. Für spezielle kritische und helfende Diskussionen während der Bearbeitung danken wir A. A. Bährs (Nowosibirsk), K.-H. Bachmann (Berlin), A. P. Ershov (Nowosibirsk), H. Golde (Seattle), G. Goos (Karlsruhe), U. Hill (München), P. Kühling (Berlin), N.J. Lehmann (Dresden), B. Mailloux (Edmonton), S. van der Meulen (Utrecht) und H. Wössner (München). Dem Akademie-Verlag und insbesondere Frau R. Helle (Leitende Lektorin) sei für verständnisvolle Zusammenarbeit herzlich gedankt.

Rostock, im Februar 1976 I. O. Kerner

Inhalt

Danksagungen

[Bücher haben ihre Schicksale. Habent sua fata libelli.
De litteris, Terentianus Maurus.]

Die Working Group 2.1 on ALGOL der International Federation for Information Processing hat seit 1963 die Entwicklung von "ALGOL X", eines Nachfolgers von ALGOL 60 [3], diskutiert. Auf ihrem Treffen in Princeton im Mai 1965 forderte die WG 2.1 schriftliche Beschreibungen der Sprache an, die auf den vorhergegangenen Diskussionen beruhten. Zum Treffen im Oktober 1965 in St. Pierre de Chartreuse bei Grenoble lagen unter den Beiträgen drei Berichte, die mehr oder weniger vollständige Sprachen beschrieben, von Niklaus Wirth [8], Gerhard Seegmüller [6] und Aad van Wijngaarden [9]. vor. In [6] und [8] wurde die Beschreibungstechnik von [3] benutzt, während [9] eine neue Technik für Sprachentwurf und -definition beinhaltete. Weitere bedeutungsvolle verfügbare Beiträge waren Arbeiten von Tony Hoare [2] und Peter Naur [4, 5].

Auf späteren Treffen zwischen April 1966 und Dezember 1968, die in Kootwijk in der Nähe von Amsterdam, Warschau, Zandvoort bei Amsterdam, Tirrenia bei Pisa und North Berwick bei Edinburgh abgehalten wurden, wurde eine Reihe immer besserer Annäherungen an einen endgültigen Bericht, beginnend mit [10] und gefolgt von einer mit MR 88, MR 92, MR 95, MR 99 und MR 100 numerierten Serie, von einer in Amsterdam arbeitenden Gruppe vorgelegt. Sie bestand zunächst aus A. van Wijngaarden und Barry Mailloux, nahm später John Peck und zuletzt Kees Koster auf. Bei Kursen über die Sprache, die an verschiedenen Zentren gehalten wurden, wurden verschiedene Versionen benutzt. Die beim Erläutern der Sprache vor Fachpublikum gewonnene Erfahrung wie auch die Reaktionen der Studenten beeinflußten die nachfolgenden Versionen. Die endgültige Version, MR 101 [11], wurde von der Working Group am 20. Dezember 1968 in München angenommen und daraufhin von der General Assembly der IFIP zur Veröffentlichung empfohlen. Danach wurde sie in "Numerische Mathematik" [12] veröffentlicht und ins Russische [13], ins Deutsche [14], ins Französische [15] und ins Bulgarische [16] übersetzt. Eine "Informal Introduction" zur Unterstützung für den interessierten Leser wurde ebenfalls auf die Bitte der Working Group angefertigt [18].

Die ursprünglichen Autoren erkennen mit Freude und Dank die aufrichtige Zusammenarbeit, die Unterstützung, das Interesse, die Kritik und die heftigen Einwände von Mitgliedern der WG 2.1 und vielen anderen an, die an ALGOL interessiert sind. Trotz der Gefahr peinlicher Unterlassungen sollen besonders Jan Garwick, Jack Merner, Peter Ingermann und Manfred Paul für [1], die Brüsseler Gruppe mit M. Sintzoff, P. Branquart, J. Lewi und P. Woden für zahlreiche Anregungen, A. J. M. van Gils aus Apeldoorn, ebenfalls G. Goos und seine Gruppe in München für [7], G. S. Tseytin aus Leningrad und G. L. T. Meertens und J. W. de Bakker aus Amsterdam erwähnt werden. Die Auswahl dieser Namen ist fast zufällig, hat keine besondere Bedeutung und steht stellvertretend für weitere Namen, die in diesem Abschnitt nicht genannt wurden.

Seit der Veröffentlichung des Originalberichts fanden viele Diskussionen in der Working Group statt, die die weitere Entwicklung der Sprache beinhalteten. Dies wurde beeinflußt durch die Erfahrung vieler Fachleute, die Nachteile in den ursprünglichen Vorschlägen sahen und die Revisionen oder Maßnahmen zur Erweiterung anregten. Unter diesen muß man besonders erwähnen: I. R. Currie, Susan G. Bond, J. D. Morison und D. Jenkins aus Malvern (siehe in [17]), in deren ALGOL 68-Dialekt schon viele Charakteristika dieses revidierten Berichtes bereits gefunden werden können. Entsprechendes gilt für P. Branquart, J. P. Cardinael und J. Lewi aus Brüssel, die viele Schwächen aufdeckten (siehe in [17]); Ursula Hill, H. Wössner und H. Scheidig aus München, die einige nicht erwartete und unerwünschte Konsequenzen entdeckten; die Mitarbeiter am Rapport d'Evaluation [19] und viele andere, die in den Working Group Unterkomitees Maintenance and Improvements, geleitet von M. Sintzoff, sowie Transput (Ein- und Ausgabe), geleitet von G. H. Lindsey, arbeiteten. Während der späteren Arbeitsstufen in der Revision wurden viele hilfreiche Ratschläge von H. Boom aus Edmonton, W. Freeman aus York, W. J. Hansen aus Vancouver, Mary Zosel aus Livermore, N. Yoneda aus Tokyo, M. Rain aus Trondheim, L. Ammeraal, D. Grune, H. van Vliet und R. van Vliet aus Amsterdam, G. van der Mey aus Delft und A. A. Bährs sowie A. F. Rar aus Nowosibirsk gegeben. Die Herausgeber dieser Revision möchten ebenso anerkennen, daß die einsatzfreudige Zusammenarbeit, die Unterstützung, das Interesse, die Kritiken und die starken Einwände seitens der Mitglieder der WG 2.1 während dieser Zeit unvermindert angehalten haben.

[1] J. V. Garwick, J. M. Merner, P. Z. Ingermann und M. Paul, Report of the ALGOL-X — I-O Subcommittee, WG 2.1 Working Paper, Juli 1966.

[2] C. A. R. Hoare, Record Handling, WG 2.1 Working Paper, Oktober 1965; auch AB 21.3.6, November 1965.

[3] P. Naur (Editor), Revised Report on the Algorithmic Language ALGOL 60, Regnecentralen, Kopenhagen, 1962.

[4] P. Naur, Proposals for a new language, AB.18.3.9, Oktober 1964.

[5] P. Naur, Proposals for introduction on aims. WG 2.1 Working Paper, Oktober 1965.

[6] G. Seegmüller, A proposal for a basis for a report on a successor to ALGOL 60, Bayerische Akad. Wiss., München, Okt. 1965.

[7] G. Goos, H. Scheidig, G. Seegmüller und H. Walther, Another proposal for ALGOL 67, Bayerische Akad. Wiss., München, Mai 1967.

[8] N. Wirth, A Proposal for a Report on a Successor of ALGOL 60, Mathematisch Centrum, Amsterdam, MR 75, Oktober 1965.

[9] A. van Wijngaarden, Orthogonal Design and Description of a Formal Language, Mathematisch Centrum, Amsterdam, MR 76, Oktober 1965.

[10] A. van Wijngaarden und B. J. Mailloux, A Draft Proposal for the Algorithmic Language ALGOL X, WG 2.1 Working Paper, Oktober 1966.

[11] A. van Wijngaarden (Herausgeber), B. J. Mailloux, J. E. L. Peck und C. H. A. Koster, Report on the Algorithmic Language ALGOL 68, Mathematisch Centrum, Amsterdam, MR 101, Februar 1969.

[12] dasselbe, Numerische Mathematik, Bd. 14, S. 79—218, 1969.

[13] Soobshchenie ob algorithmicheskom yazyke ALGOL 68, Übersetzung ins Russische von A. A. Bährs, A. P. Ershov, L. L. Zmieskaja und A. F. Rar, Kybernetika, Kiew, Heft 6 (1969) und Heft 1 (1970).

[14] Bericht über die Algorithmische Sprache ALGOL 68, Übersetzung ins Deutsche von I. O. Kerner, Akademie-Verlag, Berlin 1972.

[15] Definition du Language Algoritmique ALGOL 68, Übersetzung ins Französische von J. Buffet, P. Arnal, A. Quere (Hrsg.), Hermann, Paris 1972.

[16] Algoritmichniyat yezik ALGOL 68, Übersetzung ins Bulgarische von D. Toshkov und St. Buchvarov, Nauka i Yzkustvo, Sofia 1971.

[17] J. E. L. Peck (Hrsg.), ALGOL 68 Implementation (Ergebnis der 1970 in München stattgefundenen Arbeitstagung der I.F.I.P.), North Holland Publishing Company, Amsterdam 1971.

[18] C. H. Lindsey und S. G. van der Meulen, Informal introduction to ALGOL 68, North Holland Publishing Company, Amsterdam 1971.

[19] J. C. Boussard und J. J. Duby (Hrsg.), Rapport d'Evaluation ALGOL 68, Revue d'Informatique et de Recherche Operationelle, B2 Paris, 1970.

0. Einführung

0.1. Ziele und Prinzipien des Sprachentwurfs

a) Durch das Entwerfen der Algorithmischen Sprache ALGOL 68 drückt die Working Group der International Federation for Information Processing ihren Glauben an den Wert einer allgemeinen Programmiersprache aus, die vielen Fachleuten in vielen Ländern dient.

b) ALGOL 68 ist entworfen worden, um Algorithmen zu verbreiten, um diese effektiv auf einer Vielzahl unterschiedlicher Rechenanlagen auszuführen und um zu helfen, sie Studenten zu lehren.

c) Dieser vorliegende revidierte Bericht der Sprache wurde als Antwort erarbeitet auf die Direktive des übergeordneten Komitees I.F.I.P. TC2 für die Working Group "fortwährend die Erfahrungen, die als Folge dieser [ursprünglichen] Veröffentlichung erhalten wurden, zu beobachten, so daß sie solche Korrekturen des Reports einleiten kann, die wünschenswert sind". Nach der Entscheidung, diesen revidierten Bericht in angemessener Zeit herauszubringen, hat die Working Group versucht, ein Gleichgewicht zu bewahren einerseits zwischen der Notwendigkeit, den Höchstwert an Erfahrungen zu sammeln, die von der ursprünglich definierten Sprache stammen, und andererseits den Forderungen vieler Arbeitsgruppen, die sich schon jetzt mit der Implementierung befassen und für die eine frühe und einfache Lösung dieser Probleme zwingend ist.

d) Obwohl sich die Sprache, wie sie jetzt revidiert wurde, in mancher Weise von der ursprünglich definierten unterscheidet, wurde nicht versucht, umfangreiche neue Eigenschaften einzuführen, und es wird angenommen, daß die revidierte Sprache trotzdem klar als "ALGOL 68" wiedererkennbar ist. Die Working Group hat entschieden, daß diese jetzige revidierte Ausgabe "die endgültige Definition der Sprache ALGOL 68" sein soll, und es wird die Hoffnung geäußert, daß es für momentan in Vorbereitung befindliche Implementationen möglich sein wird, sie mit diesem Standard in Übereinstimmung zu bringen.

e) Die Working Group kann von Zeit zu Zeit Untersprachen und mittels Ergänzungen zu diesem Bericht erweiterte Möglichkeiten definieren, aber diese werden stets auf der Sprache, die hier als feste Grundlage definiert wurde, entstehen müssen. Außerdem können Varianten entwickelt werden, die mehr an andere natürliche Sprachen als das Englische angelehnt sind. Um diese Aktivitäten zu koordinieren und um Kontakt mit Implementatoren und Benutzern zu halten, wurde ein Unterkomitee für ALGOL 68 Support von der Working Group eingerichtet.

f) Die Mitglieder der Gruppe haben, beeinflußt durch mehrjährige Erfahrung mit ALGOL 60 und anderen Programmiersprachen, folgendes ständig als ihre Ziele angenommen:

0.1.1. Vollständigkeit und Klarheit der Beschreibung

Die Gruppe wünscht zur Lösung des Problems beizutragen, eine Sprache klar und vollständig zu beschreiben. Die in diesem Bericht angewandte Methode baut auf einer formalisierten Zwei-Stufen-Grammatik auf, verbunden mit einer in natürlicher Sprache ausgedrückten Semantik, in der aber von einigen sorgfältig und präzis definierten Begriffen und Konzepten Gebrauch gemacht wurde. Es ist jedoch möglich, daß diese Methode für den uneingeweihten Leser schwierig sein kann.

0.1.2. Orthogonalität des Entwurfes

Die Anzahl unabhängiger primitiver Konzepte ist klein gehalten worden, damit die Sprache leicht zu beschreiben, zu erlernen und zu implementieren ist. Andererseits sind diese Konzepte "orthogonal" angewandt worden, um die Ausdruckskraft der Sprache möglichst groß zu machen, während versucht wurde, schädliche Auswüchse zu vermeiden.

0.1.3. Sicherheit

ALGOL 68 ist in einer derartigen Weise aufgebaut, daß nahezu alle syntaktischen Fehler leicht nachgewiesen werden können, bevor sie zu katastrophalen Ergebnissen führen. Darüber hinaus sind die Möglichkeiten, solche Fehler zu begehen, stark eingeschränkt.

0.1.4. Effektivität

ALGOL 68 gestattet dem Programmierer Programme anzugeben, die effektiv auf den gegenwärtigen Rechenanlagen zum Laufen gebracht werden können und überdies keine komplizierten und zeitaufwendigen Optimierungsmaßnahmen erfordern; vgl. z. B. 11.7.

0.1.4.1. Statische Modusprüfung

Die Syntax von ALGOL 68 ist so beschaffen, daß keinerlei Modusprüfung während der Laufzeit nötig ist, außer wenn der Programmierer eine UNITED-Variable vereinbart und dann in einer Konformitätsklausel (**conformity-clause**) ausgedrückt eine Prüfung ihres Modus fordert.

0.1.4.2. Vom Modus unabhängige syntaktische Zerlegung

Die Syntax von ALGOL 68 ist so beschaffen, daß das syntaktische Zerlegen des Programms unabhängig von den Modi seiner Bestandteile durchgeführt werden kann.

Darüber hinaus kann in einer endlichen Anzahl von Schritten festgestellt werden, ob eine beliebige gegebene Folge von Symbolen ein Programm ist.

0.1.4.3. Unabhängige Kompilation

Die Syntax von ALGOL 68 ist so beschaffen, daß Rahmenprogramme und Prozeduren unabhängig voneinander kompiliert werden können, und zwar unter der Voraussetzung, daß während jeder unabhängigen Kompilation eine Spezifikation des Modus aller nichtlokalen Größen vorgesehen ist. Dies erfolgt ohne Verlust an Effektivität des Objektprogramms; vgl. die Anmerkungen nach 2.2.2.c.

0.1.4.4. Schleifenoptimierung

Iterative Prozesse werden in ALGOL 68 in solcher Weise formuliert, daß die direkte Anwendung bekannter Optimierungstechniken zu großen Einsparungen an Laufzeit ohne übermäßiges Anwachsen der Kompilationszeit führt.

0.1.4.5. Darstellungen

Die Darstellungen der ALGOL 68-Symbole sind so gewählt, daß die Sprache auf Rechenanlagen mit einem minimalen Zeichenvorrat implementiert werden kann. Zugleich können die Hersteller von Implementationen Gebrauch von einem größeren Zeichenvorrat machen, wenn dieser verfügbar ist.

0.2. Vergleich mit ALGOL 60

a) ALGOL 68 ist eine Sprache von umfassenderer Anwendbarkeit und größerer Leistung als ALGOL 60. Obwohl ALGOL 68 von den Lehren beeinflußt wurde, die ALGOL 60 bot, wurde es nicht als eine Erweiterung von ALGOL 60, sondern vielmehr als eine vollständig neue Sprache entworfen, auf der Grundlage neuer Erkenntnisse über die wesentlichen, fundamentalen Konzepte des Rechnens und einer neuen Beschreibungstechnik.
b) Das Ergebnis ist, daß die erfolgreichen Charakteristika von ALGOL 60 in ALGOL 68 nur als Spezialfälle allgemeinerer Konstruktionen mit völlig neuen Eigenschaften wiedererscheinen. Daher ist es schwierig, Unterschiede zwischen den beiden Sprachen herauszuarbeiten. Die folgenden Abschnitte sind jedoch in der Absicht geschrieben, einen Einblick in einige der auffallenderen Unterschiede zu geben.

0.2.1. Werte in ALGOL 68

a) Während ALGOL 60 Werte der Typen *integer*, *real* und *boolean* hat, bringt ALGOL 68 als Besonderheit eine Unendlichkeit von "Modi", d. h. eine Verallgemeinerung des Konzeptes "Typ".
b) Jeder einfache Wert ist entweder arithmetisch, d. h. von 'ganz' ('**integral**')- oder 'real' Modus, und dann ist er von einer bestimmten Länge, die aus einer Anzahl verschiedener möglicher Längen gewählt wurde. Oder er ist von 'boolesch' ('**boolean**') oder 'Zeichen' ('**character**') oder 'leer' ('**void**') Modus. Maschinenwörter — als Folgen von Bits oder Bytes betrachtet — können ebenfalls verarbeitet werden.

c) In ALGOL 60 ist das Zusammensetzen von Werten zu Feldern (arrays) möglich. In ALGOL 68 werden zusätzlich zu solchen "mehrfachen" Werten noch "strukturierte" Werte definiert und gehandhabt, die aus Werten von möglicherweise unterschiedlichen Modi zusammengesetzt sind. Ein Beispiel eines mehrfachen Wertes ist das Zeichenfeld (Vektor aus Zeichen), das näherungsweise der ALGOL 60-Zeichenkette entspricht. Beispiele strukturierter Werte sind komplexe Zahlen und symbolische Formeln.
d) In ALGOL 68 wird das Konzept eines Namens eingeführt, d. h. eines Wertes, von dem man sagt, daß er zu einem anderen Wert "referiert". Solch ein Name-Wert-Paar entspricht der Algol 60-Variablen. Es kann jedoch jeder beliebige Name die Wertposition in einem Name-Wert-Paar einnehmen. Auf diese Weise können Ketten indirekter Adressen aufgebaut werden.
e) Das ALGOL 60-Konzept des Prozedurkörpers ist in ALGOL 68 zum Konzept der "Routine" verallgemeinert worden. Diese schließt auch die formalen Parameter ein. Da sie selbst ein Wert ist, kann sie wie irgendein anderer Wert gehandhabt werden.
f) Im Gegensatz zu einfachen Werten ist die Bedeutung eines Namens oder einer Routine im allgemeinen von der Existenz der Speicherzellen abhängig, zu der er referiert oder auf die sie Zugriff hat. Demzufolge ist der Gebrauch von Namen und Routinen Gegenstand gewisser Einschränkungen, die sich auf ihren "Gültigkeitsbereich" ("Lage", "scope") beziehen. Jedoch ist die Syntax von ALGOL 68 so beschaffen, daß in vielen Fällen die Prüfung bzgl. des Gültigkeitsbereiches zur Kompilezeit durchgeführt werden kann. Dabei sind alle Fälle einbezogen, bei denen keine Charakteristika benutzt werden, deren Ausdruckskraft die von ALGOL 60 übertrifft.

0.2.2. Deklarationen in ALGOL 68

a) Während ALGOL 60 Typvereinbarungen, Feldvereinbarungen, Verteilervereinbarungen und Prozedurvereinbarungen hat, bringt ALGOL 68 die Besonderheit der Identitätsdeklaration (**identity-declaration**), deren Ausdruckskraft all diese und mehr einschließt. Obwohl theoretisch die Identitätsdeklaration allein genügt, wurde sie durch eine Variablendeklaration (**variable-declaration**) im Interesse des Benutzers ergänzt.
b) Darüber hinaus gestattet eine Modusdeklaration (**mode-declaration**) die Konstruktion neuer Modi aus bereits existierenden. Insbesondere können die Modi mehrfacher und strukturierter Werte auf diese Weise definiert werden; zusätzlich kann eine Vereinigung von Modi definiert werden, wobei jeder solcher Wert, auf den sich ein gegebener Name bezieht, von irgendeinem der vereinigten Modi sein kann.
c) Schließlich erlauben eine Prioritätsdeklaration (**priority-declaration**) und eine Operatordeklaration (**operation-declaration**) in ALGOL 68 die Einführung neuer Operatoren, die Definition ihrer zugeordneten Operation und die Erweiterung der Klasse der Operanden, sowie eine Änderung der Bedeutung von bereits festgelegten Operatoren.

0.2.3. Dynamische Speicherzuordnung in ALGOL 68

Während ALGOL 60 (abgesehen von den sogenannten "dynamischen **own** Feldern") ein Regime von "Keller"-orientierter Speicherzuordnung beinhaltet, das geeignet ist, mit Objekten zu arbeiten, die verschachtelte Lebensdauer besitzen (d. h., ein Objekt, das nach einem anderen Objekt erzeugt wurde, wird garantiert nicht unerreichbar, bevor das zweite unerreichbar wird), sieht ALGOL 68 zusätzlich die Möglichkeit vor, Objekte zu erzeugen und zu verarbeiten, deren Lebensdauer nicht so eingeschränkt ist. Diese Fähigkeit erfordert den Einsatz eines zusätzlichen Speicherbereichs des "Haufens" (auch "Halde"), in welchem eine Speicherbereinigungstechnik (garbage-collection) benutzt werden muß.

0.2.4. Kollaterale Abarbeitung in ALGOL 68

Während in ALGOL 60 Anweisungen "nacheinander ausgeführt" werden, werden in ALGOL 68 Phrasen (**phrases**) "seriell-" oder "kollateral abgearbeitet". Diese Möglichkeit führt unter Umständen zu effektiveren Objektprogrammen; denn sie gestatten, in vielen Fällen die Reihenfolge der Abarbeitung gewisser Konstruktionen nach Ermessen des Implementierers zu wählen oder in gewissen Fällen zu entscheiden, ob sie überhaupt abzuarbeiten sind. Somit erhält der Benutzer, der erwartet, daß seine "Nebeneffekte" in einer bestimmten Weise ausgeführt werden, durch diesen Bericht keine Unterstützung. Es wurden Möglichkeiten zur Parallelprogrammierung vorgesehen, obwohl sie im Hinblick auf den noch nicht sehr fortgeschrittenen Stand dieser Technik auf das Wesentliche beschränkt sind.

0.2.5. Standarddeklarationen in ALGOL 68

Alle ALGOL 60 Standardfunktionen sind zugleich mit zahlreichen anderen Standarddeklarationen in ALGOL 68 vorhanden. Unter diesen sind "Gerätekenngrößen" ("environment enquiries"), die es ermöglichen, gewisse Eigenschaften einer Implementation festzulegen, und "Transgabe" ("transput")-Deklarationen, die es ermöglichen, während der Laufzeit Daten von externen Medien zu erhalten und Resultate an diese zu liefern.

0.2.6. Einige besondere Konstruktionen in ALGOL 68

a) Die ALGOL 60-Konzepte des Blockes, der Verbundanweisung und der geklammerten Ausdrücke sind in ALGOL 68 zur seriellen Klausel (**serial-clause**) vereinheitlicht. Eine serielle Klausel kann ein Ausdruck (**expression**) sein und einen Wert liefern. In ähnlicher Weise kann die ALGOL 68-Zuweisung (**assignation**), die eine Verallgemeinerung der ALGOL 60-Ergibtanweisung ist, ein Ausdruck sein und als solche einen Wert liefern.
b) Das ALGOL 60-Konzept des Indizierens (subscripting) ist zum ALGOL 68-Konzept des "Indizierens" ("indexing") verallgemeinert worden. Letzteres gestattet nicht nur die Auswahl eines einzelnen Elements aus einem Feld, sondern auch die von Teilfeldern derselben oder irgendeiner kleineren Dimension und mit möglicherweise geänderten Grenzen.
c) ALGOL 68 sieht Reihendarstellungen (**row-displays**) und Strukturdarstellungen (**structure-displays**) vor, die dazu dienen, die in 0.2.1.c erwähnten mehrfachen oder strukturierten Werte aus anderen, einfacheren, zusammenzusetzen.

d) Die ALGOL 60-Laufanweisung ist zu einer knapperen und effektiveren Laufklausel (**loop-clause**) modifiziert worden.
e) Der bedingte Ausdruck und die bedingte Anweisung in ALGOL 60, die zu einer bedingten Klausel (**conditional-clause**) vereinheitlicht wurden, sind dadurch verbessert, daß sie mit einem Schließungssymbol enden müssen. Somit lassen die beiden Alternativklauseln die gleichen syntaktischen Möglichkeiten zu. Darüberhinaus ist die bedingte Klausel zu einer Fallklausel (**case-clause**), welche eine wirkungsvolle Auswahl aus einer beliebigen Anzahl von Klauseln in Abhängigkeit vom Wert eines ganzzahligen Ausdrucks (**integral-expression**) gestattet, verallgemeinert worden, sowie zu einer Konformitätsklausel (**conformity-clause**), die eine Auswahl in Abhängigkeit vom aktuellen Modus eines Wertes gestattet.
f) Einige weniger erfolgreiche ALGOL 60-Konzepte, wie **own**-Größen und ganzzahlige Marken wurden nicht in ALGOL 68 übernommen. Einige Konzepte, wie Zielausdrücke und Verteiler, erscheinen nicht als solche in ALGOL 68, sondern ihre Ausdruckskraft ist in anderen allgemeineren Konstruktionen enthalten.

0.3. Vergleich mit der 1968 definierten Sprache

In den folgenden Abschnitten wird auf die signifikanteren Veränderungen der Sprache hingewiesen. Die revidierte Sprache wird in einer Ausgabe "Informal Introduction to ALGOL 68" von C. H. Lindsey und S. G. van der Meulen beschrieben, die den Originalbericht ergänzt.

0.3.1. Zuschnitte und Routinetexte

Routinen ohne Parameter sollen so konstruiert werden, daß sie sich von einem Zuschnitt (**cast**), in welchem das Zuschnitt-Symbol (**cast-of-symbol,:**) erschien, unterscheiden. Diese Konstruktion ist jetzt eine der Formen des neuen Routinetextes (**routine-text**), der für Prozeduren sowohl mit als auch ohne Parameter vorgesehen ist. Eine neue Form des Zuschnitts wurde eingeführt, die jetzt in früher nicht möglichen Zusammenhängen verwendet werden kann. Darüberhinaus müssen sowohl Leer-Zuschnitte (**void-casts**) und **procedure-PARAMETY-yielding-void-routine-texts** ausdrücklich ein Leer-Symbol (**void-symbol**) enthalten, wenn ein Wert von keinem anderen Modus geliefert werden soll.

0.3.2. Erweiterte Bereiche

Der neue Definitionsbereich (**range**), der durch die Anfrage (**enquiry**) einer Auswahlklausel (**choice-clause**) (die die alten Bedingten (**conditional**)- und Fall-Klauseln (**case-clauses**) einschließt) oder einen while-Teil (**while-part**) eingeführt wurde, ist nun über die gesteuerte serielle Klausel oder über den Do-Teil (**do-part**) erweitert worden und enthält diese.

0.3.3. Konformitätsklauseln

Der Konformitätsvergleich (**conformity-relation**) und die aus ihm durch Erweiterung erhaltene Fallkonformität (**case-conformity**) werden nun durch eine neue Konformitätsklausel (**conformity-clause**) ersetzt, die ein weiteres Beispiel der oben erwähnten Auswahlklausel ist,

0.3.4. Modi mehrfacher Werte

Eine neue Klasse von Modi für mehrfache Werte, deren Elemente selbst mehrfache Werte sein können, wird eingeführt. Somit kann man jetzt den Deklarierer (**declarer**) *[] **string*** schreiben.

Darüber hinaus haben mehrfache Werte keine "Stati" mehr, um ihre Flexibilität anzuzeigen. Statt dessen ist nun die Flexibilität eine Eigenschaft solcher Namen, welche sich auf mehrfache Werte beziehen, deren Umfang sich ändern kann. Diese Namen haben einen spezifischen Modus der Form '**reference to flexible ROWS of MODE**'.

0.3.5. Identifizierung von Operatoren

Es dürfen nicht nur keine zwei Operatoren (**operators**), bei denen die Modi der Operatoren miteinander verwandt sind, wie früher in dem gleichen Definitionsbereich (**range**) deklariert werden, sondern, falls jetzt zwei solche Operatoren in unterschiedlichen Zugriffsbereichen (**reaches**) deklariert wurden, wird jeder Versuch, aus dem inneren Zugriffsbereich den Operator im äußeren Bereich zu identifizieren, fehlschlagen. Dem Implementator wird damit eine Unterstützung gegeben, und vom Benutzer wird eine Quelle möglicher Verwirrungen ferngehalten.

0.3.6. Darstellungen

Die Art und Weise, in der die Symbole (**symbols**) für neu definierte Modusindikationen (**mode-indications**) und Operatoren dargestellt werden, ist nun geschlossener definiert. Folglich ist es klar, daß der Implementator ein spezielles Alphabet von fetten oder "unterstrichenen" Symbolen vorzusehen hat, aus welchem Symbole wie ***person*** gemacht werden können, und es ist ebenso klar, daß Operatoren wie $<<$ gestattet sind,

0.3.7. Standard-Vorspiel

Um den Implementatoren, die Varianten der Sprache in nicht Englisch sprechenden Gebieten schaffen möchten, die Aufgabe zu erleichtern, gibt es im Standard-Vorspiel (**standard-prelude**) keine Feld-Selektoren (**field-selectors**) mehr, die dem Benutzer bekannt sind, eine Ausnahme hiervon bilden *re* und *im* des Modus ***compl***. Die Identifikatoren (**identifiers**) und andere Indikatoren (**indicators**), die im Standard-Vorspiel vereinbart wurden, können natürlich außerdem leicht noch einmal in irgendeinem Bibliotheks-Vorspiel (**library-prelude**) definiert werden. Das würde jedoch im Fall von Feld-Selektoren nicht möglich sein.

0.3.8. Zeilenlänge in der Transgabe

Die Zeilen (und ebenfalls die Seiten) des "Buches", das während der Transgabe benutzt wird, brauchen nicht von gleicher Länge zu sein je nach Ermessen des Implementators. Das entspricht mehr dem tatsächlichen Verhalten der meisten Betriebssysteme und solcher Geräte wie Fernschreiber und Lochbandleser.

0.3.9. Interne Transgabe

Neben der Übertragung von Daten zu oder von externen Medien können die Transgaberoutinen nun mit **row-of-character-variables**, die vom Benutzer vereinbart wurden, verbunden sein.

0.3.10. Abarbeitung von Formaten

Die dynamischen Wiederholer (**replicators**), die in den Formattexten (**format-texts**) enthalten sind, werden abgearbeitet, sobald sie während des formatierten Transgabeprozesses angesprochen werden. Das dürfte einen natürlicheren Effekt für den Benutzer ergeben und ist leichter implementierbar.

0.3.11. Beseitigte Charakteristika

Gewisse Charakteristika, wie prozedurieren, **gommas** und formale Grenzen, sind in der Revision nicht enthalten.

0.4. Änderungen in der Methode der Beschreibung

Unter Berücksichtigung der Direktive der Working Group "sein Erlernen für den uneingeweihten Leser zu erleichtern", haben die Herausgeber dieser Revision den Originalbericht vollständig neu geschrieben. Es wurde die gleiche grundlegende Beschreibungstechnik benutzt, die jedoch auf neue Weise angewendet wurde. Es ist ihre Hoffnung, daß jetzt weniger Einführung notwendig sein wird.

Die bedeutsameren Änderungen in der Beschreibungstechnik sind unten angeführt.

0.4.1. Zwei-Stufen-Grammatik

a) Während die Syntax immer noch durch eine Zwei-Stufen-Grammatik vom Typ, der nun hinreichend durch den Namen "van Wijngaarden" bekannt ist, beschrieben wird, sind für die Benutzung solcher Grammatiken neue Techniken angewendet worden. Insbesondere wird der gesamte Identifizierungsprozeß in der Syntax nun unter Benutzung des Metabegriffs "**NEST**" beschrieben. Die terminalen Metaerzeugungen von "**NEST**" sind in der Lage, die gesamte deklarierte Information, die an einem speziellen Knoten des Erzeugungsbaumes verfügbar ist, zu beschreiben und an abgeleitete Konstruktionen weiterzugeben.

b) Zusätzlich wurde ausgiebiger Gebrauch von "Prädikaten" gemacht. Dies sind Begriffe, die bewußt zur Erzeugung von Sackgassen eingeführt wurden, wenn gewisse Bedingungen nicht erfüllt sind, und welche andernfalls eine leere Enderzeugung liefern. Damit konnte man die Anzahl der Syntaxregeln in vielen Fällen reduzieren, während man es andererseits leichter machte, der Grammatik zu folgen, indem man die Anzahl

der Stellen reduzierte, an denen eine Fortsetzung einer gegebenen Regel gefunden werden kann.
c) So ist es möglich geworden, alle "Kontextbedingungen", die im Originalbericht enthalten waren, zu beseitigen.

0.4.2. Modi

a) Im Originalbericht waren die Modi Protobegriffe von möglicherweise unendlicher Länge. Es wurde vorausgesetzt, daß unter der Kenntnis, wie ein unendlicher Modus entstanden war, es entscheidbar sein sollte, ob oder ob es nicht der gleiche Modus sei wie irgendein anderer unendlicher Modus. Jedoch kamen zahlreiche Beispiele ans Licht, wo dies nicht der Fall war. Deshalb wurde entschieden, alle Unendlichkeiten vom Prozeß der Produktion eines Programmes (**program**) von endlicher Länge zu beseitigen, und tatsächlich kann das nun in einer endlichen Zahl von Schritten geschehen.
b) Im wesentlichen muß ein Modus einen möglicherweise unendlichen Baum darstellen. Seine Beschreibung als Protobegriff von endlicher Länge erfordert den Gebrauch von Anzeigern ['MU definition' ('**MU definition**')] und Anzeigern, die zurück zu solchen Anzeigern ['MU Application' ('**MU application**')] innerhalb des Protobegriffs zeigen. Durch diese Methode kann jedoch ein gegebener unendlicher Baum auf viele Arten "aufgezählt" werden, und somit wird einem Modus eine Äquivalenzklasse, bestehend aus allen äquivalenten Aufzählungen dieses Baumes, zugeordnet. Die Äquivalenz wird in der Syntax durch die Benutzung der früher erwähnten Prädikate definiert.

0.4.3. Erweiterungen

Durch Sprachänderungen ist die Notwendigkeit zahlreicher Erweiterungen, die im Originalbericht gegeben waren, beseitigt worden. Einige von diesen stellten eine beachtliche Quelle von Verwirrungen und Überraschungen dar. Die Gelegenheit der Revision wurde dazu benutzt, um die Erweiterungen als Beschreibungstechnik zu beseitigen. Alle früheren Erweiterungen sind jetzt direkt in der Syntax angegeben worden.

0.4.4. Semantik

a) Um einige sich oft wiederholende Phrasen aus der Semantik zu beseitigen, sind gewisse technische Termini geändert und andere eingeführt worden. Anstatt eine Enderzeugung direkt zu produzieren, tut dies die Grammatik jetzt auf dem Wege eines Erzeugungsbaumes. Die gesamte Semantik wird in Termini von Erzeugungsbäumen erklärt. Parabegriffe, die Sprachkonstruktionen kennzeichnen, können nun Metabegriffe enthalten. "Hyperbegriffe" sind eingeführt worden, um Protobegriffe zu kennzeichnen.
b) Ein Modell eines hypothetischen Computers, der einem realen besser entspricht, wurde eingeführt. Von einer Abarbeitung einer jeden Sprachkonstruktion wird nun angenommen, daß sie in einer "Umgebung" stattfindet. Beim Eintritt in einen neuen Definitionsbereich (**range**), speziell beim Aufruf einer Routine, wird ein neues "Lokales" zur Umgebung zugeführt. Das Lokale bezieht sich auf den neuen Definitions-

bereich, und wenn rekursive Prozeduraufrufe auftreten, bedeutet dies, daß es viele Lokale gibt, die der gleichen Routine entsprechen. Dies überlagert die Methode der "textlichen Substitution", die vorher benutzt wurde. Eine Konsequenz daraus ist, daß das Konzept des "Schützens" ("**protection**") nicht länger benötigt wird.
c) Das Konzept eines "Falles" ("**instance**") eines Wertes wird nicht länger benötigt. Das vereinfacht gewisse Teile der Semantik, wo früher ein neuer Fall genommen werden mußte, dessen Wirkung nicht immer klar zu sehen war.

0.4.5. Übersetzungen

Der Originalbericht wurde in verschiedene natürliche Sprachen übersetzt. Den Übersetzern war es nicht immer möglich, streng an der Beschreibungsmethode festzuhalten, und deshalb wurde die Gelegenheit ergriffen, gewisse Beschreibungsmerkmale, die Schwierigkeiten machten (siehe 1.1.5.), klarer und freier zu definieren.

[Die Klugheit weiß, sie kann entbehren den Unsinn nicht,
damit sich kehren die Narren auch an ihre Lehren.
Grooks, Piet Hein

True wisdom knows it must comprise
some nonsense as a compromise,
lest fools should fail to find it wise.
Grooks, Piet Hein.]

Teil I

Vorbereitende Definitionen

1. Sprache und Metasprache

1.1. Die Methode der Beschreibung

1.1.1. Einführung

a) ALGOL 68 ist eine Sprache, in der Algorithmen für Rechner, d. h. für Automaten oder für Menschen, formuliert werden können. Sie ist in dem Bericht in vier Stufen definiert, der "Syntax" [b], der "Semantik" [c], den "Darstellungen" [d] und dem "Standardrahmen" [e].

b) Die Syntax ist ein Mechanismus, mit dem alle Konstruktionen der Sprache erzeugt werden können. Dieser Mechanismus arbeitet wie folgt:

(i) Eine Menge von "Hyperregeln" und eine Menge von "Metaerzeugungsregeln" sind gegeben [1.1.3.4., 1.1.3.3.], von welchen "Erzeugungsregeln" abgeleitet werden können;

(ii) Eine "Sprachkonstruktion in der Grundsprache" ist ein "Erzeugungsbaum" [1.1.3.2.f], welcher durch Anwendung einer Anzahl von Erzeugungsregeln erzeugt werden kann. Dieser Erzeugungsbaum enthält die jene Konstruktion betreffende statische [d. h. während der Compilierzeit bekannte] Information. Er ist aus einer Hierarchie von nachkommenden Erzeugungsbäumen zusammengesetzt, die auf einer niedersten Stufe, den "Symbolen" (**symbols**), enden. Mit jedem Erzeugungsbaum ist ein "Nest" von in höheren Stufen erklärten Eigenschaften verbunden, welches von den Nestern seiner Nachkommen übernommen wird;

(iii) Ein "Programm (**program**) in der Grundsprache" ist ein Erzeugungsbaum für den Begriff "'**Program**'" [2.2.1.a]. Es muß auch die "Umgebungsbedingung" [10.1.2.] erfüllen.

c) Die Semantik schreibt jeder Sprachkonstruktion [d. h. jedem Erzeugungsbaum] eine "Bedeutung" zu [2.1.4.1.a] durch Definieren der Wirkung [welche "undefiniert" sein kann] ihrer "Abarbeitung" [2.1.4.1.]. Dies geschieht folgendermaßen:

(i) Ein dynamischer [d. h. Laufzeit-] Baum von aktiven "Aktionen" wird hergestellt [2.1.4.]. Eine typische Aktion ist die Abarbeitung eines Erzeugungsbaumes T in einer "Umgebung", die dem Nest von T entspricht, und dies kann die Abarbeitung von Nachkommen von T in möglicherweise neu erstellten Nachfolgeumgebungen auslösen;

(ii) Die Bedeutung eines Programmes (**program**) in der Grundsprache ist die Wirkung seiner Abarbeitung in der leeren "Primalumgebung";

d) Ein Programm (**program**) in der Grundsprache muß in irgendeiner vom Implementierer gewählten "Darstellungssprache" [9.3.A] dargestellt werden. In den meisten Fällen wird dies die offizielle "Bezugssprache" sein.

(i) Ein Programm (**program**) in der Darstellungssprache gewinnt man durch Ersetzen der Symbole (**symbols**) des Programmes in der Grundsprache durch gewisse typografische Zeichen [9.3.].

(ii) Gerade die Bezugssprache erlaubt einen beträchtlichen Spielraum für den Implementierer [9.4.a, b, c]. Eine beschränkte Form der Bezugssprache, in der solche Freiheit nicht gestattet ist, sei die "kanonische Form" der Sprache genannt. Es wird erwartet, daß Algorithmen, die zur Veröffentlichung vorgesehen sind, in dieser Form geschrieben sein sollten.

(iii) Die Bedeutung eines Programmes (**program**) in der Darstellungssprache ist die gleiche wie die des Programmes [in der Grundsprache], von welchem es abgeleitet wurde.

e) Ein Algorithmus wird mit Hilfe eines Speziellen-Programmes (**particular-program**) beschrieben, welches zusammen mit dem Standardrahmen in einem Programm-Text (**program-text**) [10.1.1.a] eingebettet sein muß. Die Bedeutung eines Speziellen-Programmes [in der Grund- oder einer Darstellungssprache] ist die Bedeutung des Programmes, das "verwandt" ist mit jenem Programm-Text [10.2.1.a].

1.1.2. Pragmatisches

[Merely corroborative detail,
intended to give artistic
verisimilitude to an otherwise
bald and unconvincing narrative.
Mikado, W. S. Gilbert

Lediglich bestätigende Einzelheiten, um einer sonst dürftigen und wenig überzeugenden Geschichte den Anstrich einer gewissen Wahrscheinlichkeit zu geben.
Mikado, W. S. Gilbert.]

In diesem Bericht sind "pragmatische" Anmerkungen eingestreut, die in die Klammern "[" und "]" eingeschlossen sind. Sie gehören nicht zur Definition der Sprache, sondern sollen dem Leser das Verständnis der Zusammenhänge und Absichten der Definitionen erleichtern und ihm helfen, entsprechende Abschnitte oder Regeln zu finden.

[Einige der pragmatischen Anmerkungen enthalten in der Bezugssprache geschriebene Beispiele. In diesen Beispielen treten angewandte-Indikatoren (**applied-indicators**) ohne den Kontext ihrer definierenden-Indikatoren (**defining-indicators**) auf. Wenn nicht anders spezifiziert, identifizieren diese Indikatoren jene in den Standard- (**standard-**) oder Speziellen-Vorspielen (**particular-preludes**) oder dem Speziellen-Nachspiel (**particular-postlude**) (10.2., 10.3., 10.5.) (z. B. siehe 10.2.3.12.a für *pi*, 10.5.1.b für *random* und 10.5.2.a für *stop*) oder jene in:

```
int i, j, k, m, n; real a, b, x, y; bool p, q, overflow;
char c; format f; bytes r; string s; bits t;
compl w, z; ref real xx, yy; union (int, real) ùir;
proc void task1, task2;
[1 : n] real x1, y1; flex [1 : n] real a1;
[1 : m, 1 : n] real x2; [1 : n, 1 : n] real y2; [1 : n] int i1;
[1 : m, 1 : n] int i2; [1 : n] compl z1;
proc xory = ref real : if random < .5 then x else y fi;
proc ncos = (int i) real : cos (2 × pi × i / n);
proc nsin = (int i) real : sin (2 × pi × i / n);
proc finish = void : go to stop;
```

mode book = ***struct*** *(****string*** *text,* ***ref book*** *next);* ***book*** *draft;*
princeton: grenoble: st pierre de chartreuse: kootwijk: warsaw: zandvoort: amsterdam: tirrenia: north berwick: munich: finish.]

1.1.3. Die Syntax der Grundsprache

1.1.3.1. Protobegriffe

a) Für die Definition der Syntax der Grundsprache wird eine formale Grammatik verwendet, in der verschiedene syntaktische Lettern auftreten. Diese können eingeteilt werden in:

(i) "kleine syntaktische Lettern", geschrieben im Bericht als
"**a**", "**b**", "**c**", "**d**", "**e**", "**f**", "**g**", "**h**", "**i**", "**j**", "**k**", "**l**", "**m**", "**n**", "**o**", "**p**", "**q**", "**r**", "**s**", "**t**", "**u**", "**v**", "**w**", "**x**", "**y**", "**z**", "**(**", "**)**";

(ii) "große syntaktische Lettern", geschrieben im Bericht als
"**A**", "**B**", "**C**", "**D**", "**E**", "**F**", "**G**", "**H**", "**I**", "**J**", "**K**", "**L**", "**M**", "**N**", "**O**", "**P**", "**Q**", "**R**", "**S**", "**T**", "**U**", "**V**", "**W**", "**X**", "**Y**", "**Z**", "**0**", "**1**", "**2**", "**3**", "**4**", "**5**", "**6**", "**7**", "**8**", "**9**";

(iii) "andere syntaktische Lettern", geschrieben im Bericht als
"**.**" ("Punkt), "**,**" ("Komma"), "**:**" ("Doppelpunkt"), "**;**" ("Semikolon"), "**'**" ("Apostroph"), "**-**" ("Bindestrich") und "*****" ("Sternchen").

[Man beachte, daß diese Lettern zu einem anderen Typensatz gehören als die Lettern in diesem Satz.]

b) Ein "Protobegriff" ist eine möglicherweise leere Folge von kleinen syntaktischen Lettern.

c) Ein "Begriff" ist ein [nichtleerer] Protobegriff, für den eine Erzeugungsregel abgeleitet werden kann [1.1.3.2.a, 1.1.3.4.d].

d) Ein "Metabegriff" ist eine [nichtleere] Folge von großen syntaktischen Lettern, für die eine Metazeugungsregel vorliegt oder erklärt ist [1.1.3.3.a].

e) Ein "Hyperbegriff" ist eine möglicherweise leere Folge, deren Elemente entweder kleine syntaktische Lettern oder Metabegriffe sind.

[Folglich ist die Klasse der Protobegriffe (b) eine Untermenge der Klasse der Hyperbegriffe. Hyperbegriffe werden verwendet in Metaerzeugungsregeln (1.1.3.3.), in Hyperregeln (1.1.3.4.), als Parabegriffe (1.1.4.2.) und, in ihrer eigentlichen Bedeutung, um verschiedene Klassen von Protobegriffen (1.1.4.1.) zu "bezeichnen".]

[Ein "Parabegriff" ist ein Hyperbegriff, auf den sich verschiedene spezielle Vereinbarungen und Interpretationen beziehen, wie in 1.1.4.2 ausgeführt ist.]

f) Ein "Symbol" ist ein Protobegriff, der auf 'Symbol' ('**symbol**') endet. [Man beachte, daß der Parabegriff Symbol (9.1.1.h) ein spezielles Auftreten eines solchen Protobegriffes bezeichnet.]

[Beispiele:

b) '**variable point**'

c) '**variable point numeral**' (8.1.2.1.b)

d) "**INTREAL**" (1.2.1.C)

e) '**reference to INTREAL**'

f) '**letter a symbol**'

Man beachte, daß der Protobegriff '**twas brillig and the slithy toves**' weder ein Symbol noch ein Begriff ist, da er nicht auf 'Symbol' ('**symbol**) endet und keine Erzeugungsregel für ihn abgeleitet werden kann. Ebenso sind "**LEWIS**" und "**CARROLL**" keine Metabegriffe, da es für sie keine Metaerzeugungsregeln gibt.]

g) Um zwischen den verschiedenen Nutzungen der oben definierten Terme in diesem Bericht zu unterscheiden, werden folgende Vereinbarungen getroffen:

(i) In Erzeugungs-, Metaerzeugungs- bzw. Hyperregeln werden keine hervorhebenden Zeichen [Anführungsstriche, Apostrophe bzw. Bindestriche] verwendet;
(ii) Metabegriffe und Hyperbegriffe, welche für sich selbst stehen [d. h., welche nicht Protobegriffe bezeichnen], werden in Anführungsstriche eingeschlossen;
(iii) Parabegriffe werden in nichts eingeschlossen [aber sind, als Hilfe für den Leser, dort mit Bindestrichen versehen, wo sonst Leerzeichen stehen würden];
(iv) Alle anderen Hyperbegriffe [einschließlich Protobegriffe], die oben nicht erwähnt wurden, sind in Apostrophe eingeschlossen [um zu kennzeichnen, daß sie irgendeinen Protobegriff bezeichnen, wie in 1.1.4.1.a definiert wurde];
(v) Typografische Maßnahmen, wie der Zwischenraum, der Silbentrennstrich, der Übergang zu einer neuen Zeile bzw. Seite, sind von keinerlei Bedeutung (aber siehe auch 9.4.d).

[Beispiele:

(i) **LEAP :: local ; heap ; primal.** ist eine Metaerzeugungsregel;
(ii) "**INTREAL**" ist ein Metabegriff und bezeichnet nichts außer sich selbst;
(iii) **reference-to-INTREAL-identifier**, nicht eingeschlossen in Apostrophe und mit Bindestrichen versehen, ist ein Parabegriff, der eine Sprachkonstruktion bezeichnet (1.1.4.2.a);
(iv) '**variable point**' ist Hyperbegriff und Protobegriff zugleich; aufgefaßt als Hyperbegriff bezeichnet er sich selbst als einen Protobegriff;
(v) '**reference to real**' bedeutet dasselbe wie '**referencetoreal**'.]

1.1.3.2. Erzeugungsregeln und Erzeugungsbäume

a) Die [abgeleiteten] "Erzeugungsregeln" [b] der Sprache sind solche Erzeugungsregeln, die man aus den "Hyperregeln" [1.1.3.4.] ableiten kann. Weitere Regeln sind informatorisch angegeben in 8.1.4.1.d und 9.2.1.d.

b) Eine "Erzeugungsregel" besteht aus den folgenden Ausdrücken, in dieser Reihenfolge:

ein eventuelles Sternchen;
ein nichtleerer Protobegriff N;
ein Doppelpunkt;
eine nichtleere Folge von durch Semikolons getrennten "Alternativen";
ein Punkt.

Man bezeichnet sie als Erzeugungsregel "für" [den Begriff (1.1.3.1.c)] N.

[Das Sternchen, wenn vorhanden, zeigt an, daß der Begriff in keiner anderen Erzeugungsregel verwendet wird und dazu bestimmt ist, die Diskussion in der Semantik zu erleichtern. Es kennzeichnet auch, daß der Begriff als ein "Oberbegriff" ("abstraction") (1.1.4.2.b) für eine seiner Alternativen verwendet werden kann.]

c) Eine "Alternative" ist eine nichtleere Folge von durch Kommas getrennten "Gliedern".

d) Ein "Glied" ist entweder
(i) ein Begriff [und kann dann erzeugend bzw. nichtterminal sein],
(ii) ein Symbol [welches terminal ist],
(iii) leer oder
(iv) ein anderer Protobegriff [für den keine Erzeugungsregel abgeleitet werden kann], der dann eine "Sackgasse" genannt wird.

[Zum Beispiel ist das Glied '**reference to real denotation**' (abgeleitet von der Hyperregel 8.0.1.a) eine Sackgasse.]

[Beispiele:

b) – **exponent part : times ten to the power choice, power of ten.** (8.1.2.1.g) •
– **times ten to the power choice :**
times ten to the power symbol ; letter e symbol. (8.1.2.1.h)

c) – **times ten to the power choice, power of ten** •
– **times ten to the power symbol** •
– **letter e symbol**

d) – **times ten to the power choice** •
– **power of ten** •
– **times ten to the power symbol** •
– **letter e symbol.**]

e) Eine "Sprachkonstruktion der Grundsprache" ist jeder "Erzeugungsbaum" [f], der von einer Erzeugungsregel der Sprache "erzeugt" werden kann.

f) Ein "Erzeugungsbaum" T für einen Begriff N, den man das "Original" von T nennt, wird folgendermaßen "erzeugt":

• sei P eine [abgeleitete] Erzeugungsregel für N;
• eine Kopie von N wird genommen;
• eine Folge von Erzeugungsbäumen, den "direkten Nachkommen" von T, welche man für jedes nichtleere Glied einer Alternative A von P erzeugte, wird an die Kopie angefügt. Die Anordnung der Folge ist durch die Reihenfolge der Glieder in A bestimmt;
• die Kopie des Originals bildet zusammen mit den angefügten direkten Nachkommen den Erzeugungsbaum T.

Ein "Erzeugungsbaum" für ein Symbol besteht aus einer Kopie des Symbols [d. h., er besteht aus einem Symbol (**symbol**)].

Die "terminale Erzeugung" eines Erzeugungsbaumes T ist eine Folge, die aus den terminalen Erzeugungen der direkten Nachkommen von T besteht und deren Reihenfolge entsprechend zusammengesetzt ist.

Die "terminale Erzeugung" eines nur aus einem Symbol bestehenden Erzeugungsbaumes ist das Symbol selbst (siehe Beispiel Seite 20).

[Die terminale Erzeugung dieses Baumes ist die Folge von Symbolen (**symbols**) am unteren Ende des Baumes. In der Bezugssprache würde ihre Darstellung *e* + *02* sein.]

Eine "terminale Erzeugung" eines Begriffes ist die terminale Erzeugung irgendeines Erzeugungsbaumes für diesen Begriff. [So gibt es viele andere terminale Erzeugungen von '**exponent part**' neben der einen gezeigten.]

[Die Syntax der Grundsprache wurde in einer solchen Weise aufgestellt, daß eine vorliegende Folge von Symbolen (**symbols**), die eine terminale Erzeugung irgendeines Begriffes ist, durch einen einzigen Erzeugungsbaum entsteht oder durch eine Menge

[Beispiel:

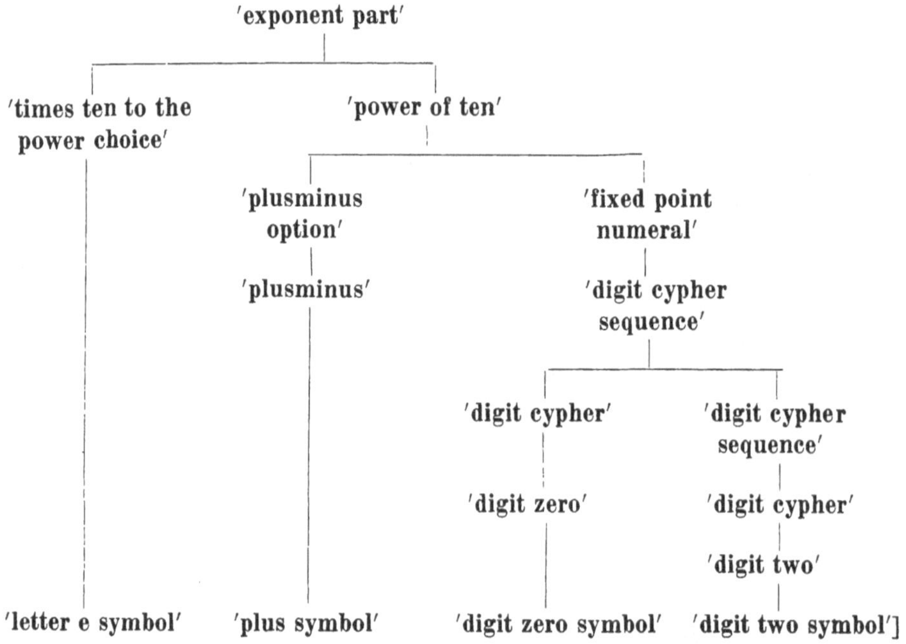

]

von Erzeugungsbäumen, die sich nur auf eine solche Weise unterscheiden, daß das Ergebnis ihrer Abarbeitung doch dasselbe ist (z. B. Erzeugungsbäume, abgeleitet von den Regeln 3.2.1.e (Balancieren), 1.3.1.d, e (Prädikate) und 6.7.1.a, b (Auswahl beim Aufzählen des Modus von einem zu löschenden Anzupassenden (**coercend**)); siehe auch 2.2.2.a).

Deshalb werden terminale Erzeugungen (oder Darstellungen von ihnen) in diesem Bericht und anderswo an Stelle von Erzeugungsbäumen verwendet. Nichtsdestoweniger sind es jedoch die Erzeugungsbäume, für welche die Abarbeitung von Programmen durch die Semantik dieses Berichtes definiert ist, die die Bedeutung jener Sprachkonstruktionen erklärt, deren Original der Begriff Programm (**program**) ist.]

g) Ein Erzeugungsbaum P ist ein "Nachkomme" eines Erzeugungsbaumes Q, wenn er ein direkter Nachkomme [f] entweder von Q oder von einem Nachkommen von Q ist. Man sagt, Q "enthält" seine Nachkommen, und die Nachkommen sind "kleiner" als Q. [Zum Beispiel ist der Erzeugungsbaum

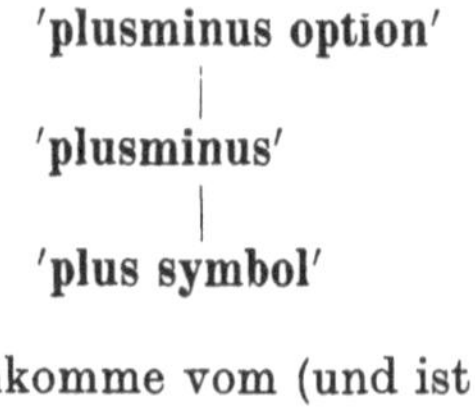

ein Nachkomme vom (und ist enthalten im und kleiner als der) Erzeugungsbaum für '**exponent part**', der oben angeführt wurde.]

h) Ein "sichtbarer" ("unsichtbarer") Erzeugungsbaum hat eine nichtleere (leere) terminale Erzeugung.

i) Ein Nachkomme [g] U eines Erzeugungsbaumes T ist "vor" ("nach") einem Nachkommen V von T, wenn die terminale Erzeugung [f] von U vor (nach) der von V in der terminalen Erzeugung von T erscheint. Die dadurch definierte [spezielle] Anordnung der Nachkommen von T heißt die "textliche Anordnung". [Im Erzeugungsbaum für '**exponent part**' (f) ist der Erzeugungsbaum, dessen Original '**plusminus**' ist, vor jenem, dessen Original '**digit two**' ist.]
j) Ein Nachkomme A eines Erzeugungsbaumes "folgt" ("geht voran") einem anderen Nachkommen B in der textlichen Anordnung, wenn A nach (vor) B in dieser textlichen Anordnung steht und sich kein sichtbarer [h] Nachkomme C zwischen A und B befindet. [Das "unmittelbare" Folgen (Vorangehen) ist daher gemeint.]
k) Ein Erzeugungsbaum A ist "verwandt" mit einem Erzeugungsbaum B, wenn ihre terminalen Erzeugungen identisch sind.

1.1.3.3. Metaerzeugungsregeln und einfache Substitution

[Die Metaerzeugungsregeln der Sprache bilden eine Menge von kontextfreien Grammatiken, die eine "Metasprache" definieren.]
a) Die "Metaerzeugungsregeln" [b] der Sprache sind jene, die in den Abschnitten dieses Berichtes angegeben sind, deren Überschriften mit "Syntax", "Metasyntax" bzw. "Metaerzeugungsregeln" beginnen, und solche, die wie folgt erhältlich sind:

- Für jede gegebene Metaerzeugungsregel, deren Metabegriff M sei, werden zusätzlich Regeln geschaffen, von denen jede aus einer Kopie von M, gefolgt von einer der großen syntaktischen Lettern "0", "1", "2", "3", "4", "5", "6", "7", "8" oder "9", gefolgt von zwei Doppelpunkten, einer weiteren Kopie von M und einem Punkt besteht.

[So ist die Metaerzeugungsregel "**MODE1 :: MODE .**" zuzufügen.]
b) Eine "Metaerzeugungsregel" besteht aus den folgenden Ausdrücken, in dieser Reihenfolge:

Ein eventuelles Sternchen;
eine nichtleere Folge M von großen syntaktischen Lettern;
zwei Doppelpunkte;
eine nichtleere Folge von durch Semikolons getrennten Hyperbegriffen [1.1.3.1.e];
ein Punkt.

Man bezeichnet sie als Metaerzeugungsregel "für" [den Metabegriff (1.1.3.1.d)] M.
[Das Sternchen, wenn vorhanden, zeigt an, daß der Metabegriff in keinen anderen Metaerzeugungs- bzw. Hyperregeln verwendet wird und dazu dient, die Diskussion in der Semantik zu erleichtern.]

[Beispiele:
INTREAL :: SIZETY integral ; SIZETY real. (1.2.1.C) •
SIZETY :: long LONGSETY ; short SHORTSETY ; EMPTY. (1.2.1.D)]

c) Eine "terminale Metaerzeugung" eines Metabegriffes M ist jeder Protobegriff, der ein "einfacher Substituent" [d] für einen der Hyperbegriffe [auf der rechten Seite] der Metaerzeugungsregel für M ist.
d) Ein Protobegriff P ist ein "einfacher Substituent" für einen Hyperbegriff H, wenn eine Kopie von H durch Ersetzen jedes Metabegriffes M in dieser Kopie durch eine terminale Metaerzeugung von M in eine Kopie von P transformiert werden kann.

[So sind '**integral**' und '**long long real**' zwei mögliche terminale Metaerzeugungen (c) von "**INTREAL**". Das ist so, weil die Hyperbegriffe '**SIZETY integral**' und '**SIZETY real**' (die Hyperbegriffe der Metaerzeugungsregel für "**INTREAL**") durch einfache Substitution (d) '**integral**' bzw. '**long long real**' ergeben können, denn ' ' (der leere Protobegriff) und '**long long**' sind terminale Metaerzeugungen von "**SIZETY**".]

[Die in diesem Bericht verwendeten Metabegriffe sind so ausgewählt worden, daß keine Verkettung von einem oder mehreren von ihnen die gleiche Folge von großen syntaktischen Lettern wie eine andere Verkettung ergibt. So wurde eine Quelle von möglichen Mehrdeutigkeiten vermieden.

Obgleich es die rekursive Natur von einigen Metaerzeugungsregeln ermöglicht, terminale Metaerzeugungen von beliebiger Länge abzuleiten, ist die Länge von terminalen Metaerzeugungen, die notwendigerweise in der Erzeugung jedes gegebenen Programmes (**program**) eingeschlossen ist, endlich.]

1.1.3.4. Hyperregeln und simultane Substitution

a) Die Hyperregeln [b] der Sprache sind in den mit "Syntax" überschriebenen Abschnitten des Berichtes angegeben.
b) Eine "Hyperregel" besteht aus den folgenden Ausdrücken, in dieser Reihenfolge:
ein eventuelles Sternchen;
ein nichtleerer Hyperbegriff H;
ein Doppelpunkt;
eine nichtleere Folge von durch Semikolons getrennten "Hyperalternativen";
ein Punkt.
Man sagt, sie ist eine Hyperregel "für" [den Hyperbegriff (1.1.3.1.e)] H.
c) Eine "Hyperalternative" ist eine nichtleere Folge von durch Kommas getrennten Hyperbegriffen.

[Beispiele:
b) **NOTION sequence:**
NOTION; NOTION, NOTION sequence. (1.3.3.b)
c) **NOTION, NOTION sequence**]

d) Eine Erzeugungsregel PR [1.1.3.2.b] ist abgeleitet von einer Hyperregel HR, wenn eine Kopie von HR in eine Kopie von PR durch Ersetzen aller Hyperbegriffe in der Kopie durch einen "simultanen Substituenten" (e) für diese Menge transformiert werden kann.
e) Eine Menge von Protobegriffen PP [einer oder mehr] ist ein "simultaner Substituent" für eine entsprechende Menge von Hyperbegriffen HH, wenn eine Kopie von HH in eine Kopie von PP mit Hilfe des folgenden Schrittes transformiert werden kann:
Schritt: Wenn die Kopie einen oder mehrere Metabegriffe enthält, wird jedes Auftreten des Metabegriffes M durch eine Kopie einer terminalen Erzeugung T von M ersetzt, und der Schritt wird wiederholt.
[Siehe 1.1.4.1.a für eine andere Anwendung der simultanen Substitution.]

[Wendet man diesen Ableitungsprozeß auf die oben (c) angegebene Hyperregel an, kann man erhalten
digit cypher sequence:
digit cypher; digit cypher, digit cypher sequence.,

was daher eine Erzeugungsregel der Sprache ist. Man bemerke, daß

digit cypher sequence:
digit cypher; digit cypher, letter b sequence.

keine Erzeugungsregel der Sprache ist, da die Ersetzung des Metabegriffes "**NOTION**" durch eine seiner terminalen Metaerzeugungen simultan, d. h. überall, erfolgen muß.]

[Da einige Metabegriffe eine unendliche Anzahl von terminalen Metaerzeugungen haben, ist die Zahl der Erzeugungsregeln, die man ableiten kann, unendlich. Die Sprache ist jedoch so konzipiert, daß für die Erzeugung jedes Programmes (**program**) endlicher Länge nur eine endliche Zahl von Erzeugungsregeln benötigt wird.]

f) Die Syntaxregeln sind mit "Hinweisen" versehen, die wie folgt zu interpretieren sind.

Jedem Hyperbegriff H einer Hyperalternative einer Hyperregel A folgt ein Hinweis auf diejenigen Hyperregeln B, deren abgeleitete Erzeugungsregeln für Begriffe gelten, welche dieses H substituieren könnten. Analog steht hinter den Hyperbegriffen jeder Hyperregel B ein Hinweis auf A. Wenn H durch ein Symbol zu ersetzen ist, folgt H ein Hinweis zu dessen Darstellung im Abschnitt 9.4.1. In einigen Fällen ist es überdies besser, einen Hinweis zu einer Metaerzeugungsregel als zu vielen Hyperregeln zu geben. Dann findet man die fehlenden Hinweise in der Metaerzeugungsregel.

Ein solcher Hinweis besteht prinzipiell aus der Abschnittsnummer, gefolgt von dem Buchstaben, der die Zeile angibt, in der die Regel oder die Darstellung beginnt. Dabei gelten folgende Vereinbarungen:

(i) Die Hinweise, deren Abschnittsnummer die des Abschnittes ist, in dem diese Hinweise auftreten, werden zuerst angegeben, und die Abschnittsnummer wird weggelassen; z. B. "8.2.1.a" erscheint als "a" in Abschnitt "8.2.1.";
(ii) Alle Punkte und eine End-Eins werden weggelassen, und 10 erscheint als A; z. B. "8.2.1.a" erscheint als "82a" und "10.3.4.1.1.i" erscheint als "A341i";
(iii) Eine Abschnittsnummer, die mit der im vorhergehenden Hinweis übereinstimmt, wird weggelassen; z. B. "82a, 82b" erscheint als "82a, b";
(iv) Das Auftreten einer Sackgasse, die von dem Hyperbegriff abgeleitet wurde, ist durch "-" gekennzeichnet; z. B. in 8.0.1.a nach "**MOID denotation**", da "**MOID**" beispielsweise durch '**reference to real**' ersetzt werden kann, '**reference to real denotation**' jedoch kein Begriff ist.]

1.1.4. Die Semantik

Die "Bedeutung" von Programmen (**programs**) [2.2.1.a] in der Grundsprache ist in der Semantik mit Hilfe von Sätzen [in einer in gewisser Hinsicht formalisierten natürlichen Sprache] definiert, welche die während der "Abarbeitung" [2.1.4.1.] dieser Programme auszuführenden "Aktionen" erklären. Die "Bedeutung" eines Programmes in einer Darstellungssprache ist identisch mit der Bedeutung des Programmes der Grundsprache, das es darstellt [9.3.].

[Die Semantik macht umfassenden Gebrauch von Hyper- und Parabegriffen, um Protobegriffe beziehungsweise Sprachkonstruktionen zu "bezeichnen". Das Wort "bezeichnen" sollte in dem Sinne verstanden werden, daß das Wort "Flamingo" jedes Tier der Phoenicopteridae "bezeichnet".]

1.1.4.1. Hyperbegriffe, Bezeichnung und Umfassung

[In Apostrophe eingeschlossene Hyperbegriffe "bezeichnen" zu gewissen Klassen gehörende Protobegriffe; z. B. "bezeichnet" '**LEAP**' jeden beliebigen der Protobegriffe '**local**', '**primal**' und '**heap**'.]

a) Hyperbegriffe, die im Text dieses Berichtes stehen, ausgenommen jene in Hyperregeln [1.1.3.4.b] oder in Metaerzeugungsregeln [1.1.3.3.b], "bezeichnen" alle Protobegriffe, die für sie simultan substituiert [1.1.3.4.e] werden können, wobei die simultane Substitution auf alle in einem kompletten Teilabschnitt enthaltenen Hyperbegriffe angewendet wird. (Ein Teilabschnitt ist einer der mit Buchstaben markierten Teile eines numerierten Abschnitts oder, wenn es keine Teile gibt, der ganze).

[Folglich ist '**QUALITY TAX**' ein Hyperbegriff, der Protobegriffe wie '**integral letter i**', '**real letter x**', usw. bezeichnet. Wenn er, in einem speziellen Fall, gerade '**integral letter i**' bezeichnet, müssen alle Auftreten von "**QUALITY**" in diesem Teilabschnitt, bei der ganzen Diskussion dieses Falles, '**integral**' bezeichnen, und alle Auftreten von "**TAX**" müssen '**letter i**' bezeichnen. Es kann dann von Teilabschnitt 4.8.2.a hergeleitet werden, daß beispielsweise das "Zuschreiben zu einem **integral-defining-indicator-with-letter-i**" ein "Zugreifbarmachen des V innerhalb des Lokalen" für das '**integral letter i**' sein muß.]

Gelegentlich, wo der Kontext dies ausdrücklich verlangt, kann die simultane Substitution nicht auf den ganzen Abschnitt angewendet werden. [Es gibt beispielsweise in der Einführung zum Abschnitt 2.1.1.2. mehrere Auftreten von "'**MOID**'", von denen zwei dazu bestimmt sind, spezifische (und verschiedene) vollständig angegebene Protobegriffe zu bezeichnen, und andere in der Pluralform "'**MOID**'s" auftreten. Diese bezeichnen natürlich eine Menge von verschiedenen Elementen der Klasse der terminalen Metaerzeugungen von "**MOID**".]

b) Wenn ein Protobegriff (ein Hyperbegriff) P aus der Verkettung der Protobegriffe (Hyperbegriffe) A, B und C besteht, wobei A und C möglicherweise leer sind, dann "enthält" P das B an der Position [in P], die durch die Länge von A bestimmt ist. [So enthält '**abcdefcdgh**' das '**cd**' an seiner dritten und siebenten Position.]

c) Ein Protobegriff P1 "umfaßt" den Protobegriff P2, etwa speziell bezeichnet durch einen Hyperbegriff H2, wenn P2 oder ein Äquivalent [2.1.1.2.a] von P2 an einer Position in P1, aber nicht so in einem anderen [dazwischenliegenden] in P1 befindlichen Protobegriff P3 enthalten [b] ist, daß H2 auch P3 bezeichnen könnte.

[So ist der durch '**reference to real closed clause**' umfaßte '**MODE**' '**reference to real**' und nicht '**real**'. Der durch ***struct (real*** *a*, ***struct (bool*** *b*, ***char*** *c) d)* spezifizierte Modus (2.1.1.2.b) umfaßt '**FIELD**' genau zweimal.]

1.1.4.2. Parabegriffe

[In diesem Bericht ist das Konzept des "Parabegriffes" eingeführt worden, um das Verständnis von Sprachkonstruktionen mit spezifizierten Originalen zu erleichtern. Ein Parabegriff ist ein Substantiv, das Sprachkonstruktionen (1.1.3.2.e) bezeichnet. Seine Bedeutung kann man in keinem Wörterbuch finden, aber sie kann nach den unten folgenden Regeln ermittelt werden.]

a) Ein "Parabegriff" P ist ein Hyperbegriff [nicht zwischen Apostrophen], der in diesem Bericht dazu benutzt wird, eine Sprachkonstruktion zu "bezeichnen", deren Original O folgendes erfüllt:

- P, aufgefaßt als Hyperbegriff [d. h., als ob es in Apostrophe eingeschlossen wäre], muß einen "Oberbegriff" [b] von O bezeichnen [1.1.4.1.a].

[Zum Beispiel könnte der Parabegriff "**fixed-point-numeral**" die durch *02* dargestellte Sprachkonstruktion bezeichnen, da er, wenn er in Apostrophe eingeschlossen wäre, eine Abstraktion des Begriffes '**fixed point numeral**', welcher das Original dieser Sprachkonstruktion ist, bezeichnen würde. Die gleiche Darstellung könnte jedoch auch als **digit-cypher-sequence** beschrieben werden, und als solche würde dies ein direkter Nachkomme von **fixed-point-numeral** sein.]

[Um Parabegriffe von anderen Hyperbegriffen zu unterscheiden, werden sie, als Hilfe für den Leser, nicht in Apostrophe eingeschlossen und dort mit Bindestrichen versehen, wo sonst Leerzeichen stehen.]

Ein Parabegriff mit einer angehängten kleinen syntaktischen Letter "**s**" hat dieselbe Bedeutung wie derselbe Parabegriff mit einem angehängten Buchstaben "s" [welcher aus dem gleichen Typensatz ist wie die Zeichen dieses Satzes]. [Darum sagt man besser, **fixed-point-numeral** *02* enthält zwei **digit-cyphers** als zwei **digit-cyphers**.] Überdies kann das "**s**" auch anderswo als am Ende eingefügt werden, wenn dies keine Mehrdeutigkeit hervorruft [z. B. bedeutet "**sources-for-MODINE**" dasselbe wie "**source-for-MODINEs**"].

Eine kleine syntaktische Letter am Anfang eines Parabegriffes ist oft durch die entsprechende große syntaktische Letter ersetzt worden (um die Lesbarkeit — etwa am Anfang eines Satzes — zu verbessern). Das hat keinen Einfluß auf die Bedeutung [d. h., "Identifikator" ("**Identifier**") bedeutet dasselbe wie "**identifier**"].

b) Ein Protobegriff P2 ist ein "Oberbegriff" ("abstraction") eines Protobegriffes P1, wenn:

(i) P2 ein Oberbegriff eines Begriffes ist, dessen Erzeugungsregel mit einem Sternchen beginnt und von welcher P1 eine Alternative ist
  [z.B.'**trimscript**' (5.3.2.1.h) ist ein Oberbegriff für jeden der durch '**NEST trimmer**', '**NEST subscript**' und '**NEST revised lower bound option**' bezeichneten Begriffe], oder

(ii) P1 einen Protobegriff P3 umfaßt, welcher durch einen der in Abschnitt c gelisteten "auslaßbaren Hyperbegriffe" bezeichnet wird und P2 eine Abstraktion des Protobegriffes ist, der aus P1 ohne den umfaßten P3 besteht
  [z. B. '**choice using boolean start**' ist ein Oberbegriff der Begriffe '**choice using boolean brief start**' und '**choice using boolean bold start**' (durch Auslassen eines '**STYLE**' von 9.1.1.a)], oder

(iii) P2 zu P1 äquivalent [2.1.1.2.a] ist
  [z. B. '**bold begin symbol**' ist ein Oberbegriff für '**bold begin symbol**'].

[Als Beispiel, welches alle drei Regeln benutzt, kann dienen: '**union of real integral mode defining indicator**' ist ein Oberbegriff für '**union of integral real mode NEST defining identifier with letter a**' (4.8.1.a). Man beachte jedoch, daß '**choice using union of integral real mode brief start**' kein Oberbegriff des Begriffes '**choice using of integral real boolean mode brief start**' ist, weil '**boolean**', welches scheinbar ausgelassen wurde, kein umfaßter '**MOID**' dieses Begriffes ist.]

c) Die "auslaßbaren Hyperbegriffe", die in Abschnitt b erwähnt wurden, sind die folgenden:

"STYLE" • "TALLY" • "LEAP" • "DEFIED" • "VICTAL" • "SORT" • "MOID" • "NEST" • "REFETY routine" • "label" • "with TAX" • "with DECSETY LABSETY" • "of DECSETY LABSETY" • "defining LAYER".

[Welcher aus mehreren möglichen Begriffen oder Symbolen das Original einer durch einen gegebenen Parabegriff bezeichneten Sprachkonstruktion ist, wird durch den Kontext, in dem dieser Parabegriff erscheint, offenbar. Wenn man z. B. über den Bestandteil (d) **formal-declarer** einer **identity-declaration** spricht, wobei diese die terminale Erzeugung (1.1.3.2.f) ***ref real*** $x =$ ***loc real*** habe, dann ist das Original von **formal-declarer** ein gewisser durch '**formal reference to real NEST declarer**' bezeichneter Begriff.]

[Da ein Parabegriff eine Sprachkonstruktion bezeichnet, können alle technischen Termini, die für diese definiert sind, ohne weiteres mit Parabegriffen verwendet werden.]

d) Wenn zwei Parabegriffe P und Q zwei Sprachkonstruktionen S bzw. T bezeichnen und S ein Nachkomme von T ist, nennt man P einen "Bestandteil" von Q, sofern es keine [dazwischenliegende] Sprachkonstruktion U gibt, so daß:

(i) S ein Nachkomme von U ist,

(ii) U ein Nachkomme von T ist und

(iii) entweder P oder Q [gleichberechtigt] U bezeichnen könnten.

[Folglich ist a (S1) ein Bestandteil Operand (**operand**) der Formel (**formula**) $a * (b + 2 ** (i + j))$ (T), aber b (S2) nicht, weil es ein Nachkomme der dazwischenliegenden Formel $b + 2 ** (i + j)$ (U) ist, die selber ein Nachkomme von T ist. Ebenso ist $(b + 2 ** (i + j))$ ein Bestandteil abgeschlossene Klausel (**closed clause**) der Formel T, die abgeschlossene Klausel $(i + j)$ aber nicht, weil sie ein Nachkomme einer dazwischenliegenden abgeschlossenen Klausel ist. Allerdings ist $(i + j)$ ein Bestandteil **integral-closed-clause** von T, weil die dazwischenliegende abgeschlossene Klausel eine **real-closed-clause** ist.

```
Formel
a * (b + 2 ** (i + j))
 ├──────────────────┐
Operand           Operand
   a           (b + 2 ** (i + j))
                      │
          (reell-) abgeschlossene Klausel
               (b + 2 ** (i + j))
                      │
                   Formel
                b + 2 ** (i + j)
          ┌───────────┴───────┐
       Operand             Operand
          b               2 ** (i + j)
                              │
                           Formel
                  ┌───────────┴───────┐
               Operand             Operand
                  2                 (i + j)
                                      │
                (ganzzahlig-) abgeschlossene Klausel
                                    (i + j) ]
```

1.1.4.3. Nicht definiert

a) Wenn irgendetwas "nicht definiert" geblieben ist oder als "nicht definiert" bezeichnet wird, bedeutet dies, daß es nur durch diesen Bericht nicht definiert ist, und daß für seine Definition zusätzliche Informationen von außerhalb in Betracht gezogen werden müssen.

[Es muß unterschieden werden zwischen dem Auftreten eines nichtdefinierten Wertes (worauf die Abarbeitung mit vielleicht unbestimmten Resultaten weitergeht) und der vollständigen Undefiniertheit der weiteren Abarbeitung. Die Festlegung der in diesem Fall auszuführenden Aktion bleibt dem Implementierer vorbehalten und kann irgendeine Form der Fortsetzung (die nicht unbedingt die gleiche wie von anderen Implementierern bestimmte sein muß) oder irgendeine Abbruchform (2.1.4.3.h) sein, die durch eine Laufzeitkontrolle herbeigeführt wurde.]
b) Wenn von einer Bedingung "gefordert" ist, daß sie während einer Abarbeitung erfüllt sein muß, und sie ist es nicht, dann ist die weitere Abarbeitung nicht definiert.
c) Ein "sinnvolles" Programm (**program**) ist ein Programm [2.2.1.a], dessen Abarbeitung durch diesen Bericht definiert ist.

[Ob alle Programme oder nur Spezielle-Programme (**particular-programs**) oder nur sinnvolle Programme bzw. sinnvolle Spezielle-Programme "ALGOL 68"-Programme sind, ist Sache des persönlichen Geschmacks.]

1.1.5. Übersetzungen und Varianten

a) Die endgültige Version D dieses Berichtes ist in englisch geschrieben. Eine Übersetzung T dieses Berichtes in eine andere Sprache ist eine akzeptable Übersetzung, wenn:
• T dieselbe Menge von Erzeugungsbäumen wie D definiert, mit den Einschränkungen, daß

(i) die in jedem Erzeugungsbaum von T enthaltenen Originale infolge einer einheitlichen Übersetzung andere Protobegriffe sein können, wie die entsprechenden Originale, die in den entsprechenden Erzeugungsbäumen von D enthalten sind, und
(ii) Nachkommen jener Erzeugungsbäume nicht dieselben zu sein brauchen, deren Originale Prädikate [1.3.2.] sind;

(wird durch die vorliegende Übersetzung erfüllt, da die Syntax gleichlautend mit D ist)
• T jedem ihrer Programme die Bedeutung [2.1.4.1.a] zuordnet, die das durch D definierte entsprechende Programm hat;
(wird durch die vorliegende Übersetzung erfüllt, denn die Semantik blieb im Inhalt unverändert)
• T dieselbe Bezugssprache [9.4] und denselben Standardrahmen [10] wie D definiert;
(wird durch die vorliegende Übersetzung erfüllt)
• T den Inhalt jedes Abschnittes, mit einer anderen Ausdrucksweise, bewahrt, ausgenommen eventuell dies:

(i) Es können andere syntaktische Lettern benutzt werden [mit einer entsprechend geänderten Metaerzeugungsregel für "**Alpha**" (1.3.1.B)];

(ii) Die Methode der Ableitung der Erzeugungsregeln [1.1.3.4] und deren Interpretation [1.1.3.2] können sich ändern, um sich den Eigenheiten der speziellen natürlichen Sprache anzupassen.
[Z. B. ist es in einer im hohen Grade gebeugten Sprache möglich, irgendwelche Beugungen (Endungen) in die Hyperbegriffe einzufügen, für die Abänderungen wie die folgenden ergänzt werden könnten:
1) Zusätzliche Anweisungen über die Schaffung von extra Metaerzeugungsregeln (1.1.3.3.a);
2) eine ausführlichere Definition der "simultanen Substitution" (1.1.3.4.e);
3) eine ausführlichere Definition der "Äquivalenz" von Protobegriffen (2.1.1.2.a);
4) andere Beugungen für Parabegriffe (1.1.4.2.a)];

(iii) Einige pragmatische Bemerkungen [1.1.2] können geändert werden.

b) Eine Version dieses Berichtes kann außerdem eine "Variante von ALGOL 68" definieren, wenn in ihr enthalten sind:

(i) zusätzliche oder andere Darstellungen in der Bezugssprache [9.4],

(ii) zusätzliche oder andere Regeln für den Begriff '**character glyph**' [8.1.4.1.c] und für die Metabegriffe "**ABC**" [9.4.2.1.L] und "**STOP**" [10.1.1.B],

(iii) zusätzliche oder andere Deklarationen im Standardrahmen, welche jedoch dieselbe Bedeutung wie die in D vorausgesetzten Deklarationen haben müssen;

immer vorausgesetzt, daß solche zusätzlichen oder anderen Ausdrücke im Text der Übersetzung derart entworfen sind, daß die in D definierte Originalsprache trotzdem darin definiert ist. (Die vorliegende Übersetzung ist keine Version des Berichtes in diesem Sinne.)

1.2. Allgemeine Metaerzeugungsregeln

[Der Leser wird den Hinweis nützlich finden, daß ein auf "**ETY**" endender Metabegriff immer "**EMPTY**" als einen der Hyperbegriffe auf seiner rechten Seite hat.]

1.2.1. Metaerzeugungsregeln für Modi

A) **MODE :: PLAIN ; STOWED ; REF to MODE ; PROCEDURE ; UNITED ; MU definition of MODE ; MU application.**
B) **PLAIN :: INTREAL ; boolean ; character.**
C) **INTREAL :: SIZETY integral ; SIZETY real.**
D) **SIZETY :: long LONGSETY ; short SHORTSETY ; EMPTY.**
E) **LONGSETY :: long LONGSETY ; EMPTY.**
F) **SHORTSETY :: short SHORTSETY ; EMPTY.**
G) **EMPTY :: .**
H) **STOWED :: structured with FIELDS mode ; FLEXETY ROWS of MODE.**
I) **FIELDS :: FIELD ; FIELDS FIELD.**
J) **FIELD :: MODE field TAG** [942A].
K) **FLEXETY :: flexible ; EMPTY.**
L) **ROWS :: row ; ROWS row.**

M) **REF :: reference ; transient reference.**
N) **PROCEDURE :: procedure PARAMETY yielding MOID.**
O) **PARAMETY :: with PARAMETERS ; EMPTY.**
P) **PARAMETERS :: PARAMETER ; PARAMETERS PARAMETER.**
Q) **PARAMETER :: MODE parameter.**
R) **MOID :: MODE ; void.**
S) **UNITED :: union of MOODS mode.**
T) **MOODS :: MOOD ; MOODS MOOD.**
U) **MOOD ::**
PLAIN ; STOWED ; reference MODE ; PROCEDURE ; void.
V) **MU :: muTALLY.**
W) **TALLY :: i ; TALLY i.**

[Die Metaerzeugungsregel für "**TAG**" ist im Abschnitt 9.4.2.1. angegeben. Vorläufig genügt es, zu wissen, daß sie eine beliebig große Zahl von terminalen Metaerzeugungen produziert.]

1.2.2. Mit Phrasen und Anpassungen zusammenhängende Metaerzeugungsregeln

A) **ENCLOSED ::**
closed ; collateral ; parallel ; CHOICE [34A] **; loop.**
B) **SOME :: SORT MOID NEST.**
C) **SORT :: strong ; firm ; meek ; weak ; soft.**

1.2.3. Mit Nestern zusammenhängende Metaerzeugungsregeln

A) **NEST :: LAYER ; NEST LAYER.**
B) **LAYER :: new DECSETY LABSETY.**
C) **DECSETY :: DECS ; EMPTY.**
D) **DECS :: DEC ; DECS DEC.**
E) **DEC :: MODE TAG** [942A] **; priority PRIO TAD** [942F] **;**
MOID TALLY TAB [942D] **; DUO TAD** [942F] **; MONO TAM** [942K].
F) **PRIO :: i ; ii ; iii; iii i ; iii ii ; iii iii ; iii iii i ; iii iii ii ; iii iii iii.**
G) **MONO :: procedure with PARAMETER yielding MOID.**
H) **DUO :: procedure with PARAMETER1 PARAMETER2 yielding MOID.**
I) **LABSETY :: LABS ; EMPTY;**
J) **LABS :: LAB ; LABS LAB.**
K) **LAB :: label TAG** [942A].

[Die Metaerzeugungsregeln für "**TAB**", "**TAD**" und "**TAM**" sind im Abschnitt 9.4.2.1. angegeben. Vorläufig genügt es, zu wissen, daß jede von ihnen eine beliebig große Zahl von terminalen Metaerzeugungen produziert, von denen keine eine terminale Metaerzeugung von "**TAG**" ist.]

["Well, 'sligthy' means 'lithe and slimy'. ... You see it's like a portmanteau — there are two meanings packed up into one word.
Through the Looking-glass, Lewis Caroll

"Nun gut, 'geschladig' bedeutet 'geschmeidig und schlammig'. ... Du siehst, es ist so ein Schachtelwort — zwei Bedeutungen sind in einem Wort zusammengefaßt."
Im Spiegel, Lewis Carroll.]

1.3. Allgemeine Hyperregeln

[In der Syntax werden Prädikate benutzt, um den Erzeugungsbäumen verschiedene Bedingungen aufzuzwingen wie z. B., daß jeder angewandte-Indikator (**applied-indicator**) einen einzigen definierenden-Indikator (**defining-indicator**) identifizieren sollte. Eine anspruchslosere Funktion besteht darin, die Zahl der Hyperregeln durch Zusammenfassen von mehreren Fällen als Alternativen in einer Regel zu verringern. In diesen Fällen werden Prädikate benutzt, um auszutesten, welche Alternative angewendet wird.]

1.3.1. Syntax der allgemeinen Prädikate

A) **NOTION :: ALPHA ; NOTION ALPHA.**
B) **ALPHA :: a ; b ; c ; d ; e ; f ; g ; h ; i ; j ; k ; l ; m ;**
    n ; o ; p ; q ; r ; s ; t ; u ; v ; w ; x ; y ; z.
C) **NOTETY :: NOTION ; EMPTY.**
D) **THING ::**
    NOTION ; (NOTETY1) NOTETY2 ; THING (NOTETY1) NOTETY2.
E) **WHETHER :: where ; unless.**
a) **where true : EMPTY.**
b) **unless false : EMPTY.**
c) **where THING1 and THING2 : where THING1 , where THING2.**
d) **where THING1 or THING2 : where THING1 ; where THING2.**
e) **unless THING1 and THING2 : unless THING1 ; unless THING2.**
f) **unless THING1 or THING2 : unless THING1, unless THING2.**
g) **WHETHER (NOTETY1) is (NOTETY2) :**
    WHETHER (NOTETY1) begins with (NOTETY2) [h,i,j,]
      and (NOTETY2) begins with (NOTETY1) [h,i,j].
h) **WHETHER (EMPTY) begins with (NOTION)** [g,j] **:**
    WHETHER false [b,—].
i) **WHETHER (NOTETY) begins with (EMPTY)** [g,j,] **:**
    WHETHER true [a,—].
j) **WHETHER (ALPHA1 NOTETY1) begins with**
      (ALPHA2 NOTETY2) [g,j,m] **:**
    WHETHER (ALPHA1) coincides with (ALPHA2) in
      (abcdefghijklmnopqrstuvwxyz) [k,l,—]
      and (NOTETY1) begins with (NOTETY2) [h,i,j].
k) **where (ALPHA) coincides with (ALPHA) in (NOTION)** [j] **:**
    where true [a] **.**
l) **unless (ALPHA1) coincides with (ALPHA2) in (NOTION)** [j] **:**
    where (NOTION) contains (ALPHA1 NOTETY ALPHA2) [m]
      or (NOTION) contains (ALPHA2 NOTETY ALPHA1) [m] **.**
m) **WHETHER (ALPHA NOTETY) contains (NOTION)** [l,m] **:**
    WHETHER (ALPHA NOTETY) begins with (NOTION) [j]
      or (NOTETY) contains (NOTION) [m,n] **.**
n) **WHETHER (EMPTY) contains (NOTION)** [m] **: WHETHER false** [b,—].

[Die kleinen syntaktischen Lettern "(" und ")" werden benutzt, um in einfacher Weise die unzweideutige Anwendung von Prädikaten sicherzustellen.]

1.3.2. Das Erfüllen von Prädikaten

Ein "Prädikat" ist ein Protobegriff, der mit 'wobei' ('**where**') oder 'wobei nicht' ('**unless**') beginnt [zusammengefaßt in '**WHETHER**']. Wenn für ein Prädikat P entweder ein oder mehrere Erzeugungsbäume abgeleitet [1.1.3.2.f] werden können [die dann alle unsichtbar sind], ist P "erfüllt", wenn nicht [wenn jeder Versuch in eine Sackgasse führt], ist P "nicht erfüllt".

[Das Prädikat 'wobei (ab) ist (ab)' ist beispielsweise erfüllt. Sein Erzeugungsbaum kann so aussehen:

'wobei (ab) ist (ab)'
('**where (ab) is (ab)**')

'wobei (ab) beginnt mit (ab) und (ab) beginnt mit (ab)'
('**where (ab) begins with (ab) and (ab) begins with (ab)**')

'wobei (ab) beginnt mit (ab)'
('**where (ab) begins with (ab)**')

'wobei (ab) beginnt mit (ab)'
('**where (ab) begins with (ab)**')
(weiter wie linke Seite)

'wobei (a) koinzidiert mit (a) in (abc ... z) und (b) beginnt mit (b)'
('**where (a) coincides with (a) in (abc ... z) and (b) begins with (b)**')

'wobei (a) koinzidiert mit (a) in (abc ... z)'
('**where (a) coincides with (a) in (abc ... z)**')

'wobei wahr'
('**where true**')

'wobei (b) beginnt mit (b)'
('**where (b) begins with (b)**')

'wobei (b) koinzidiert mit (b) in (abc ... z)'
('**where (b) coincides with (b) in (abc ... z)**')

'wobei wahr'
('**where true**')

'wobei ( ) beginnt mit ( )'
('**where ( ) begins with ( )**')

'wobei wahr'
('**where true**')

Wenn ein Prädikat erfüllt ist, endet sein Erzeugungsbaum immer mit 'wobei wahr' ('**where true**') oder 'wobei nicht falsch' ('**unless false**'). Wenn es nicht erfüllt ist, sind die Sackgassen 'wobei falsch' und 'wobei nicht wahr'. Obwohl fast alle Hyperregeln, die sich auf die Hyperbegriffe beziehen, die mit "**WHETHER**" beginnen, jedesmal Erzeugungsregeln für Paare von Prädikaten liefern wie 'wobei **THING1**' und 'wobei nicht **THING2**' ('**where THING1**', '**unless THING2**'), bedeutet dies nicht, daß in einem solchen Fall eines der beiden Prädikate erfüllt sein muß. Zum Beispiel ist 'wobei Ziffer Vier zählt iii' ('**where digit four counts iii**') (4.3.1.c) nicht erfüllt, und man braucht sich keine Mühe zu machen, 'wobei nicht Ziffer Vier zählt iii' ('**unless digit four counts iii**') zu untersuchen, weil es dafür keine Anwendung in diesem Bericht gibt.

In der Semantik ist Sprachkonstruktionen, deren Originale Prädikate sind, keine Bedeutung zugeschrieben. Sie dienen nur syntaktischen Zwecken.]

1.3.3. Syntax der allgemeinen Sprachkonstruktionen

A) **STYLE :: brief ; bold ; style TALLY.**
a) **NOTION option : NOTION ; EMPTY.**
b) **NOTION sequence** [b] **: NOTION ; NOTION, NOTION sequence** [b].
c) **NOTION list** [c] **:**
NOTION ; NOTION, and also [94f] **token, NOTION list** [c].
d) **NOTETY STYLE pack :**
STYLE begin [94f, –] **token, NOTETY, STYLE end** [94f, –] **token.**
e) **NOTION STYLE bracket :**
STYLE sub [94f, –] **token, NOTION, STYLE bus** [94f, –] **token.**
f) **THING1 or alternatively THING2 : THING1 ; THING2.**

[Aus der Syntax folgt, daß Erzeugungsregeln wie
digit cypher sequence :
digit cypher ; digit cypher, digit cypher sequence.

(die im Beispiel in 1.1.3.2.f verwendet wurden und für die es keine explizite Hyperregel gibt) sofort verfügbar sind. Damit wird die Zahl der in diesem Bericht explizit angegebenen Hyperregeln reduziert, und das ganze ist, hoffentlich, verständlicher geworden, zumal die allgemeinen Sprachkonstruktionen so in Worte gefaßt sind, daß sie ausdrücken, was ihre Erzeugungen sein sollen.

Aus diesem Grunde hat man Hinweise (1.1.3.4.f) zu diesen Regeln durch nützlichere Hinweise ersetzt, z. B. erscheint in 8.1.1.b statt "**digit cypher sequence** [133b]" das hilfreichere "**digit cypher** [c] **sequence**". Die Hinweise innerhalb der allgemeinen Sprachkonstruktionen selbst sind ebenfalls auf ein Minimum beschränkt.]

2. Der Computer und das Programm

Die Bedeutung eines Programms (**program**) in der Grundsprache wird mit Hilfe von Termen eines hypothetischen Computers ausgedrückt, der die Menge von Aktionen [2.1.4] ausführt, aus denen sich die Abarbeitung [2.1.4.1.] dieses Programms (**program**) zusammensetzt. Der Computer arbeitet mit einer Menge von "Objekten" ("objects") [2.1.1.].

["Terme des Computers" bedeutet dabei die Terminologie für die Speicherdarstellung der Arbeitsobjekte und Resultate und für die Aktionen oder Operationen dieses hypothetischen Computers.]

2.1. Terminologie

["Wenn *Ich* ein Wort gebrauche," sagte Humpty Dumpty in ziemlich verächtlichem Ton, "so hat es gerade die Bedeutung, die ich ihm geben will — nicht mehr und nicht weniger."
Im Spiegel, Lewis Carroll

"When *I* use a word," Humpty Dumpty said, in rather a scornful tone, "it means just what I choose it to mean — neither more nor less."
Through the Looking-glass, Lewis Carroll.]

2.1.1. Objekte

Ein "Objekt" ("object") ist eine Sprachkonstruktion [1.1.3.2.e], ein "Wert" ("value") [2.1.1.a], ein "Lokales" ("locale") [2.1.1.b], eine "Umgebung" ("environ") [2.1.1.c] oder eine "Szene" ("scene") [2.1.1.d].

[Sprachkonstruktionen können als "externe Objekte" ("external objects") klassifiziert werden, da sie dem Text des Programms (**program**) entsprechen, das bei einem realeren Computer in eine gewisse interne Form compiliert werden würde, um dann mit den "internen Objekten" ("internal objects") zu arbeiten, nämlich den Werten, Lokalen, Umgebungen und Szenen. Der hypothetische Computer benötigt jedoch keine Compilationsphase. Von ihm wird angenommen, daß er in der Lage ist, das Programm (**program**) und alle darin enthaltenen Sprachkonstruktionen zu erkennen und gleichzeitig mit den internen Objekten zu arbeiten.]

2.1.1.1. Werte, Lokale, Umgebungen und Szenen

a) Ein "Wert" ("value") ist ein "einfacher Wert" ("plain value") [2.1.3.1.], ein "Name" ("name") [2.1.3.2.], ein "stowed Wert" (d. h. ein "strukturierter Wert" ("structured value") [2.1.3.3.] oder ein "mehrfacher (gereihter) Wert" ("multiple value") [2.1.3.4.]; [in deutschen Texten wird für "strukturierter Wert" auch "Verbund" benutzt. Inhaltlich trifft der Begriff sich auch mit "Datensatz", einer Zusammenfassung von Daten möglicherweise unterschiedlicher Typen. Für "mehrfachen Wert" findet man auch die Bezeichnung "Reihe" oder "Reihung" (englisch "row") als einer Zusammenfassung von Daten immer des gleichen Typs. Die englischen Wörter "structure" und "row" sind zu "stowed" gefügt worden, einer Bildung, auf deren deutsche Entsprechung in diesem Text verzichtet wird] oder eine "Routine" ("routine") [2.1.3.5.].

[Zum Beispiel ist eine Realzahl ein einfacher Wert. Im Text dieses Berichtes wird für Werte ein spezieller Typensatz (grotesk) verwendet: 3.14 und wahr. Er darf nicht mit den kursiven und halbfetten Typensätzen verwechselt werden, die für Sprachkonstruktionen selbst verwendet werden. Derselbe spezielle (grotesk) Typensatz wird auch für Größen verwendet, die Sprachkonstruktionen, Protobegriffe usw. bezeichnen.]

b) Ein "Lokales" ("locale") [ist ein internes Objekt, das] entspricht gewissen '**DECSETY LABSETY**' [1.2.3.C,I; Deklarationen und Marken, möglicherweise leer]. Ein "vakantes Lokales" ("vacant locale") liegt vor, wenn das entsprechende '**DECSETY LABSETY**' eben '**EMPTY**' (leer) ist.

[Jedes '**QUALITY TAX**' (4.8.1.F,G; **QUALITY** bezeichnet einen Modus, einen Operator oder eine Marke, **TAX** gibt einen Identifikator, eine Modus- oder Operatorindikation an), das von dem '**DECSETY LABSETY**' umfaßt wird, entspricht einem '**QUALITY**-definierenden-Indikator-mit-**TAX**' ('**QUALITY-defining-indicator-with-TAX**'), (d. h. einem Identifikator (**identifier**), Operator (**operator**) oder einer Modusindikation (**mode-indication**)), der in der Sprachkonstruktion deklariert wurde, deren Abarbeitung der Anlaß für die Einrichtung dieses Lokalen war. Solch ein '**QUALITY TAX**' kann für den "Zugriff" ("access") zu einem Wert oder einer Szene "innerhalb" ("inside") dieses Lokalen verwendet werden.

Ein Lokales kann als eine Anzahl von Speicherzellen angesehen werden, in denen Darstellungen solcher aufgreifbarer Objekte abgelegt werden (oft auch bezeichnet als lokaler Keller oder Arbeitskeller einschließlich der sog. "statischen Kette").]

[Die terminalen Metaerzeugungen der Metabegriffe "**DEC**", "**LAB**" und "**FIELD**" (oder des öfter benutzten "**PROP**", das diese alle einschließt,) sind alle von der Form '**QUALITY TAX**'. Diese "Eintragungen" ("properties") werden in der Syntax und Semantik im Zusammenhang mit Lokalen, Nestern usw. benutzt, um bei einer speziellen Situation diesem '**TAX**' eine gewisse Enderzeugung von '**QUALITY**' zuzuordnen.]

c) Eine "Umgebung" ("environ") ist entweder leer, oder sie ist aus einer Umgebung und einem Lokalen [b] zusammengesetzt.

[Somit ist jede Umgebung von einer Serie anderer Umgebungen abgeleitet, die letztenendes von der leeren "Primärumgebung" ("primal environ") herstammen, in der das Programm (**program**) abgearbeitet wird (2.2.2.a).]

[Die Umgebung ist die Menge der durch die sogenannte "statische Kette" verbundenen Lokalen. Diese Kette ermöglicht den Zugriff zu Größen, die in übergeordneten Sprachkonstruktionen deklariert wurden.]

d) Eine "Szene ("scene") S ist ein Objekt, das aus einer Sprachkonstruktion [1.1.3.2.e] K und einer Umgebung [c] U zusammengesetzt ist. K heißt die Sprachkonstruktion und U die Umgebung "von" ("of") S. [Szenen können innerhalb von Lokalen durch '**LAB**'s (Marken) oder '**DEC**'s (Deklarationen) aufgegriffen werden (2.1.2.c), die von Markenidentifikatoren (**label-identifiers**) oder von Modusindikationen (**mode-indications**) stammen. Sie können auch Werte sein (2.1.3.5).]

2.1.1.2. Modi

Ein "Modus" ist ein Attribut für einen Wert, das seine Beziehungen zu anderen Werten und die Aktionen definiert, die auf ihn angewendet werden können. Dieses Attribut wird beschrieben oder "aufgezählt" mit Hilfe eines gewissen '**MOID**' (1.2.1.R). (So gibt es einen Modus, der einfach durch '**real**' aufgezählt wird, und es gibt einen Modus, der durch 'strukturiert mit real Feld Buchstabe r Buchstabe e real Feld Buchstabe i Buchstabe m Modus' ('**structured with real field letter r letter e real field letter i letter m mode**') aufgezählt wird.) Da beabsichtigt ist, daß die Modi, die durch die Modusindikationen (**mode-indications**) ***a*** und ***b*** in

mode a = struct (ref a b),
mode b = struct (ref struct (ref b b)b)

spezifiziert werden, doch denselben Modus angeben, ist es notwendig, daß die beiden '**MOID**'s

'**mui definition of structured with reference to**
mui application field letter b mode'

und

'**muii definition of structured with reference to structured with reference to muii application field letter b mode field letter b mode**'

(und tatsächlich noch viele andere) nur unterschiedliche Aufzählungen desselben Modus sind. Auf ähnliche Weise kann der Modus, der durch den Deklarierer (**declarer**) ***union (int, real)*** spezifiziert wird, entweder als 'Vereinigung von ganz real Modus' ('**union of integral real mode**') oder als 'Vereinigung von real ganz Modus' ('**union of real integral mode**') aufgezählt werden. Alle '**MOID**'s, die Aufzählungen ein und desselben Modus sind, nennt man "äquivalent" zueinander ("equivalent to") (a).

Manche '**MOID**'s, wie '**reference to muiii application**', '**reference to muiiii definition of reference to muiiii application**', '**union of real reference to real mode**' und '**structured with integral field letter a real field letter a mode**' sind falsch formuliert (not well-formed 7.4, 4.7.1.b, 4.8.1.c) und sind keine Aufzählungen für irgendeinen Modus.

Obwohl für die meisten praktischen Zwecke ein "Modus" einfach als ein '**MOID**' angesehen werden kann, schließt seine eigentliche Definition doch die ganze Klasse äquivalenter '**MOID**'s ein, von denen jeder ihn beschreiben könnte.]

a) '**MOID1**' [1.2.3.r] ist "äquivalent zu" ("equivalent to") '**MOID2**', wenn das Prädikat 'wobei **MOID1** äquivalent zu **MOID2**' ('**where MOID1 equivalent MOID2**') [7.3.1.a] erfüllt ist [1.3.2.].

[Ein richtig formulierter '**MOID**' ist stets äquivalent zu sich selbst; '**union of integral real mode**' ist äquivalent zu '**union of integral real mode**' und auch zu '**union real integral mode**'.]

Ein Protobegriff P ist "äquivalent" einem Protobegriff R, wenn es möglich ist, eine Kopie Pk von P in eine Kopie von Rk von R in dem folgenden Schritt zu transformieren:

Schritt: Wenn Pk nicht identisch mit Rk ist, dann wird ein gewisses '**MOID1**', das in Pk enthalten ist, aber nicht in einem [größeren] in Pk enthaltenen '**MOID2**', durch ein geeignetes äquivalentes '**MOID**' ersetzt, und der Schritt wird wiederholt.

[Somit ist 'Vereinigung von ganz real Modusidentifikator' ('**union of integral real mode identifier**') äquivalent zu 'Vereinigung von real ganz Modusidentifikator' ('**union of real integral mode identifier**').]

b) Ein "Modus" ist eine Klasse K von '**MOID**'s, so daß jedes Element aus K äquivalent (a) ist zu jedem anderen Element aus K und auch zu sich selbst [, um richtige Formulierung zu sichern,] aber nicht äquivalent ist zu irgendeinem '**MOID1**', das kein Element aus K ist.

[Es ist jedoch möglich (außer, wenn speziell die Äquivalenz von Modi zur Diskussion steht), von einem Modus zu sprechen, als ob er einfach eine terminale Metaerzeugung von "**MOID**" wäre, und zwar kraft der in 2.1.5.f noch zu gebenden Abkürzung.]

c) Jeder Wert hat einen spezifischen Modus.

[Zum Beispiel ist '**real**' der Modus des Wertes 3.1.4. Es gibt jedoch keine Werte, deren Modus mit 'Vereinigung von' ('**union of**'), 'zeitweilige Referenz zu' ('**transient reference to**') oder 'flexible **ROWS** von' ('**flexible ROWS of**') beginnt (siehe 2.1.3.6.).]

2.1.1.3. Lagen (Gültigkeitsbereiche)

Ein Wert W kann zu einem anderen internen Objekt O "referieren" ("refer to" 2.1.2.e) oder aus ihm zusammengesetzt sein (2.1.1.1.d) (z. B. kann ein Name zu einem Wert referieren und eine Routine, die eine Szene ist, ist aus einer Umgebung als einem ihrer Teile zusammengesetzt). Da nun die Lebensdauer der Speicherzellen, die O enthalten (2.1.3.2.a) oder durch es impliziert werden, begrenzt sein kann (weil sein Speicherraum nach gewisser Zeit anderweitig belegbar sein soll), darf W nicht über diese Lebensdauer hinaus aufbewahrt werden. Andernfalls könnte noch ein Versuch unternommen werden, das nicht mehr existente O, bzw. die zu ihm gehörenden nicht mehr existenten Speicherzellen, über W zu erreichen.

Diese Einschränkung wird durch die Formulierung ausgedrückt, daß beim "Zuweisen" ("assign" 5.2.1.2.b) eines Wertes V zu einem Namen W die "Lage" (oder der "Gültigkeitsbereich" ("scope")) von W nicht "älter" (nicht den Gültigkeitsbereich von V "umfassen") als die von V sein darf ("older"). Somit sind die Lage oder der Gültigkeitsbereich von W ein Maß für das Alter jener Zellen und damit ihrer Lebensdauer.]

[In der statischen Kette muß V weiter vorn, d. h. im Keller weiter unten, liegen. Eine Referenz darf nur tiefer in den Keller zeigen. Tiefere Kellerbereiche sind eher eingerichtet worden als höhere, sind also älter. Diese Anschauung unterstützt die Wortwahl "Lage" für "scope". Betrachtet man lediglich den Programmtext, so heißt "älter" sein, daß der "Gültigkeitsbereich" als ein Abschnitt des Programmtextes einen anderen solchen Abschnitt "umfaßt", ihn "enthält". Es darf also kein Name an einen anderen Namen in einem übergeordneten Bereich als Wert zugewiesen werden. In einer derartigen Betrachtungsweise ist "Gültigkeitsbereich" für "scope" schon bei ALGOL 60 verwendet worden.]

a) Jeder Wert hat eine spezifische "Lage" (einen spezifischen "Gültigkeitsbereich") [, die oder der von seinem Modus oder der Art seiner Einrichtung abhängt. Die Lage eines Wertes wird als dieselbe wie die einer gewissen Umgebung definiert (wodurch die Wortwahl "Lage" bevorzugt zu sein scheint).]

b) Jede Umgebung hat eine spezifische "Lage". [Die Lage einer Umgebung ist "neuer" (2.1.2.f) als die der Umgebung, aus der sie zusammengesetzt ist (2.1.1.1.c).]

[Die Lage einer Umgebung darf nicht mit den Lagen der Werte, die innerhalb ihres Lokalen greifbar sind, verwechselt werden. Die Lage einer Umgebung wird vielmehr benutzt, um die Lage der Szenen zu definieren, für die sie nötig ist (7.2.2.c), oder der Ergebnisse von Generatoren, für die sie "lokal" ist (5.2.3.2.b). Die Lage einer Umgebung wird relativ (2.1.2.f) zur Lage einer gewissen anderen Umgebung definiert, so daß Hierarchien von Lagen errichtet werden, die letztenendes von der Lage der Primärumgebung abhängen (2.2.2.a).]

2.1.2. Relationen

a) Relationen sind entweder "permanent", d. h. unabhängig vom Programm (**program**) und seiner Abarbeitung, oder ihr "gelten" ("hold") kann durch Aktionen hergestellt oder aufgehoben werden. Relationen können auch "transitiv" sein, d. h., wenn "*" solch eine Relation ist und A * B und B * C gelten, dann gilt auch A * C.

b) "Ergebnis sein von" ("to be the yield of") ist eine Relation zwischen einem Wert und einer Aktion, d. h. der Abarbeitung einer Szene. Das Gelten dieser Relation wird bei der Komplettierung dieser Abarbeitung [2.1.4.1.b] hergestellt.

c) "Aufgreifen" ("to access") ist eine Relation zwischen einer '**PROP**' (d. h. einem Identifikator für eine Deklaration, einer Marke oder dem Feld einer Struktur) [4,8,1,e] und einem Wert oder einer Szene W, die "innerhalb" ("inside") eines gewissen spezifi-

zierten Lokalen L [, dessen '**DECSETY LABSETY**' diese '**PROP**' umfaßt,] gelten kann. Diese Relation wird hergestellt, wenn '**PROP**' die "Fähigkeit zum Aufgreifen" von W innerhalb L erhält [3.5.2. Schritt 4, 4.8.2.a], und sie gilt auch zwischen jedem '**PROP1**', das zu '**PROP**' äquivalent ist [2.1.1.2.a], und dem W innerhalb L.
d) Die permanenten Relationen zwischen Werten sind: "vom selben Modus sein wie" ("to be of the same mode as" [2.1.1.2.c]), "kleiner sein als" ("to be smaller than"). "erweiterbar sein zu" ("to be widenable to"), "verlängerbar sein auf" ("to be lengthenable to" [2.1.3.1.e]) und "äquivalent sein zu" ("to be equivalent to" [2.1.3.1.g]). Wenn eine dieser Relationen überhaupt für ein gegebenes Wertepaar definiert ist, dann gilt sie entweder permanent oder sie gilt nicht. Diese Relationen sind alle transitiv.
e) "Referieren zu" ("to refer to") ist eine Relation zwischen einem "Namen" ("name" [2.1.3.2.a]) N und einem gewissen anderen Wert. Diese Relation wird hergestellt, wenn das N "zum Referieren" auf den Wert "gebracht wird" ("die Fähigkeit zum Referieren erhält", "is made to refer to") und aufgehoben, wenn das N zum Referieren auf einen anderen Wert gebracht wird.
f) Es gibt drei transitive Relationen zwischen Lagen, nämlich eine Lage A [2.1.1.3.] kann entweder "neuer sein als" ("newer than"), "dieselbe sein wie" ("the same as") oder "älter sein als" ("older than") eine Lage B. Wenn A neuer ist als B, dann ist B älter als A und umgekehrt. Wenn A dieselbe wie B ist, dann ist A weder neuer noch älter als B [, aber die Umkehrung ist nicht notwendig richtig, da diese Relation für gewisse Paare von Lagen überhaupt nicht definiert ist. Die Relation ist eine Halbordnung. Bei Verwendung des Wortes "Gültigkeitsbereich" für Lage sind "neuer" durch "enthalten in", "dieselbe" durch "derselbe" und "älter" durch "umfaßt" zu ersetzen. Natürlich gibt es Gültigkeitsbereiche, die nicht ineinander enthalten sind.]
g) "Ein Komponentenname sein von" ("to be a subname of") ist eine Relation zwischen einem Namen und einem "stowed Namen" [ein Name für eine Struktur oder eine Reihe (row) (2.1.3.2.b)]. Diese Relation wird hergestellt, wenn dieser stowed Name "mit Komponentennamen ausgerüstet" wird ("endowed with subnames" [2.1.3.3.e, 2.1.3.4.g]) oder wenn er "generiert" wird ("generated" [2.1.3.4.j,l], und sie gilt, bis dieser stowed Name mit einer anderen Menge von Komponentennamen ausgerüstet wird.

2.1.3. Werte

2.1.3.1. Einfache Werte

a) Ein einfacher Wert ist entweder ein "arithmetischer Wert", d. h. eine "ganze Zahl" ("integer") oder eine "Realzahl" ("real number"), oder er ist ein "Wahrheitswert" ("truth value") [f], ein "Zeichen" ("character") [g] oder ein "Leerwert" ("void value") [h].
b) Ein arithmetischer Wert hat einen "Umfang" ("size"), d. h. eine ganze Zahl, die den Grad seiner Unterscheidbarkeit angibt, mit der er im Computer gehalten wird.
c) Der Modus einer ganzen Zahl oder einer Realzahl vom Umfang n ist ein spezielles '**SIZETY** ganz' ('**SIZETY integral**') bzw. '**SIZETY real**', wobei, wenn n positiv (null, negativ) ist, dieses '**SIZETY**' n-mal 'lang' ('**long**') (leer, n-mal 'kurz' ('**short**')) ist [der Normalumfang (normale Wortlänge) ist durch Null charakterisiert].
d) Die Anzahl der ganzen Zahlen oder Realzahlen eines gegebenen Umfanges kann als zunehmend (abnehmend) mit dem Umfang angesehen werden, bis ein gewisser Umfang erreicht wird, d. h. nämlich die "Anzahl zusätzlicher Verlängerungen" ("num-

ber of extra lengths") (minus der "Anzahl zusätzlicher Verkürzungen" ("number of extra shorts")) für ganze Zahlen bzw. für Realzahlen [10.2.1.a,b,c,d,e]. Darüber hinaus ist diese Anzahl konstant.

[Taking Three as the subject to reason about
— A convenient number to state —

Wir nehmen drei zur Grundlage heraus
— Als geeignete Zahl gedacht —]

e) Zum Zwecke der Erläuterung der Bedeutung der Erweiterungsanpassungen und der Operatoren (**operators**), die im Standardvorspiel (**standard-prelude**) deklariert werden, werden die folgenden Eigenschaften arithmetischer Werte vorausgesetzt:

• Für jedes Paar ganzer Zahlen und Realzahlen vom selben Umfang ist die Relation "kleiner sein als" mit der üblichen mathematischen Bedeutung definiert [10.2.3.3.a, 10.2.3.4.a];

• Für jedes Paar ganzer Zahlen desselben Umfangs möge eine dritte wohlbestimmte ganze Zahl dieses Umfangs existieren, nämlich die erste ganze Zahl "minus" die andere [10.2.3.3.g].

[Diese Forderung geht über die Fähigkeiten realer Computer hinaus, da es bezüglich einer Zahlenlänge (Umfang) Bereichsüberschreitungen nach der negativen Seite geben kann; z. B. (—999) — (+001) = (—1000) bei dreistelliger Rechnung.]

[We add Seven, and Ten, and then multiply out
By One Thousand diminished by Eight.

Wir addieren Sieben und Zehn und multiplizieren aus
mit Eintausend vermindert um Acht.]

• Für jedes Paar von Realzahlen desselben Umfanges mögen drei wohlbestimmte Realzahlen dieses Umfanges existieren, nämlich die erste Realzahl "minus" ("mal" ("times"), "geteilt durch" ("divided by")) die andere [10.3.4.g,l,m,];

• hierbei haben die Termini "minus", "mal", "geteilt durch" ihre übliche Bedeutung. Aber im Falle der Realzahlen werden ihre Resultate "im Sinne der numerischen Mathematik" erhalten, d. h. durch Ausführung dieser Operationen mit Zahlen, die ein wenig von der gegebenen abweichen.

[Diese Abweichung wird in diesem Bericht nicht definiert]; [außerdem gilt hier eine entsprechende Bemerkung wie bereits für die Differenz ganzer Zahlen].

[The result we proceed to divide, as you see,
By Nine Hundred and Ninety and Two.

Das Resultat teilen wir nun, das ist klar,
durch Neunhundertneunzig und Zwei.]

• Jede ganze Zahl eines gegebenen Umfangs ist "erweiterbar zu" einer Realzahl vom selben oder einem möglichst nahen Wert und vom selben Umfang [6.5];

• Jede ganze Zahl (Realzahl) eines gegebenen Umfangs kann "verlängert werden zu" ("lengthened to") einer ganzen Zahl (Realzahl) vom selben Wert, deren Umfang um eins größer ist [10.2.3.3.q, 10.2.3.4.n].

(f) Ein "Wahrheitswert" ist entweder "**wahr**" oder "**falsch**", sein Modus ist 'Boolesch' ('**boolean**').

[Then subtract Seventeen, and the answer must be
Exactly and perfectly true.
The Hunting of the Snark*), Lewis Carroll

Dann subtrahieren wir Siebzehn, und die Antwort sei
Exakt und perfekt wahr.
Die Jagd nach dem Schlai*), Lewis Carroll.]

g) Jedes "Zeichen" ist "äquivalent" einer nichtnegativen ganzen Zahl des Umfangs Null [Normalumfang, normale Wortlänge], seinem "ganzzahligen Äquivalent" ("integral equivalent") [10.2.1.n]. Diese Relation ist nur insofern definiert, als verschiedene Zeichen auch verschiedene Äquivalente haben und es ein "größtes ganzzahliges Äquivalent" ("largest integral equivalent") [10.2.1.p] gibt. Der Modus eines Zeichens ist 'Zeichen' ('**character**').

h) Der einzige "Leerwert" ist "leer" ("**empty**"). Sein Modus ist 'leer' ('**void**').

[Die Abarbeitung einer Sprachkonstruktion ergibt einen Leerwert, wenn kein nutzbares Resultat mehr benötigt wird. Da die Syntax keine leeren Variablen (**void-variables**), leeren Identitätsdeklarationen (**void-identity declarations**) oder leere-Parameter (**void-parameters**) vorsieht, kann der Programmierer keinen Gebrauch von Leerwerten machen, außer von denen, die sich beim Vereinen (uniting 6.4) ergeben.

i) Die Lage (der Gültigkeitsbereich) eines einfachen Wertes ist die Lage der Primärumgebung [2.2.2.a] (ist das ganze Programm).

2.1.3.2. Namen

[What's in a name? that which we call a rose
By any other name would smell as sweet.
Romeo and Juliet, William Shakespeare

Was liegt in einem Namen? Was wir Rose nennen, würde ebenso süß duften unter jedem anderen Namen.
Romeo und Julia, William Shakespeare.]

a) Ein "Name" ("name") ist ein Wert, der "zum Referieren" zu einem anderen Wert "gebracht werden" kann ("is made to refer to") [d, 5.2.3.2.a, 5.2.1.2.b], oder der "nil" sein kann [und dann zu keinem Wert referiert]. Zu jedem Modus, der mit 'Referenz zu' ('**reference to**') beginnt, existiert genau ein nil-Name dieses Modus.

Ein Name kann "neu eingeführt" ("newly created") werden [und zwar durch die Abarbeitung eines Generators (**generator**) (5.2.3.2) oder eines gereihten-zu-**FORM** (**rowed-to-FORM**) (6.6.2.), wenn ein stowed Name (Name zu einem strukturierten oder zu einem gereihten (rowed) Wert) mit Komponentennamen ausgerüstet wird (2.1.3.e, 2.1.3.4.g) und wenn ein Name "erzeugt" ("generated") wird (2.1.3.4.j, l durch Trimmung oder Selektion) möglicherweise.] Der so eingeführte Name unterscheidet sich von allen anderen Namen, die bereits existieren.

[Ein Name kann als die Adresse der Speicherzelle oder der Zellen im Computer angesehen werden, die als Inhalt den Wert haben, zu dem der Name referiert. Die Einführung eines Namens impliziert (meist, vgl. 2.1.3.4.j, l) die Reservierung von Spei-

*) Fabeltier, halb Schlange halb Hai (engl. snark = snake + shark)

cherraum für den Aufenthalt dieses Wertes. Solcher Speicherraum wird nicht nur durch Deklarationen gewonnen, wie oben ausgeführt.]

b) Der Modus eines Namens N ist ein gewisser 'Referenz zu **MODE**' ('**reference to MODE**') und jeder Wert, der von N referiert wird, muß "akzeptierbar sein für" ("acceptable to") [2.1.3.6.d] diesen '**MODE**'. Wenn der '**MODE**' ein gewisses '**STOWED**' ist, dann nennt man N einen "stowed Namen" (Namen für einen strukturierten oder mehrfachen (gereihten = rowed) Wert).

c) Die Lage eines Namens ist die Lage einer gewissen spezifischen Umgebung [gewöhnlich der "lokalen Umgebung" ("local environ") (5.2.3.2.b) eines gewissen Generators (**generator**)]. Die Lage eines nil-Namens ist die Lage der Primärumgebung [2.2.2.a].

[Der Gültigkeitsbereich eines Namens entspricht einem gewissen Zugriffsbereich, gewöhnlich dem Zugriffsbereich für den durch einen Generator bei einer Deklaration reservierten Speicherraum, der dem Gültigkeitsbereich dieser Deklaration entspricht. Der Gültigkeitsbereich eines nil-Namens ist das gesamte Programm.]

d) Wenn N ein stowed Name ist, der zu einem strukturierten (mehrfachen) Wert V referiert [2.1.3.3., 2.1.3.4.], und wenn ein Komponentenname [2.1.2.g] von N, der von einem '**TAG**' (einer Indizierung) I selektiert [2.1.3.3.e, 2.1.3.4.g] wurde, zur Referenz zu einem [neuen] Wert X gebracht wird, dann wird N zur Referenz zu einem strukturierten (mehrfachen) Wert gebracht, der derselbe wie V ist, aber in seinem Feld (Element), das durch I selektiert wurde, befindet sich [ist hineingekommen] der Wert X.

[Hier wird die Forderung der implizierten Speicherreservierung bei Neueinrichtung eines Namens (a) eingeschränkt. Praktisch wird bei einer Implementierung der neue Wert für eine Komponente gleich in die ursprünglich reservierte Zelle gebracht und nicht etwa der Name umgeändert (die Adresse), so daß er zu einem ganz neuen Speicherbereich zeigt.]

[Bezüglich des Modus eines Komponentennamens, vgl. 2.1.3.3.d und 2.1.3.4.f]

2.1.3.3. Strukturierte Werte

a) Ein "strukturierter Wert" ("structured value") ist aus einer Folge anderer Werte, seinen "Feldern" ("fields"), zusammengesetzt. Jedes Feld wird durch ein spezifisches '**TAG**' [9.4.2.1.A] "selektiert" ("selected") [b].

[Wegen der Selektion eines Feldes durch einen Feldselektor (**field-selector**) siehe 2.1.5.g.].

[Die Anordnung der Felder eines strukturierten Wertes wird in der Semantik der Strukturdarstellungen (**structure-displays** 3.3.2.b), der Formattexte (**format-texts** 10.3.4.) und bei der Streckung (10.3.2.3.c) benutzt.]

b) Der Modus eines strukturierten Wertes V ist ein gewisser 'strukturiert mit **FIELDS** Modus' ('**structured with FIELDS mode**'). Wenn das n-te '**FIELD**', das in '**FIELDS**' enthalten ist, ein gewisses '**MODE** Feld **TAG**' ('**MODE field TAG**') ist, dann wird das n-te Feld von V durch '**TAG**' "selektiert" und wird von '**MODE**' akzeptiert [2.1.3.6.d].

c) Die Lage eines strukturierten Wertes ist die neueste der Lagen seiner Felder.

[Der Gültigkeitsbereich eines strukturierten Wertes ist der kleinste unter den Gültigkeitsbereichen seiner Felder.]

d) Wenn der Modus eines Namens N [, der zu einem strukturierten Wert referiert,] ein gewisser 'Referenz zu strukturiert mit **FIELDS** Modus' ('**reference to structured with FIELDS mode**') ist, und wenn das Prädikat 'wobei **MODE** Feld **TAG** liegt in **FIELDS**' erfüllt ist ('**where MODE field TAG resides in FIELDS**') [7.2.1.b, c], dann ist 'Referenz zu **MODE**' ('**reference to MODE**') der Modus des Komponentennamens von N, der durch '**TAG**' selektiert [e] wird.

e) Ein Name N, der zu einem strukturierten Wert V referiert, wird "mit Komponentennamen ausgestattet" ("is endowed with subnames") [e, 2.1.3.4.g, 4.4.2.b, 5.2.3.2.a], indem für jedes '**TAG**, das ein Feld F in V selektiert,

- ein neuer Komponentenname M eingerichtet wird, und zwar von derselben Lage (vom selben Gültigkeitsbereich) wie N
- und M zur Referenz zu F gebracht wird,
- M heißt der von '**TAG**' aus N "selektierte" Name,
- ist M ein stowed Name [2.1.3.2.b], dann wird M seinerseits mit Komponentennamen ausgestattet [e, 2.1.3.4.g].

[In einem realen Computer erfolgt die Ausstattung eines strukturierten Wertes mit Komponentennamen bereits zur Compilierzeit, so daß während der Lauf- oder Rechenzeit keine Adressenberechnungen mehr nötig sind, wie es bei mehrfachen Werten der Fall ist.]

2.1.3.4. Mehrfache Werte

a) Ein "mehrfacher Wert" ("multiple value") [von n Dimensionen] ist aus einem "Deskriptor" ("descriptor") und einer Folge anderer Werte, seinen "Elementen" ("elements") zusammengesetzt. Jedes Element wird durch einen spezifischen n-Tupel von ganzen Zahlen, seiner "Indizierung" ("index"), "selektiert".

b) Der "Deskriptor" hat die Form

$$((u_1, o_1), (u_2, o_2), \ldots, (u_n, o_n)) ,$$

wobei jedes (u_i, o_i) für $i = 1, \ldots, n$ ein "Grenzenpaar" ("bound pair") aus ganzen Zahlen ist. Dabei ist u_i die i-te "untere Grenze" ("lower bound") und o_i die i-te "obere Grenze" ("upper bound").

c) Wenn für irgendein i aus $i = 1, \ldots, n$ gilt $o_i < u_i$, dann heißt der Deskriptor "flach" ("flat"), und es gibt nur ein Element, das "Geisterelement" ("ghost element") genannt wird [und das durch keine Indizierung selektiert wird — siehe auch 5.2.1.2.b]. Anderenfalls ist die Anzahl der Elemente $(o_1 - u_1 + 1) * (o_2 - u_2 + 1) * \ldots * (o_n - u_n + 1)$, und jedes wird durch eine spezifische Indizierung $(r_1, r_2, \ldots, r_n)$ selektiert, wobei $u_i \leqq r_i \leqq o_i$ für $i = 1, \ldots, n$ ist.

d) Der Modus eines mehrfachen Wertes V ist ein gewisser '**ROWS** von **MODE**' ('**ROWS of MODE**'), wobei das '**ROWS**' aus soviel mal 'Reihe' ('**row**') zusammengesetzt ist, wie es Grenzenpaare im Deskriptor von V gibt und wobei jedes Element von V akzeptierbar für [2.1.3.6.d] den '**MODE**' ist.

[Zum Beispiel ist bei gegebenem *[ ]* ***union (int, real)*** *ruir = (1, 2.0)* der Modus des Ergebnisses von *ruir* 'Reihe von Vereinigung aus ganz real Modus' ('**row of union of integral real mode**'), und der momentane Modus seines ersten Elementes ist 'ganz' ('**integral**') und der seines zweiten Elements ist '**real**', womit beide akzeptierbar für den Vereinigungsmodus sind.]

e) Die Lage eines mehrfachen Wertes ist die neueste der Lagen seiner Elemente, wenn sein Deskriptor nicht flach ist. Anderenfalls ist es die Lage der Primärumgebung [2.2.2.a]. [Der Gültigkeitsbereich eines mehrfachen Wertes ist der kleinste (innerste) aller Gültigkeitsbereiche für seine Elemente, wenn sein Deskriptor nicht flach ist, andernfalls ist er das ganze Programm.]

f) Zu einem mehrfachen Wert vom Modus '**ROWS** von **MODE**' ('**ROWS of MODE**') kann entweder ein "flexibler" ("flexible") Name vom Modus 'Referenz zu flexiblen **ROWS** von **MODE1**' ('**reference to flexible ROWS of MODE1**') oder ein "fixierter" ("fixed") Name vom Modus 'Referenz zu **ROWS** von **MODE1**' ('**reference to ROWS of MODE1**') referieren, wobei [in beiden Fällen] '**MODE1**' durch "entflexieren" ("deflexes to") [2.1.3.6.b] '**MODE**' ergibt.

[Der Unterschied bezieht sich auf mögliche unterschiedliche Speichermethoden für den Wert im Computer. Im flexiblen Fall muß es möglich sein, dem Namen einen mehrfachen Wert mit anderen Grenzen zuzuweisen (5.2.1.2.b). Dagegen bezieht sich der fixierte Fall auf die Tatsache, daß diese Grenzen während der Lebenszeit des Namens fixiert bleiben. Man beachte, daß die "Flexibilität" eine Eigenschaft des Namens ist. Der in Rede stehende mehrfache Wert ist in beiden Fällen derselbe Wert.] Ist der Modus eines Namens N [, der zu einem mehrfachen Wert referiert,] irgendein 'Referenz zu **FLEXETY ROWS** von **MODE**' ('**reference to FLEXETY ROWS of MODE**'), dann ist der Modus jedes Komponentennamens von N 'Referenz zu **MODE**' ('**reference to MODE**').

g) Wenn ein Name N, der zu einem mehrfachen Wert V referiert, "mit Komponentennamen ausgestattet" [g, 2.1.3.3.e, 4.4.2.b, 5.2.1.2.b, 5.2.3.2.a] wird ("endowed with subnames"), dann wird für jede Indizierung, die ein Element E von V selektiert

- ein neuer Komponentenname M von derselben Lage wie N eingerichtet,
- M wird zur Referenz zu E gebracht,
- M heißt der von dieser Indizierung aus N "selektierte" Name,
- ist M ein stowed Name [2.1.3.2.b], dann wird er seinerseits mit Komponentennamen ausgestattet [g, 2.1.3.3.e].

[Zusätzlich zur Selektion eines Elementes (a) oder eines Namens (g) mit Hilfe einer Indizierung ist es mit Hilfe eines "Trim" (h, i, j) oder eines '**TAG**' (k, l) möglich, einen anderen Wert zu selektieren, bzw. einen neuen Namen zu erzeugen, der zu solch einem Wert referiert. Sowohl Indizierungen als auch Trims werden bei der Abarbeitung von Schnitten (**slices**) verwendet (5.3.2.2).]

h) Ein "Trim" ("trim") ist ein n-Tupel, bei dem jedes Element entweder eine ganze Zahl [entspricht einem Index (**subscript**) oder ein Tripel (u, o, d) [entspricht einem Trimmer (**trimmer**) oder einer neuen-unteren-Grenze-Möglichkeit (**revised-lower-bound-option**)] ist. Aber wenigstens eines der Elemente muß ein Tripel sein [wären alle Elemente ganze Zahlen, dann wäre der n-Tupel eine Indizierung (a)].

Jedes Element solch eines Tripels ist entweder eine ganze Zahl oder es "fehlt" ("absent").

[Ein Trim (oder eine Indizierung) wird bei der Abarbeitung eines Indexers (**indexer**) (5.3.2.2.b) erhalten.]

i) Der mehrfache Wert W [mit m Dimensionen], der durch einen Trim T aus einem mehrfachen Wert V [mit n Dimensionen $1 \leqq m \leqq n$] "selektiert" wird, wird wie folgt bestimmt:

• T sei aus ganzen Zahlen und Tripeln T_i, $i = 1, \dots, n$, zusammengesetzt, von denen m Stück wirklich Tripel sind. Es sei (u_j, o_j, d_j) das j-te Tripel davon, $j = 1, \dots, m$.
• W ist zusammengesetzt aus
(1) einem Deskriptor $((u_1 - d_1, o_1 - d_1), (u_2 - d_2, o_2 - d_2), \dots, (u_m - d_m, o_m - d_m))$,
(2) Elementen von V, von denen jedes, falls es überhaupt eines gibt, wenn es in W durch eine Indizierung $(w_1, w_2, \dots, w_m)$ [mit $u_j - d_j \leqq w_j \leqq o_j - d_j$] selektiert wird, in V durch eine Indizierung $(v_1, v_2, \dots, v_n)$ selektiert wird, die sich wie folgt bestimmt:
Für $i = 1, \dots, n$ sei
Fall A: T_i ist eine ganze Zahl:
• $v_i = T_i$
Fall B: T_i ist der j-te Tripel (u_j, o_j, d_j) von T:
• $v_i = w_j + d_j$.

j) Der Name M, der durch einen Trim T aus einem Namen N, der zu einem mehrfachen Wert V referiert, "erzeugt" ("generated") wird, ist ein [nicht unbedingt neueingerichteter fixierter] Name von derselben Lage wie N, der zum mehrfachen Wert W referiert, welcher durch T aus V selektiert [i] wurde. Jeder Komponentenname von M, der durch eine Indizierung I_w selektiert werden kann, ist einer der [bereits existierenden] Komponentennamen von N, die durch eine Indizierung I_v selektiert werden können. Dabei ist jedes I_v durch T und das entsprechende I_w nach dem im vorigen Teilabschnitt beschriebenen Verfahren bestimmt.

k) Der mehrfache Wert W, der durch ein '**TAG**' aus einem mehrfachen Wert V [, dessen Elemente alle strukturierte Werte sind,] "selektiert" wird, ist zusammengesetzt aus
(1) dem Deskriptor von V und
(2) den Feldern, die durch '**TAG**' aus den Elementen von V selektiert werden. Dabei ist das Element, falls es überhaupt eines gibt, das aus W durch eine Indizierung I selektiert wird, das durch '**TAG**' selektierte Feld des Elementes von V, das durch I selektiert wird.

l) Der Name N referiere zu einem mehrfachen Wert V [und jedes Element von V ist ein strukturierter Wert]. Der durch ein '**TAG**' aus einem Namen N "erzeugte" Name M ist ein [nicht unbedingt neu eingerichteter fixierter] Name von derselben Lage wie N, der zu dem mehrfachen Wert referiert, der durch '**TAG**' aus V selektiert [k] wurde. Jeder Komponentenname von M, der durch eine Indizierung I selektiert wird, ist der [bereits existierende] Name, der durch '**TAG**' aus dem Komponentennamen von N selektiert [2.1.3.3.e] wird, der seinerseits durch I selektiert [g] wird.

2.1.3.5. Routinen

a) Eine "Routine" ("routine") ist eine Szene [2.1.1.1.d], die aus einem Routinetext (**routine-text**) [5.4.1.1.a, b] und einer Umgebung [2.1.1.1.c] zusammengesetzt ist.

[Eine Routine kann "aufgerufen" ("called" 5.4.3.2.b) werden, worauf die Einheit (**unit**) ihres Routinetextes (**routine-text**) abgearbeitet wird.]

b) Der Modus einer Routine, die aus einem **PROCEDURE**-Routinetext (**PROCEDURE-routine-text**) zusammengesetzt ist, ist '**PROCEDURE**'.

c) Die Lage einer Routine ist die Lage ihrer Umgebung.

[Der Gültigkeitsbereich einer Routine kann statisch bzgl. eines Programms nicht genau angegeben werden, da er dynamisch von der Abarbeitung abhängt. Nur die Angabe eines Definitionsbereiches (range) und eines Zugriffsbereiches (reach) sind statisch möglich. Hier wird das Konzept der Umgebungen und der Lage inhaltlich bedeutsam.]

2.1.3.6. Akzeptierbarkeit von Werten

a) [Es gibt keine Werte, deren Modus mit 'Vereinigung aus' ('**union of**') beginnt. Aber es gibt Namen, deren Modus mit 'Referenz zu Vereinigung aus' ('**reference to union of**') beginnt, z. B. *u* in ***union(int, real)*** *u;* . Hier referiert *u*, dessen Modus 'Referenz zu Vereinigung aus ganz real Modus' ('**reference to union of integral real mode**') ist, jedoch entweder zu einem Wert, dessen Modus 'ganz' ('**integral**') ist, oder zu einem Wert, dessen Modus '**real**' ist. Es ist mit Hilfe einer Konformitätsklausel (**conformity-clause** 3.4.1.q) zu jedem Zeitpunkt feststellbar, welcher von den beiden Fällen vorliegt.]

Der Modus '**MOID**' ist "vereint aus" ("united from") dem Modus '**MOOD**', wenn '**MOID**' ein gewisser 'Vereinigung aus **MOODSETY1 MOOD MOODSETY2** Modus' ('**union of MOODSETY1 MOOD MOODSETY2 mode**') ist.

b) [Es gibt keine Werte, deren Modus mit 'flexibel' ('**flexible**') beginnt. Aber es gibt flexible Namen, deren Modus mit 'Referenz zu flexibel' ('**reference to flexible**') beginnt, z. B. *a1* in ***flex*** *[1 : n]* ***real*** *a1;* .

Hier referiert *a1*, dessen Modus 'Referenz zur flexiblen Reihe von real' ('**reference to flexible row of real**') ist, zu einem mehrfachen Wert, dessen Modus 'Reihe von real' ('**row of real**') ist (siehe auch 2.1.3.4.f). Im allgemeinen existieren Werte nur für die Modi, die man durch "entflexieren" ("deflexing") erhält.]

Der Modus '**MOID1**' ergibt "entflexiert" den Modus '**MOID2**', wenn das Prädikat 'wobei **MOID1** entflexiert **MOID2** gibt' ('**where MOID1 deflexes to MOID2**') erfüllt ist [4.7.1.a, b, c].

[Der Prozeß des Entflexierens ergibt '**MOID2**' durch das Entfernen aller 'flexibel' ('**flexible**'), die an solchen Stellen in '**MOID1**' enthalten sind, bei denen sie nicht zugleich in irgendeinem '**REF** zu **MOID3**' ('**REF to MOID3**') enthalten sind.

Somit ergibt 'strukturiert mit flexibler Reihe von Zeichen Feld Buchstabe a Modus' ('**structured with flexible row of character field letter a mode**'), was kein Modus irgendeines Wertes ist, entflexiert 'strukturiert mit Reihe von Zeichen Feld Buchstabe a Modus' ('**structured with row of character field letter a mode**'), und dies ist der Modus eines Wertes, zu dem ein flexibler Name des Modus 'Referenz zu strukturiert mit flexibler Reihe von Zeichen Feld Buchstabe a Modus' ('**reference to structured with flexible row of character field letter a mode**') referieren kann.

Dieser Modus ist nun der Modus eines Namens und kann deshalb nicht mehr entflexiert werden.]

c) [Es gibt keine Namen, deren Modus mit 'zeitweilige Referenz zu' ('**transient reference to**') beginnt.

Das Ergebnis einer zeitweiligen-Referenz-zu-**MODE-FORM** (**transient-reference-to-MODE-FORM**) ist ein "zeitweiliger Name" ("transient name") vom Modus 'Referenz zu **MODE**' ('**reference to MODE**'), aber da es keine zeitweilige-Referenz-zu-**MODE**-Deklaratoren (**transient-reference-to-MODE-declarators**) in der Sprache gibt (4.6.1.), sichert die Syntax, daß zeitweilige Namen niemals zugewiesen, zugeschrieben oder durch den Aufruf einer Routine erhalten werden können.

Zum Beispiel ist *xx* := *a1[i]* keine Zuweisung (**assignation**), da *xx* kein Referenz-zu-zeitweilige-Referenz-zu-real-Identifikator (**reference-to-transient-reference-to-real-**

identifier) ist. Zeitweilige Namen erhält man beim Schneiden, bei mehrfacher Selektion oder beim Reihen eines flexiblen Namens.]
d) Ein Wert vom Modus M1 ist "akzeptierbar für" ("acceptable to") einen Modus M2, wenn

(i) M1 derselbe Modus wie M2 ist, oder
(ii) M2 ist vereint [a] aus M1 [somit akzeptiert der durch ***union (real, int)*** spezifizierte Modus Werte, deren Modi entweder durch ***real*** oder ***int*** spezifiziert sind], oder
(iii) M2 ergibt entflexiert [b] M1 [somit akzeptiert der Modus 'flexible Reihe von real' ('**flexible row of real**') (ein Modus, für den es keine Werte gibt) Werte, wie sie vom aktuellen Deklarierer (**actual declarer**) ***flex [1 : n] real*** erhalten werden, was ein Wert des Modus 'Reihe von real' ('**row of real**') ist] oder
(iiii) M1 ist irgendein 'Referenz zu **MODE**' ('**reference to MODE**') und M2 ist 'zeitweilige Referenz zu **MODE**' ('**transient reference to MODE**') [somit akzeptiert der Modus 'zeitweilige Referenz zu real' ('**transient reference to real**') Werte (wie das Ergebnis von *a1 [i]*), deren Modus 'Referenz zu real' ('**reference to real**') ist.]

[Siehe 2.1.4.1.b wegen der Akzeptierbarkeit des Ergebnisses einer Szene.]

2.1.4. Aktionen

[Suit the action to the word,
the word to the action.
Hamlet, William Shakespeare

Passe die Aktion dem Wort,
das Wort der Aktion an.
Hamlet, William Shakespeare]

2.1.4.1. Abarbeitung

a) Die "Abarbeitung" ("elaboration") gewisser Szenen [derjenigen, deren Sprachkonstruktionen durch gewisse Parabegriffe bezeichnet werden,] wird in den Abschnitten dieses Berichtes unter der Überschrift "Semantik" spezifiziert. Dort wird die Folge von "Aktionen" ("actions") beschrieben, die während der Abarbeitung jeder solchen Szene auszuführen sind.

[Beispiele für Aktionen, die angegeben werden können, sind:

- das Aufstellen von Relationen (Teste),
- das Einrichten neuer Namen und
- die Abarbeitung anderer Szenen.]

Die "Bedeutung" ("meaning") einer Szene ist die Wirkung der während ihrer Abarbeitung ausgeführten Aktionen. Jede dieser Aktionen oder jede Kombination aus ihnen kann durch jede andere oder jede andere Kombination mit derselben Wirkung ersetzt werden.
b) Die Abarbeitung einer Szene S kann einen Wert "ergeben" ("yield"). Wenn die Sprachkonstruktion von S ein '**MOID-NOTION**' ist, dann muß dieser Wert, wenn nicht ausdrücklich anders gesagt wird, [von einem solchen Modus sein, so daß er] für '**MOID**' akzeptierbar sein [ist 2.1.3.6.d].
[Diese Regel ermöglicht es, in der Semantik von Ergebnissen zu sprechen, ohne explizit deren Modus zu erwähnen.]

c) Wenn die Abarbeitung irgendeiner Sprachkonstruktion A in irgendeiner Umgebung U in der Semantik dieses Berichtes nicht anderweitig spezifiziert wird und wenn A nur einen direkten Abkommen B hat, der seinerseits eine Abarbeitung nötig macht [siehe unten], dann besteht die Abarbeitung von A in U in der Abarbeitung von B in U und das Ergebnis, wenn es eins gibt, von A ist das Ergebnis, wenn es eins gibt, von B [diese automatische Abarbeitung wird die "Vorabarbeitung" ("pre-elaboration") von A in U genannt].

Eine Sprachkonstruktion benötigt keine Abarbeitung, wenn sie nicht sichtbar ist [keine echte Enderzeugung hat 1.1.3.2.h], wenn sie ein Symbol ist [**symbol** 9.1.1.h] oder wenn ihre Abarbeitung nicht anderweitig in der Semantik dieses Berichtes spezifiziert ist und wenn keiner ihrer direkten Abkommen eine Abarbeitung benötigt. [Somit besteht die Abarbeitung der Referenz-zu-real-abgeschlossenen-Klausel (**reference-to-real-closed-clause** 3.1.1.a) *(x := 3.14)* aus der (und ergibt denselben Wert wie die) Abarbeitung ihres Bestandteils Referenz-zu-real-serielle-Klausel (**reference-to-real-serial-clause** 3.2.1.a) *x := 3.14* .]

2.1.4.2. Serielle und kollaterale Aktionen

a) Eine Aktion kann "nicht separierbar" ("inseparabel"), "seriell" ("serial") oder "kollateral" ("collateral") sein. Eine serielle oder kollaterale Aktion besteht aus einer oder mehreren anderen Aktionen, die ihre "direkten Teilaktionen" ("direct actions") genannt werden. Eine nicht separierbare Aktion enthält keine anderen Aktionen mehr [welche Aktionen nicht separierbar sind, wird in diesem Bericht nicht definiert].
b) Eine "Teilaktion" ("descendent action") einer anderen Aktion B ist eine direkte Teilaktion von B oder einer Teilaktion von B.
c) Eine Aktion A ist die "direkte Vollaktion" ("direct parent") einer Aktion B, wenn B eine direkte Teilaktion [a] von A ist.
d) Die direkten Teilaktionen einer seriellen Aktion S finden eine nach der anderen statt, d. h., der vollständigen Ausführung [2.1.4.3.c, d] einer direkten Teilaktion von S folgt der Anstoß [2.1.4.3.b, c] der nächsten direkten Teilaktion, wenn es noch eine gibt, von S. [Die Abarbeitung einer Szene, die im allgemeinen aus einer Folge von Aktionen zusammengesetzt ist, ist eine serielle Aktion.]
e) Die direkten Teilaktionen einer kollateralen Aktion sind zeitlich gemischt, d. h., eine ihrer nicht separierbaren Teilaktionen, die zu diesem Zeitpunkt "aktiv" [2.1.4.3.a] ist, wird ausgewählt und ausgeführt. Nach ihrer vollständigen Ausführung [2.1.4.3.c] wird eine andere solche Teilaktion ausgewählt u.s.w. [bis alle vollständig ausgeführt sind. (Es werden also die nicht weiter separierbaren Teilaktionen aller direkten Teilaktionen gemischt ausgeführt.)]

Wenn von zwei Aktionen [kollateral zu einander] gesagt wird, sie seien "zu einander nicht kompatibel" ("incompatible with") [10.2.4], dann [sollten sie nicht gemischt werden, d. h., dann] sollte noch keine nicht separierbare Teilaktion der einen (dann sollte die eine [, wenn sie selbst schon nicht separierbar ist] nicht) zu einem Zeitpunkt ausgewählt werden, zu dem die andere aktiv ist und noch nicht alle ihrer nicht separierbaren Teilaktionen vollständig ausgeführt wurden. Sonst ist die Art der Auswahl beliebig und wird in diesem Bericht nicht definiert.
f) Wenn eine oder mehrere Szenen "kollateral abzuarbeiten" ("elaborated collaterally") sind, dann ist diese Abarbeitung die kollaterale Aktion, die aus der [gemischten] Abarbeitung dieser Szenen besteht.

2.1.4.3. Anstoß, vollständige Ausführung und Verlassen

a) Eine Aktion ist entweder "aktiv" ("active") oder "inaktiv" ("inactive"). Eine Aktion wird aktiv, wenn sie "angestoßen" [b, c] ("initiated") oder "wieder aufgenommen" [g] ("resumed") wird. Sie wird inaktiv, wenn sie "vollständig ausgeführt" [c, d] ("completed"), "verlassen" [e] ("terminated"), "angehalten" [f] ("halted") oder "abgebrochen" [h] ("interrupted") wird.
b) Wenn eine serielle Aktion "angestoßen" wird, dann wird die erste ihrer direkten Teilaktionen angestoßen. Wenn eine kollaterale Aktion "angestoßen" wird, dann werden alle ihre direkten Teilaktionen angestoßen.
c) Wenn eine nicht separierbare Aktion "angestoßen" wird, dann kann sie ausgeführt werden [siehe 2.1.4.2.e], worauf sie "vollständig ausgeführt" [oder "komplettiert"] ist.
d) Eine serielle Aktion ist "vollständig ausgeführt" [oder "komplettiert"], wenn ihre letzte direkte Teilaktion vollständig ausgeführt wurde. Eine kollaterale Aktion ist "vollständig ausgeführt" [oder "komplettiert"], wenn alle ihre direkten Teilaktionen vollständig ausgeführt wurden.
e) Wenn eine Aktion A [, entweder seriell oder kollateral] "verlassen" wird, dann werden alle ihre direkten Teilaktionen [und somit alle ihre Teilaktionen] verlassen [, worauf eine andere Aktion an deren Stelle angestoßen werden kann]. [Das Verlassen einer Aktion erfolgt durch die Abarbeitung eines Sprunges (**jump**) (5.4.4.2.).]
f) Wenn eine Aktion "angehalten" wird, dann werden alle ihre aktiven direkten Teilaktionen [und somit alle ihre aktiven Teilaktionen] angehalten. [Eine Aktion kann während eines "Aufrufs" ("calling") der durch den Operator (**operator**) ***down*** (10.2.4.d) angesprochenen Routine angehalten werden, worauf sie später während eines Aufrufes der durch den Operator (**operator**) ***up*** (10.2.4.e) angesprochenen Routine wieder aufgenommen werden kann.]

Wenn zu irgendeinem Zeitpunkt eine Aktion angehalten wurde und sie war kein Bestandteil eines "Prozesses" ("process") einer "parallelen Aktion" ("parallel action") 10.2.4.), von deren weiteren Prozessen es noch aktive nicht separierbare Teilaktionen als Bestandteile gibt, dann ist die weitere Abarbeitung nicht definiert. [Somit ist nicht definiert, ob die Abarbeitung der kollateralen-Klausel (**collateral-clause**) in

```
begin sema sergei = level 0;
(par begin (down sergei; print(pokrovsky)),
            skip
    end,
    (read(pokrovsky); up sergei))
end
```

jemals vollständig abgearbeitet wird.]
g) Wenn eine Aktion A "wieder aufgenommen" wird, dann werden diejenigen ihrer direkten Teilaktionen wieder aufgenommen, die beim Anhalten [f] von A angehalten wurden.
h) Eine Aktion kann durch ein Ereignis [z. B. "Überlauf"] "abgebrochen" werden, das in der Semantik dieses Berichtes nicht spezifiziert ist, wohl aber durch den Computer, wenn seine Beschränkungen [2.2.2.b] keine ordnungsgemäße Abarbeitung mehr erlauben. Wenn eine Aktion abgebrochen wird, dann werden alle ihre direkten Teilaktionen und möglicherweise auch ihre direkte Vollaktion abgebrochen.

[Ob nach einem Abbruch diese Aktion wiederaufgenommen, eine andere Aktion angestoßen wird oder ob die Abarbeitung des Programms (**program**) endet, wird in diesem Bericht nicht definiert.]

[Die Wirkung der oben gegebenen Definitionen ist wie folgt: Während der Abarbeitung eines Programms (**program** 2.2.2.a) ist die Abarbeitung seiner abgeschlossenen-Klausel (**closed-clause**) in einer leeren Primärumgebung aktiv. Zu jedem beliebigen Moment kann die Abarbeitung einer Szene die Abarbeitung irgendeiner anderen Szene oder mehrerer anderer Szenen kollateral hervorrufen. Erst wenn die Abarbeitung dieser anderen Szene oder Szenen vollständig ausgeführt wurde (komplett ist), wird der nächste Schritt in der Abarbeitung der ursprünglichen Szene eingeleitet und so weiter, bis auch sie vollständig ausgeführt ist.

Man kann sehen, daß dies alles analog zum Aufruf eines Unterprogrammes durch ein anderes ist. Nach der vollständigen Ausführung des aufgerufenen Unterprogrammes wird die Ausführung des aufzurufenden Unterprogramms fortgesetzt. Die in diesem Bericht für die Abarbeitung der verschiedenen Parabegriffe gegebenen semantischen Regeln entsprechen den Texten der Unterprogramme. Die semantischen Regeln können sich sogar unter gewissen Umständen selbst rekursiv aufrufen (aber in jedem Fall mit einer unterschiedlichen Sprachkonstruktion oder in unterschiedlicher Umgebung).

Somit existiert in jedem Moment ein Baum aktiver Aktionen, die Teilaktionen (2.1.4.2.b) der Abarbeitung des Programms (**program**) sind.]

2.1.5. Abkürzungen

[Um einige lange und umständliche Sprechweisen zu vermeiden, die sonst in der Semantik nötig wären, werden einige kürzere Formen im weiteren Verlauf des Textes dieses Berichtes zwanglos benutzt.]

a) Die Sprechweise "das A von B", wobei A und B Parabegriffe sind, steht für "das A, welches ein direkter Abkomme [1.1.3.2.f] von B ist".

[Dies erlaubt die Verkürzung von "direkter Abkomme von" zu "von" oder "sein" bzw. "ihr". Z. B. in der Zuweisung (**assignation** 5.2.1.1.a) $i := 1$ ist i "ihre" Bestimmung (**destination**) (oder i ist "die" oder "eine" Bestimmung "von" der Zuweisung $i := 1$). Dagegen ist i nicht eine Bestimmung der seriellen-Klausel (**serial-clause**) $i := 1; j := 2$ (obwohl es als Bestandteil derselben eine Bestimmung (1.1.4.2.d) ist).]

b) Die Sprechweise "K in U", wobei K eine Sprachkonstruktion und U eine Umgebung ist, steht für "die Szene, welche aus K und U zusammengesetzt [2.1.1.1.d] ist". Dies wird manchmal sogar einfach zu "K" weiter verkürzt, wenn es klar ist, um welche Umgebung es sich handelt.

[Da der Prozeß der Abarbeitung (2.1.4.1.a) nur auf Szenen angewendet werden kann, erscheint diese Abkürzung am häufigsten in Formen wie "eine Laufklausel (**loop-clause**) K in einer Umgebung U1 wird abgearbeitet ..." (3.5.2.) und "eine Zuweisung (**assignation**) Z wird abgearbeitet ..." (5.2.1.2.a, wobei hier die Abarbeitung von Z in einer geeigneten Umgebung diskutiert wird).]

c) Die Sprechweise "das Ergebnis von S", wobei S eine Szene ist, deren Abarbeitung nicht explizit erwähnt ist, steht für "das Ergebnis, das man durch Anstoß und Abwarten der vollständigen Ausführung der Abarbeitung von S erhält".

[Somit ist der Satz (3.2.2.c):

"W ist das Ergebnis dieser Einheit (**unit**);" (, der auch noch von der in b definierten Abkürzung Gebrauch macht,) mit der folgenden Bedeutung zu interpretieren:

"W ist das Ergebnis, das man durch Anstoß und Abwarten der vollständigen Ausführung der Abarbeitung der Szene erhält, die aus der Einheit (**unit**) und der in Rede stehenden Umgebung zusammengesetzt ist;".]

d) Die Sprechweise "die Ergebnisse von $S_1, \dots, S_n$", wobei $S_1, \dots, S_n$ Szenen sind, deren Abarbeitung nicht explizit erwähnt ist, steht für "die Ergebnisse, die man durch Anstoß und Abwarten der vollständigen Ausführung der kollateralen Abarbeitung [(2.1.4.2.f), was die vollständige Ausführung jeder einzelnen bedeutet,] von $S_1, \dots, S_n$ erhält". Wenn einige oder alle der $S_1, \dots, S_n$ in irgendeiner Umgebung als gewisse Bestandteile irgendeiner Sprachkonstruktion beschrieben sind, dann werden ihre Ergebnisse als in derselben textlichen Reihenfolge geordnet angesehen [1.1.3.2.i] wie die der Bestandteile der Sprachkonstruktion.

[Somit ist der Satz (3.3.2.b):

"Es seien $V_1, \dots, V_n$ die [kollateralen] Ergebnisse der Bestandteil bildenden Einheiten (**units**) von K;"

mit der folgenden Bedeutung zu interpretieren:

"Es seien $V_1, \dots, V_n$ die Ergebnisse, die man durch den hiermit vollzogenen Anstoß und Abwarten der vollständigen Ausführung der kollateralen Abarbeitung der Szenen erhält, die aus den Bestandteil bildenden Einheiten (**units**) von K — und zwar in ihrer textlichen Anordnung und der Umgebung U, in der K abgearbeitet werden soll, zusammengesetzt sind."]

e) Die Sprechweise "wenn A das B ist", wobei A und B Hyperbegriffe sind, steht für "wenn A und B äquivalent [2.1.1.2.a] sind".

[Somit besagt in "Fall C: '**CHOICE**' ist irgendeine 'Auswahl, die **UNITED** benutzt' ('**choice using UNITED**' 3.4.2.b)" dieser Satz nicht, ob '**CHOICE**' mit 'Auswahl, die Vereinigung aus benutzt' ('**choice using union of**') oder mit irgendeinem 'Auswahl, die **MU** Definition von Vereinigung aus' ('**choice using MU definition of union of**') zu beginnen hat.]

f) Die Sprechweise "der Modus ist A", wobei A ein Hyperbegriff ist, steht für "der Modus schließt A ein [— ist eine Klasse von '**MOID**'s, welche A einschließt]".

[Dies erlaubt solche verkürzten Formen wie "der Modus ist irgendein 'strukturiert mit **FIELDS** Modus' ('**structured with FIELDS mode**')", "der Modus beginnt mit 'Vereinigung aus' ('**union of**')" und "der Modus umfaßt ein '**FIELD**'". Im allgemeinen kann ein Modus einfach durch Nennen eines der in ihm eingeschlossenen '**MOID**'s spezifiziert werden.]

g) Die Sprechweise "der Wert, der durch den Feldselektor (**field-selector**) F selektiert (generiert) wird" steht für "wenn F ein Feldselektor-mit-**TAG** (**field-selector-with-TAG** [4.1.f]) ist, dann der Wert, welcher durch dies '**TAG**' selektiert [2.1.3.3.a, e, 2.1.3.4.k] (generiert 2.1.3.4.l) wird".

2.2. Das Programm

2.2.1. Syntax

a) **program: strong void new closed clause** [31a].
[Siehe auch 10.1]

2.2.2. Semantik

["I can explain all the poems that ever were invented — and a good many that haven't been invented just yet."
Through the Looking-glass, Lewis Carroll
"Ich kann alle Gedichte erläutern, die jemals ersonnen wurden — und sogar sehr viele, die bisher noch nicht erdacht worden sind."
Im Spiegel, Lewis Carroll.]

a) Die Abarbeitung eines Programms (**program**) ist die Abarbeitung seiner starken-gelöschten-neu-abgeschlossenen-Klausel (**strong-void-new-closed-clause**) in einer leeren Umgebung [2.1.1.1.c], die "Primärumgebung" ("primal environ") genannt wird.

[Obgleich es der Zweck dieses Berichtes ist, die Bedeutung eines speziellen-Programms (**particular-program**) [10.1.1.g] zu definieren, ist doch diese Bedeutung nur verständlich, wenn zunächst die Bedeutung eines Programms definiert wird, in dem dies spezielle-Programm eingebettet ist (10.1.2.).]

[In diesem Bericht sagt die Syntax aus, welche Folgen von Symbolen Enderzeugungen von '**program**' sind. Die Semantik sagt aus, welche Aktionen durch den Computer ausgeführt werden, wenn ein Programm abgearbeitet wird. Sowohl die Syntax als auch die Semantik sind rekursiv. Obwohl gewisse Folgen von Symbolen auf mehrererlei Weisen (siehe auch 1.1.3.2.f) Enderzeugungen von '**program**' sein können, führt doch diese syntaktische Mehrdeutigkeit nicht zu semantischen Mehrdeutigkeiten.]

b) In ALGOL 68 wird eine spezielle Syntax für Sprachkonstruktionen angewendet, die es gemeinsam mit der rekursiven Art der Definition ermöglicht, beliebig große Erzeugungsbäume zu beschreiben und zwischen diesen zu unterscheiden. Sie ermöglicht ferner, zwischen beliebig vielen unterschiedlichen Werten eines gegebenen Modus (außer 'boolesch' ('**boolean**') und 'gelöscht' ('**void**')) und zwischen beliebig vielen Modi zu unterscheiden. Sie erlaubt die Existenz beliebig vieler Objekte im Computer und erlaubt bei der Abarbeitung eines Programms, daß diese eine beliebig große, nicht notwendig endliche Anzahl von Aktionen einschließt. Dabei wird weder gefordert, daß die Codierung der Objekte im Computer genau die in diesem Bericht verwendete Notierung ist, noch daß sie dieselben Möglichkeiten besitzt. Es wird weder gefordert, daß die Notierung im Bericht und die Codierung im Computer dieselben sind, noch daß wenigstens eine eins-zu-eins Entsprechung zwischen ihnen besteht. In der Praxis wird die Menge unterschiedlicher Codierungen für Objekte einer gegebenen Kategorie endlich sein. Es wird ferner nicht vorausgesetzt, daß der Computer beliebig große dargebotene Informationsmengen bearbeiten kann. Es wird weder gefordert, daß die Geschwindigkeit des Computers ausreicht, um ein gegebenes Programm in vorgeschriebener Zeit abzuarbeiten, noch daß die Anzahl der Objekte und Beziehungen, die im Computer eingerichtet werden können, ausreicht, um das Programm überhaupt abzuarbeiten.

c) Ein Modell des hypothetischen Computers, das eine reale Maschine benutzt, wird eine "Implementation" von ALGOL 68 genannt, wenn es den Einsatz der Sprache nur bzgl. der oben genannten Punkte einschränkt. Ist weiterhin eine Sprache A definiert, deren spezielle-Programme (**particular-programs**) auch spezielle-Programme einer Sprache B sind und in B dieselbe Bedeutung besitzen, soweit diese Bedeutung in A definiert ist, dann nennt man A eine "Untersprache" ("sublanguage") von B und B eine "Obersprache" ("superlanguage") von A.

[So kann eine Untersprache von ALGOL 68 definiert werden, indem gewisse Teile der Syntax oder des Standardvorspiels (**standard-preludes**) gestrichen werden, und/oder indem einiges undefiniert gelassen wird, das in diesem Bericht definiert wird, damit die Aufgaben gewisser Problemklassen effektiver gelöst werden können oder um die Implementierung auf kleineren Maschinen zu ermöglichen. Auf ähnliche Weise kann eine Obersprache von ALGOL 68 durch gewisse Ergänzungen der Syntax, der Semantik oder des Standardvorspiels (**standard-prelude**) definiert werden, um die Effizienz zu verbessern (indem dem Anwender die Möglichkeit des Einsatzes zusätzlicher Informationen gegeben wird) oder um die Lösung weiterer Probleme zu gestatten, die für ALGOL 68 noch nicht zugänglich sind.] Ein Modell heißt Implementierung einer Untersprache, wenn es den Einsatz der Untersprache nur bzgl. der oben genannten Punkte einschränkt.

[Siehe Abschnitt 9.3.c wegen "Implementierung der Grundsprache."]

[Eine Folge von Symbolen (**symbols**), die kein spezielles-Programm (**particular-program**) ist, aber in ein solches durch Streichen oder Einfügen einer gewissen Anzahl von Symbolen geändert werden kann, wobei diese Änderung durch keine kleinere Anzahl von Symbolstreichungen oder -einfügungen erreicht werden kann, kann als ein spezielles-Programm mit dieser Anzahl syntaktischer Fehler angesehen werden. Jedes spezielle-Programm, das durch diese Anzahl von Korrekturen erhalten werden kann, kann ein "möglicherweise beabsichtigtes" spezielles-Programm sein. Ob ein spezielles-Programm oder eins der möglicherweise beabsichtigten Programme wirklich die vom Autor beabsichtigte Wirkung hat, ist eine Frage, die aus dem Rahmen dieses Berichtes fällt.]

[In einer Implementierung wird das spezielle-Programm "kompiliert", d. h. in ein "Objektprogramm" übersetzt, das im Code der realen Maschine geschrieben ist. Unter gewissen Umständen wird es günstig sein, Teile des speziellen-Programms unabhängig von ihm zu kompilieren, d. h. solche Teile, die mehreren speziellen-Programmen gemeinsam sind. Wenn solch ein Teil angewandte-Indikatoren (**applied-indicators**) enthält, die in diesem Teil nicht enthaltene definierende-Indikatoren (**defining-indicators**) identifizieren, dann wird die Kompilierung in ein arbeitsfähiges Objektprogramm durch das Voranstellen einer Folge von Deklarationen (**declarations**) zu sichern sein, die diese definierende-Indikatoren enthält.]

[Die Definition spezifischer Untersprachen und auch die Beschreibung von Aktionen, die nicht in einem Programm definiert werden können (z. B. die Kompilierung oder den Anstoß der Abarbeitung werden in diesem Bericht nicht gegeben. Siehe jedoch den Abschnitt 9.2 bez. des vorgeschlagenen Gebrauchs von Pragmaten (**pragmats**) zur Steuerung dieser Aktionen.]

Teil II

Grundkonstruktionen

[Dieser Teil beschreibt die wesentliche Struktur von Programmen (**programs**):

- die allgemeinen Regeln für ihre Konstruktion;
- die Methoden der Definition von Indikatoren (**indicators**) und ihrer Eigenschaften auf jedem neuen Konstruktionsniveau;
- die Sprachkonstruktionen, die zur Programmierung einfacher Aktionen zur Verfügung stehen.]

3. Klauseln

[Klauseln liefern

- eine hierarchische Struktur für Programme (**programs**),
- die Einführung neuer Definitionsbereiche (**ranges**) von Definitionen,
- serielle oder kollaterale Komposition, parallele oder verzweigte Abarbeitung, Schleifen.]

3.0.1. Syntax

a) ***phrase: SOME unit** [32d]; **NEST declaration of DECS** [41a].
b) ***SORT MODE expression: SORT MODE NEST UNIT** [5A].
c) ***statement: strong void NEST UNIT** [5A].
d) ***MOID constant: MOID NEST DEFIED identifier with TAG** [48a,b];
  MOID NEST denoter [80a].
e) ***MODE variable: reference to MODE NEST DEFIED identifier with TAG** [48a,b].
f) ***NEST range: SOID NEST serial clause defining LAYER** [32a];
  SOID NEST chooser CHOICE STYLE clause [34b];
  SOID NEST case part of choice using UNITED [34i];
  NEST STYLE repeating part with DEC [35e];
  NEST STYLE while do part [35f];
  PROCEDURE NEST routine text [541a,b].

[NEST-Definitionsbereiche (**NEST-ranges**) kommen in der Definition der "Identifizierung" (7.2.2.b) vor.]

3.0.2. Semantik

Ein "Nest" ist ein '**NEST**'. Das Nest ("von") einer Sprachkonstruktion ist das '**NEST**', welches zwar vom Original dieser Sprachkonstruktion umfaßt wird, aber durch kein '**defining LAYER**', das in diesem Original enthalten ist.

[Das Nest einer Sprachkonstruktion stellt das Verzeichnis all der Deklarationen (**declarations**) dar, die die Umgebung bilden, in welcher diese Sprachkonstruktion zu interpretieren ist.

Jene Sprachkonstruktionen, die in einem Definitionsbereich (**range**) D, aber in keinem kleineren Definitionsbereich (**range**), der in D enthalten ist, enthalten sind, schließen einen "Zugriffsbereich" ("reach") ein. Alle Konstruktionen in einem gegebenen Zugriffsbereich haben das gleiche Nest, welches aus dem Nest des unmittelbar umgebenden Zugriffsbereiches und einem zusätzlichen '**LAYER**' besteht. Die Syntax sichert (3.2.1.b, 3.4.1.i,j,k, 3.5.1.e, 5.4.1.1.b), daß jedem '**PROP**' (4.8.1.E) oder jeder "Eintragung" im zusätzlichen '**LAYER**' ein definierender-Indikator (**defining-indicator**) (4.8.1.a) entspricht, der in einer Definition (**definition**) in diesem Zugriffsbereich enthalten ist.]

3.1. Abgeschlossene Klauseln

[Abgeschlossene-Klauseln (**closed-clauses**) werden gewöhnlich dazu verwendet, aus seriellen-Klauseln (**serial-clauses**) Einheiten (**units**) zu konstruieren, z. B.
*(**real** x; read(x); x)* in *(**real** x; read(x); x) + 3.14* .]

3.1.1. Syntax

A) **SOID :: SORT MOID.**
B) **PACK :: STYLE pack.**
a) **SOID NEST closed clause** [22a, 5D, 551a, A341h, A349a]:
  SOID NEST serial clause defining LAYER [32a] **PACK.**
 [**LAYER :: new DECSETY LABSETY.**]

 [Beispiel:
 a) ***begin*** *x := 1; y := 2* ***end***]

[Das Ergebnis einer abgeschlossenen-Klausel (**closed-clause**) ist das Ergebnis, das man durch Vorabarbeitung seiner bestandteilbildenden seriellen-Klausel (**serial-clause**) erhält (2.1.4.1.c).]

3.2. Serielle Klauseln

[Der Zweck serieller-Klauseln (**serial-clauses**) ist

- die Konstruktion neuer Definitionsbereiche (**ranges**) von Definitionen und
- die serielle Komposition von Aktionen.

Eine serielle-Klausel (**serial-clause**) besteht aus einer evtl. leeren Folge unmarkierter Phrasen (**phrases**), deren letzte, falls vorhanden, eine Deklaration (**declaration**) ist, gefolgt von einer Folge evtl. markierter Einheiten (**units**). Die Phrasen (**phrases**) und Einheiten (**units**) sind durch Semikolon (**go-on-token**) voneinander abgeteilt. Einige Einheiten (**units**) können durch Komplettierer (**completers**), d. h. ***exit***, abgeteilt sein: nach einem Komplettierer (**completer**) muß die nächste Einheit (**unit**) markiert sein, damit sie zu erreichen ist. Der Wert der letzten Einheit (**unit**) oder der Einheit (**unit**), die einem ***exit*** vorangeht, bestimmt den Wert der seriellen-Klausel (**serial-clause**).

Zum Beispiel liefert die folgende serielle-Klausel (**serial-clause**) den Wert wahr dann und nur dann, wenn der Vektor *a* den Wert **8** enthält:

int *n; read(n);*
[1 : n] ***int*** *a; read(a);*
for *i* ***to*** *n* ***do if*** *a[i] = 8* ***then goto*** *erfolg* ***fi od*** *;*
false exit
erfolg: ***true***]

3.2.1. Syntax

a) **SOID NEST serial clause defining new PROPSETY** [31a, 34f,l, 35h]:
SOID NEST new PROPSETY series with PROPSETY [b].

[Hier gilt: **PROPSETY :: DECSETY LABSETY.**]

b) **SOID NEST series with PROPSETY** [a,b, 34c]:
strong void NEST unit [d], **go on** [94f] **token,**
SOID NEST series with PROPSETY [b];
where (PROPSETY) is (DECS DECSETY LABSETY),
NEST declaration of DECS [41a], **go on** [94f] **token,**
SOID NEST series with DECSETY LABSETY [b];
where (PROPSETY) is (LAB LABSETY),
NEST label definition of LAB [c],
SOID NEST series with LABSETY [b];
where (PROPSETY) is (LAB LABSETY)
and SOID balances SOID1 and SOID2 [e],
SOID1 NEST unit [d], **completion** [94f] **token,**
NEST label definition of LAB [c],
SOID2 NEST series with LABSETY [b];
where (PROPSETY) is (EMPTY),
SOID NEST unit [d].

c) **NEST label definition of label TAG** [b]:
label NEST defining identifier with TAG [48a],
label [94f] **token.**

d) **SOME unit** [b, 33b,g, 34i, 35d, 46m,n, 521c, 532e, 541a,b, 543c, A34Ab,c,d]:
SOME UNIT [5A,—].

e) **WHETHER SORT MOID balances SORT1 MOID1 and SORT2 MOID2** [b, 33b, 34d,h]:
WHETHER SORT balances SORT1 and SORT2 [f]
and MOID balances MOID1 and MOID2 [g].

f) **WHETHER SORT balances SORT1 and SORT2** [e, 522a]:
  where (SORT1) is (strong), WHETHER (SORT2) is (SORT);
  where (SORT2) is (strong), WHETHER (SORT1) is (SORT).
g) **WHETHER MOID balances MOID1 and MOID2** [e]:
  where (MOID1) is (MOID2), WHETHER (MOID) is (MOID1);
  where (MOID1) is (transient MOID2),
   WHETHER (MOID) is (MOID1);
  where (MOID2) is (transient MOID1),
   WHETHER (MOID) is (MOID2),
h) ***SOID unitary clause: SOID NEST unit** [d],
i) ***establishing clause:**
  SOID NEST serial clause defining LAYER [32a];
  MODE NEST enquiry clause defining LAYER [34c].

[Beispiele:

b) — *read(x1);* ***real*** *s := 0; sum:* ***for*** *i* ***to*** *n*
  do *(x1[i] > 0 | s +:= x1[i]|nonpos)* ***od*** ***exit***
  nonpos: print(s)
— ***real*** *s := 0; sum:* ***for*** *i* ***to*** *n*
  do *(x1[i] > 0 | s +:= x1[i]|nonpos)* ***od*** ***exit***
  nonpos: print(s)
— *sum:* ***for*** *i* ***to*** *n*
  do *(x1[i] > 0 | s +:= x1[i]|nonpos)* ***od*** ***exit***
  nonpos: print(s)
— ***for*** *i* ***to*** *n* ***do*** *(x1[i] > 0 | s +:= x1[i]|nonpos)* ***od*** ***exit***
  nonpos: print(s)
— *print(s)*

c) *sum:*   d) *print(s)*   ]

[Oft muß eine Serie (**series**) "balanciert" (3.2.1.e) werden. Bemerkungen dazu siehe 3.4.1.]

3.2.2. Semantik

a) Das Ergebnis einer seriellen-Klausel (**serial-clause**) in einer Umgebung U ist das Ergebnis der Abarbeitung seiner Serie (**series**) oder einer solchen Serie (**series**), die "an ihrer Stelle" [5.4.4.2.] abgearbeitet wird, und zwar in der Umgebung, die entsprechend jener seriellen-Klausel (**serial-clause**) um U herum "errichtet" [b] wurde. Es ist erforderlich, daß das Ergebnis keine neuere Lebensdauer hat als U.

b) Die Umgebung U, "errichtet"

- auf einer Umgebung U1, die evtl. nicht spezifiziert ist, [bestimmt die Lebensdauer von U],
- um eine Umgebung U2 herum [Bestimmung der Zusammensetzung von U],
- entsprechend eines **NOTION-defining-new-PROPSETY** K, was evtl. fehlt, [Beschreibung des Lokalen von U]
- mit den Werten $W_1, \ldots, W_n$, die evtl. fehlen, [diese Werte sind gewissen Identifikatoren zuzuschreiben],

ist folgendermaßen bestimmt:

- Falls U1 nicht spezifiziert ist, dann sei U1 gleich U2.
- U hat eine neuere Lebensdauer als U1 und ist zusammengesetzt aus U2 und einem neuen Lokalen, das dem **PROPSETY** entspricht, falls K vorhanden ist, und sonst dem **EMPTY**.

Fall A: K ist eine Errichtungsklausel (**establishing-clause**):

Jeder Modusindikation (**mode-indication**) einer bestandteilbildenden Modusdefinition (**mode-definition**) M von K, falls M vorhanden ist, wird

- die Szene, die aus
  1) dem aktuellen-Deklarierer (**actual-declarer**) von M und
  2) der für diesen aktuellen-Deklarierer (**actual-declarer**) in U notwendigen Umgebung [7.2.2.c] besteht, in U zugeschrieben.

Jedem Markenidentifikator (**label-identifier**) einer bestandteilbildenden Markendefinition (**label-definition**) M von K, falls M vorhanden ist, wird

- die Szene, die aus
  1) der Serie (**series**), deren direkter Abkomme M ist, und
  2) der Umgebung U besteht, in U zugeschrieben.

Wenn jedes '**PROP**', das durch '**PROPSETY**' umfaßt wird, ein '**DYADIC TAD**' oder ein '**label TAG**' ist, dann wird U als "nichtlokal" [siehe 5.2.3.2.b] bezeichnet.

Fall B: K ist eine Deklarative (**declarative**), ein für-Teil (**for-part**) oder eine Spezifikation (**specification**):

Für i = 1, ... , n, wobei n die Anzahl der '**DEC**' ist, die von '**PROPSETY**' umfaßt werden,

- wird W_i in U dem i-ten bestandteilbildenden definierenden-Identifikator (**defining-identifier**) von K, falls dieser vorhanden ist, zugeschrieben [4.8.2.a] und sonst [im Falle eines leeren für-Teiles (**for-part**)] einem ganzzahligen-Alephindikator (**integral-defining-indicator-with-letter-aleph**).

Wenn K ein für-Teil (**for-part**) oder eine Spezifikation (**specification**) ist, dann ist U nichtlokal.

[Andere Fälle, d. h., wenn K fehlt:

- U ist lokal (siehe 5.2.3.2.b), aber nicht näher definiert.]

c) Das Ergebnis E einer Serie (**series**) S ist wie folgt bestimmt:

Wenn S als einen direkten Abkommen eine Einheit (**unit**) enthält, der kein Semikolon (**go-on-token**) folgt, dann

- ist E das Ergebnis jener Einheit (**unit**).

Sonst

- wird die Deklaration (**declaration**) oder die Einheit (**unit**), falls vorhanden, von S abgearbeitet und
- E ist das Ergebnis der Serie (**series**) von S.

[Siehe auch 5.4.4.2. Fall A.]

3.3. Kollaterale und parallele Klauseln

[Kollaterale-Klauseln (**collateral-clauses**) ermöglichen eine beliebige Vermischung von Folgen von Aktionen. Parallele-Klauseln (**parallel-clauses**) sehen überdies Koordinierungsniveaus für die Synchronisierung (10.2.4.) dieser Vermischung vor.

Eine kollaterale- (**collateral-**) oder parallele-Klausel (**parallel-clause**) besteht aus einer Folge von Einheiten (**units**), die voneinander durch Komma (**and-also-symbols**) (d. h. ",") abgeteilt sind, und ist entweder in runde Klammern oder durch ***begin*** und ***end*** eingeschlossen. Eine parallele-Klausel (**parallel-clause**) beginnt außerdem mit ***par***.

Kollaterale-Klauseln (**collateral-clauses**), aber nicht parallele-Klauseln (**parallel-clauses**), können strukturierte oder mehrfache Werte liefern, die aus den Ergebnissen der bestandteilbildenden Einheiten (**units**) zusammengesetzt sind.

Beispiele kollateraler-Klauseln (**collateral-clauses**), die strukturierte oder mehrfache Werte ergeben:

```
[ ] int q = (1, 4, 9, 16, 25);
struct (int Preis, string Kategorie) Fahrrad := (150, "Sport")
```

Beispiel einer parallelen-Klausel (**parallel-clause**), die Essen und Sprechen synchronisiert:

```
proc void essen, sprechen; sema Mund = level 1;
par begin
        do
            down Mund;
            essen;
            up Mund
        od,
        do
            down Mund;
            sprechen;
            up Mund
        od
    end .]
```

3.3.1. Syntax

a) **strong void NEST collateral clause** [5D, 551a]:
   strong void NEST joined portrait [b] **PACK.**

b) **SOID NEST joined portrait** [a,b,c,d, 34g]:
   where SOID balances SOID1 and SOID2 [32e]
     SOID1 NEST unit [32d], **and also** [94f] **token,**
     SOID2 NEST unit [32d]
       or alternatively SOID2 NEST joined portrait [b].

c) **strong void NEST parallel clause** [5D, 551a]:
   parallel [94f] **token,**
     strong void NEST joined portrait [b] **PACK.**

d) **strong ROWS of MODE NEST collateral clause** [5D, 551a]:
   where (ROWS) is (row),
     strong MODE NEST joined portrait [b] **PACK;**
   where (ROWS) is (row ROWS1),
     strong ROWS1 of MODE NEST joined portrait [b] **PACK;**
   EMPTY PACK.

e) **strong structured with**
FIELDS FIELD mode NEST collateral clause [5D, 551a]:
' **NEST FIELDS FIELD portrait** [f] **PACK.**
f) **NEST FIELDS FIELD portrait** [e,f]:
NEST FIELDS portrait [f,g], **and also** [94f] **token,**
NEST FIELD portrait [g].
[**FIELD :: MODE field TAG.**]
g) **NEST MODE field TAG portrait** [f]:
strong MODE NEST unit [32d].
h) ***structure display: strong structured with**
FIELDS FIELD mode NEST collateral clause [e].
i) ***row display: strong ROWS of MODE NEST collateral clause** [d].
j) ***display: strong STOWED NEST collateral clause** [d,e].
k) ***vacuum: EMPTY PACK.**

Beispiele:

a) *(x := 1, y := 2)* b) *x := 1, y := 2*
c) ***par** (task1, task2)* d) *(1, 2)* (in *[ ]* ***real** (1, 2)*)
e) *(1, 2)* (in ***compl** (1, 2)*)
f) *1, 2* g) *1*]

[Eine Strukturdarstellung (**structure-display**) muß mindestens zwei Feldabbilder (**FIELD-portraits**) enthalten, denn sonst würde die Zuweisung (**assignation**) *nobuo:= (yoneda)* im Zugriffsbereich von
***mode** M = **struct** (**ref** M m); M nobuo, yoneda;*
syntaktisch mehrdeutig sein und könnte verschiedene Wirkungen haben.
*m **of** nobuo:= yoneda* ist allerdings eindeutig.

Eine Reihendarstellung (**row-display**) enthält keine, zwei oder mehr bestandteilbildende Einheiten (**units**). Es ist auch möglich, einen einfachen Wert als mehrfachen Wert darzustellen, z. B. *[1 : 1] **int** v := 123,* aber dazu wird die Anpassung Reihen (6.6) verwendet.]

3.3.2. Semantik

a) Die Abarbeitung einer kollateralen- oder einer parallelen-Klausel-vom-Modus-**void** (**void-collateral-clause** oder **void-parallel-clause**) besteht aus der kollateralen Abarbeitung ihrer bestandteilbildenden Einheiten (**units**) und ergibt den leeren Wert.

b) Das Ergebnis E einer kollateralen-Klausel-vom-Modus-**STOWED** (**STOWED-collateral-clause**) K ist wie folgt bestimmt:

Falls der direkte Abkomme von K ein Vakuum (**vacuum**) ist, dann ist ['**STOWED**' ein '**ROWS of MODE**' und] jedes Grenzenpaar
im Deskriptor von E [ist] (1,0) [und hat ein Geisterelement, dessen Wert nicht existiert].

Sonst

- seien $E_1, \ldots, E_m$ die [kollateralen] Ergebnisse der bestandteilbildenden Einheiten (**units**) von K.

Fall A: 'STOWED' ist ein Modus '**structured with FIELDS mode**':
- Die Felder von E sind in dieser Reihenfolge $E_1, \ldots, E_m$.

Fall B: 'STOWED' ist ein Modus '**row of MODE1**':
- E setzt sich aus
  1) einem Deskriptor $((1, m))$ und
  2) $E_1, \ldots, E_m$ zusammen.

Für $i = 1, \ldots, m$
- ist das durch den Index (i) in E ausgewählte Element E_i.

Fall C: 'STOWED' ist ein Modus '**row ROWS of MODE2**':
- Es ist erforderlich, daß die Deskriptoren von $E_1, \ldots, E_m$ identisch sind.
- Der Deskriptor von [sagen wir] E_1 sei $((u_1, o_1), \ldots, (u_n, o_n))$.
- E setzt sich zusammen aus
  1) einem Deskriptor $((1, m), (u_1, o_1), \ldots, (u_n, o_n))$ und
  2) den Elementen $E_1, \ldots, E_m$.

Für $i = 1, \ldots, m$
- ist das durch die Indizierung $(i, i_1, \ldots, i_n)$ in E ausgewählte Element dasjenige, welches durch $(i_i, \ldots, i_n)$ in E_i ausgewählt wird.

[Beachte, daß der Deskriptor des dreidimensionalen Ergebnisses E in [, ,] ***char*** *block* = ("*ABC*", "*DEF*") $((1, 2), (1, 1), (1, 3))$ ist, weil die **Einheiten** (**units**) "*ABC*" und "*DEF*" zuerst gereiht (6.6) werden, so daß E_1 und E_2 die Deskriptoren $((1, 1), (1, 3))$ haben.]

3.4. Auswahlklauseln

[Auswahlklauseln (**choice-clauses**) ermöglichen die dynamische Auswahl zwischen verschiedenen Wegen in einer Berechnung. Die Auswahl zwischen den Alternativen (der **in-CHOICE**-Klausel (**in-CHOICE-clause**) und der **out-CHOICE**-Klausel (**out-CHOICE-clause**)) ist durch den Erfolg oder Mißerfolg eines Testes auf einen Wahrheitswert, auf eine ganze Zahl oder auf einen Modus bestimmt. Der getestete Wert wird durch eine Anfrageklausel (**enquiry-clause**) berechnet, bevor die Auswahl getroffen wird. (Auswahlklauseln ermöglichen Programmverzweigungen.)

Eine Auswahlklausel-mit-logischer-Anfrageklausel (**choice-using-boolean-clause**) (oder bedingte-Klausel (**conditional-clause**)) ist von der Form

(x > 0 | x | 0) in der "Kurzdarstellung" oder
if *x > 0* ***then*** *x* ***else*** *0* ***fi*** in der "ausführlichen"

Darstellung mit fett gedruckten Wortsymbolen. *x > 0* ist die Anfrageklausel (**enquiry-clause**), ***then*** *x* ist die **in-CHOICE**-Klausel (**in-CHOICE-clause**) und ***else*** *0* ist die **out-CHOICE**-Klausel (**out-CHOICE-clause**). Alle drei können die syntaktische Struktur einer Serie (**series**) haben, weil alle Auswahlklauseln (**choice-clauses**) abgeschlossen sind. Eine Auswahlklausel-mit-logischer-Anfrageklausel (**choice-using-boolean-clause**) kann auch zu

(x < 0 | x := −x) oder
if *x < 0* ***then*** *x := −x* ***fi*** reduziert werden. Die weggelassenen **out-CHOICE-**

Klauseln (**out-CHOICE-clauses**) werden dann wie ***else skip*** behandelt. Andererseits kann die Auswahl fortgesetzt werden, indem man z. B. schreibt

(x > 0 | 1 + x | : x < 0 | 1 − x | 1) oder
if *x > 0* ***then*** *1 + x* ***elif*** *x < 0* ***then*** *1 − x* ***else*** *1* ***fi*** usw.

Das ist zu verstehen wie

(x > 0 | 1 + x | (x < 0 | 1 − x | 1)) .

CASE-Klauseln (**CASE-clauses**), die die Auswahl in Abhängigkeit von einer ganzen Zahl oder einem Modus definieren, unterscheiden sich von den bedingten-Klauseln (**conditional-clauses**) darin, daß die **in-CASE**-Klausel (**in-CASE-clause**) in Einheiten (**units**) zerlegt ist. Die allgemeine Form ist

(— — — | — — —, ..., — — — | — — —) oder
case — — — ***in*** — — —, ..., — — — ***out*** — — — ***esac*** .

Die Auswahl kann durch Verwendung von ***ouse*** auch wiederholt werden.

In einer Auswahlklausel-mit-ganzzahliger-Anfrageklausel (**choice-using-integral-clause**) (oder Fallklausel (**case-clause**)) sind die Bestandteile einfach Einheiten (**units**), und es müssen davon wenigstens zwei vorhanden sein. Die Auswahl zwischen den Einheiten (**units**) geschieht gemäß ihrer textlichen Reihenfolge.

Beispiel:

proc void *arbeiten, entspannen, sich erfreuen;*
case int *Tag; read(Tag); Tag*
in *arbeiten, arbeiten, arbeiten, arbeiten, arbeiten, entspannen, sich erfreuen*
out *print ((Tag, "ist kein Wochentag"))*
esac .

In einer Auswahlklausel-mit-Modusanfrageklausel (**choice-using-UNITED**) (oder Konformitätsklausel (**conformity-clause**)), die also Modi testet, ist jeder Fallteil-des-**CHOICE** (**case-part-of-CHOICE**) von der Form *(**Deklarierer** Identifikator)* : *Einheit* oder *(**Deklarierer**)* : *Einheit*. Der durch ***Deklarierer*** spezifizierte Modus wird mit dem Modus des getesteten Wertes verglichen. Falls *Identifikator* vorhanden ist, ist der getestete Wert über den durch *Identifikator* vertretenen Identifikator in der durch *Einheit* vertretenen Einheit greifbar. Der vereinigte Modus der Auswahlklausel (**UNITED** in **choice-using-UNITED-clause**) gibt die Möglichkeiten des getesteten Wertes an. Außerdem muß der vereinigte Modus (**UNITED**) den Modus jeder Spezifikation (**specification**) enthalten, denn sonst kann der entsprechende Fallteil-des-**CHOICE** (**case-part-of-CHOICE**) niemals ausgewählt werden.

Beispiel:

mode Junge = ***struct (int*** *Alter,* ***real*** *Gewicht),*
mode Maedchen = ***struct (int*** *Alter,* ***real*** *Schoenheit);*
proc union (Junge, Maedchen) *geboren;*
case *geboren* ***in***
  *(**Junge** John): print(Gewicht **of** John),*
  *(**Maedchen** Mary): print(Schoenheit **of** Mary)*
esac]

[The flowers that bloom in the spring,
Tra la,
Have nothing to do with the case.
Mikado, W. S. Gilbert

Die Blumen, die im Frühling blühen, trala,
haben nichts mit dem Fall zu tun.
Mikado, W. S. Gilbert.]

[Die Hierarchie von Definitionsbereichen (**ranges**) in bedingten-Klauseln (**conditional-clauses**) ist so darstellbar

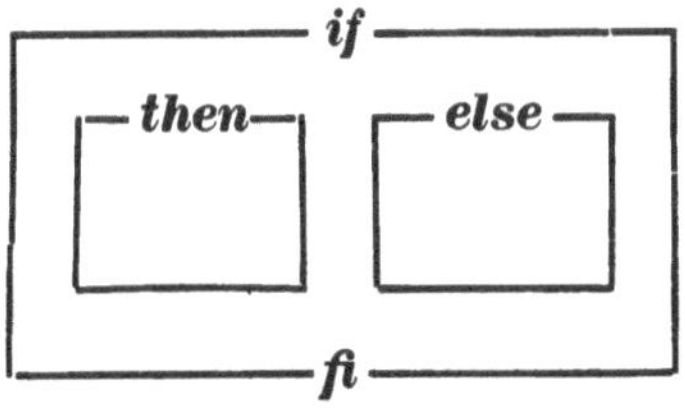

Ähnlich darstellbar ist sie für andere Arten von Auswahlklauseln. Das Nest und die Umgebung der Anfrageklausel (**enquiry-clause**) bleiben also auch für die **in-CHOICE**-Klausel (**in-CHOICE-clause**) und die **out-CHOICE**-Klausel (**out-CHOICE-clause**) gültig. Allerdings ist keine Rückkehr (durch Sprünge) aus der **in**- oder **out-CHOICE**-Klausel (**in**- oder **out-CHOICE-clause**) in die Anfrageklausel (**enquiry-clause**) möglich, denn letztere kann — ausgenommen in abgeschlossenen-Klauseln (**closed-clause**), die sich in der Anfrageklausel (**enquiry-clause**) befinden, — keine Markendefinitionen (**label-definitions**) enthalten.]

3.4.1. Syntax

A) **CHOICE :: choice using boolean; CASE.**
B) **CASE :: choice using integral; choice using UNITED.**
a) **SOID NEST1 CHOICE clause** [5D, 551a, A341h, A349a]:
  CHOICE STYLE start [91a, —],
   SOID NEST1 chooser CHOICE STYLE clause [b],
   CHOICE STYLE finish [91e, —].
b) **SOID NEST1 chooser using MODE STYLE clause** [a, l]:
  MODE NEST1 enquiry clause defining LAYER2 [c, —],
   SOID NEST1 LAYER2 alternate choice using MODE STYLE clause [d].
c) **MODE NEST1 enquiry clause defining new DECSETY2** [b, 35g]:
  meek MODE NEST1 new DECSETY2 series with DECSETY2 [32b].
d) **SOID NEST2 alternate CHOICE STYLE clause** [b]:
  SOID NEST2 in CHOICE STYLE clause [e];
  where SOID balances SOID1 and SOID2 [32e],
   SOID1 NEST2 in CHOICE STYLE clause [e],
   SOID2 NEST2 out CHOICE STYLE clause [l].
e) **SOID NEST2 in CHOICE STYLE clause** [d]:
  CHOICE STYLE in [91b, —],
   SOID NEST2 in part of CHOICE [f, g, h].
f) **SOID NEST2 in part of choice using boolean** [e]:
  SOID NEST2 serial clause defining LAYER3 [32a].
g) **SOID NEST2 in part of choice using integral** [e]:
  SOID NEST2 joined portrait [33b].

h) **SOID NEST2 in part of choice using UNITED** [e,h]:
SOID NEST2 case part of choice using UNITED [i];
where SOID balances SOID1 and SOID2 [32e],
SOID1 NEST2 case part of choice using UNITED [i],
and also [94f] **token,**
SOID2 NEST2 in part of choice using UNITED [h].

i) **SOID NEST2 case part of choice using UNITED** [h]:
MOID NEST2 LAYER3 specification defining LAYER3 [j, k, —],
where MOID unites to UNITED [64b],
SOID NEST2 LAYER3 unit [32d].
[Hier ist **LAYER3 :: new MODE TAG ; new EMPTY.**]

j) **MODE NEST3 specification defining new MODE TAG3** [i]:
NEST3 declarative defining new MODE TAG3 [541e] **brief pack,**
colon [94f] **token.**

k) **MOID NEST3 specification defining new EMPTY** [i]:
formal MOID NEST3 declarer [46b] **brief pack,**
colon [94f] **token.**

l) **SOID NEST2 out CHOICE STYLE clause** [d]:
CHOICE STYLE out [91d, —],
SOID NEST2 serial clause defining LAYER3 [32a];
CHOICE STYLE again [91c, —],
SOID NEST2 chooser CHOICE2 STYLE clause [b],
where CHOICE2 may follow CHOICE [m].

m) **WHETHER choice using MODE2 may follow**
choice using MODE1 [l]:
where (MODE1) is (MOOD), WHETHER (MODE2) is (MODE1);
where (MODE1) begins with (union of),
WHETHER (MODE2) begins with (union of).

n) * **SOME choice clause: SOME CHOICE clause** [a].

m) * **SOME conditional clause:**
SOME choice using boolean clause [a].

p) * **SOME case clause: SOME choice using integral clause** [a].

q) * **SOME conformity clause: SOME choice using UNITED clause** [a].

[Beispiele:

a) • *(x > 0 | x | 0)*
• ***case*** *i* ***in*** *princeton, grenoble* ***out*** *finish* ***esac***
• ***case*** *uir* ***in (int*** *i)*: *print(i)*, ***(real)***: *print("nein")* ***esac***

b) *x > 0 | x |* 0   c) • *x > 0*   • *i*   • *uir*

d) • *| x*   • *| x | 0*

e) • *| x*
• ***in*** *princeton, grenoble*
• ***in (int*** *i)*: *print(i)*, ***(real)***: *print ("nein")*

f) *x*   g) *princeton, grenoble*

h) ***(int*** *i)*: *print(i)*, ***(real)***: *print("nein")*

i) ***(int*** *i)*: *print(i)*   j) ***(int*** *i)*:

k) ***(real)***:

l) ***out*** *finish*   • *|: x < 0 |− x | 0*]

[I would to God they would either conform, or be more wise, and not be catched!
Diary, 7. Aug. 1664, Samuel Pepys

Ich wollte bei Gott, daß sie sich entweder anpaßten oder klüger wären und nicht gefangen würden!
Tagebuch, 7. Aug. 1664, Samuel Pepys.]

[Die Regel d zeigt, weshalb Modi in bestimmter Position ('**SORT MOID**'s) "balanciert" werden müssen, wenn eine **CHOICE**-Klausel-mit-echter-Alternative (**alternate-CHOICE-clause**) z. B. in fester Position (firm) ist, dann muß entweder die **in-CHOICE**-Klausel (**in-CHOICE-clause**) oder die **out-CHOICE**-Klausel (**out-CHOICE-clause**) in fester Position sein, während die andere in starker Position (strong) sein kann. Z. B. wird die bedingte-Klausel (**conditional-clause**) *(p | x | **skip**)* in *(p | x | **skip**) + (p | **skip** | y)* so balanciert, daß | *x* in fester und | ***skip*** in starker Position ist; *(p | **skip** | y)* wird so balanciert, daß | ***skip*** in starker und | *y* in fester Position ist. Das Gegenbeispiel *(p | **skip** | **skip**)* zeigt, daß nicht beide Alternativen in starker Position sein dürfen, denn sonst könnte der Operator (**operator**) + nicht identifiziert werden.]

3.4.2. Semantik

a) Das Ergebnis E einer Wähler-**CHOICE**-Klausel (**chooser-CHOICE-clause**) K in einer Umgebung U1 wird folgendermaßen bestimmt:
• U2 sei die Umgebung, die um U1 herum in bezug auf die Anfrageklausel (**enquiry-clause**) von K errichtet [3.2.2.b] wurde.
• E1 sei das Ergebnis jener Anfrageklausel (**enquiry-clause**) in U2:
• E ist das Ergebnis der Szene, die durch E1 aus K in U2 "ausgewählt" [b] wurde. Es ist notwendig, daß E keine neuere Lebensdauer als U1 hat.
b) Die Szene S, die durch den Wert W aus einer **MOID**-Wähler-**CHOICE**-Klausel (**MOID-chooser-CHOICE-clause**) K in einer Umgebung U2 "ausgewählt" wird, wird folgendermaßen bestimmt:

Fall A: '**CHOICE**' ist '**choice using boolean**' und W ist wahr:
• S ist die bestandteilbildende **in-CHOICE**-Klausel (**in-CHOICE-clause**) von K in U2.
Fall B: '**CHOICE**' ist '**choice using integral**' und $1 \leq W \leq n$, wobei n die Anzahl der bestandteilbildenden Einheiten (**units**) des bestandteilbildenden **in**-Teiles (**in-part-of-CHOICE**) von K ist:
• S ist die W-te bestandteilbildende Einheit (**unit**) in U2.
Fall C: '**CHOICE**' ist '**choice using UNITED**' und W ist akzeptierbar [2.1.3.6.d] für den Modus einer bestandteilbildenden **MOID2**-Spezifikation (**MOID2-specification**) D von K (falls mehr als eine solche Spezifikation existiert, ist nicht definiert, welche als D gewählt wird):
• S ist die Einheit (**unit**), die jenem D folgt, in einer Umgebung, die [nichtlokal (3.2.2.b)] um U2 herum entsprechend D mit W errichtet wurde.

Andere Fälle [die Anfrage ist erfolglos]:
Wenn K eine bestandteilbildende **out-CHOICE**-Klausel (**out-CHOICE-clause**) O enthält,
dann ist S diese Klausel O in U2,
und sonst ist S eine Lücke-mit-dem-Modus-**MOID** (**MOID-skip**) in U2.

3.5. Laufklauseln

[Laufklauseln (**loop-clauses**) werden für die dynamische Wiederholung der gleichen Befehlsfolge verwendet. Die Anzahl der Wiederholungen wird entweder durch eine endliche Folge äquidistanter ganzer Zahlen oder durch eine Bedingung, die bei jeder Wiederholung getestet wird, oder durch beides gesteuert.

Beispiel 1:

int *fac* := *1;*
for *i* ***from*** *n* ***by*** *−1* ***to*** *1*
do fac*:= *i* ***od***

Beispiel 2:

int *a, b; read((a, b))* ***pr assert*** $a \geq 0 \wedge b > 0$ ***pr****;*
int *q* := *0, r* := *a;*
while $r \geq b$ ***pr assert*** $a = b * q + r \wedge 0 \leq r$ ***pr***
do *(q +:= 1, r −:= b)* ***od***
pr assert $a = b * q + r \wedge 0 \leq r \wedge r < b$ ***pr***

(Zur Erklärung von Pragmaten (**pragmats**) siehe 9.2.)

Der Laufparameter, z. B. das *i* in Beispiel 1, gilt als neu definiert und ist auch für den Wiederholungsteil (**repeating-part**) gültig. Im solange-Teil (**while-part**) eingeführte Definitionen bleiben ebenfalls im Ausführungsteil (**do-part**) gültig.

Wird der Laufparameter nicht im Wiederholungsteil (**repeating-part**) angewendet, dann kann der für-Teil (**for-part**) weggelassen werden.

Der von-Teil (**from-part**) ***from*** *1* kann weggelassen werden; analog kann ***by*** *1* fehlen. Der bis-Teil (**to-part**) kann fehlen, falls kein Test für den Endwert des Laufparameters erforderlich ist. Der solange-Teil (**while-part**) ***while true*** darf fehlen. Z. B. kann

for *i* ***from*** *1* ***by*** *1* ***to*** *n* ***while true do*** *print("a")*
od als
to *n* ***do*** *print("a")* geschrieben werden.

Die Hierarchie der Definitionsbereiche (**ranges**) kann so dargestellt werden:

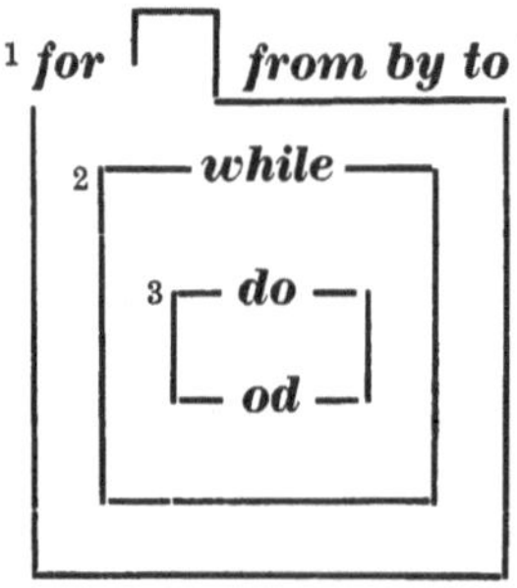

]

3.5.1. Syntax

A) **FROBYT :: from; by; to.**
a) **strong void NEST1 loop clause** [5D, 551a]:
NEST1 STYLE for part defining new integral TAG2 [b],

NEST1 STYLE intervals [c],
NEST1 STYLE repeating part with integral TAG2 [e].

b) **NEST1 STYLE for part defining new integral TAG2** [a]:
STYLE for [94g, --] **token,**
integral NEST1 new integral TAG2 defining identifier
with TAG2 [48a];
where (TAG2) is (letter aleph), EMPTY.

c) **NEST1 STYLE intervals** [a]: **NEST1 STYLE from part** [d] **option,**
NEST1 STYLE by part [d] **option,**
NEST1 STYLE to part [d] **option.**

d) **NEST1 STYLE FROBYT part** [c]:
STYLE FROBYT [94g, —] **token, meek integral NEST1 unit** [32d].

e) **NEST1 STYLE repeating part with DEC2** [a]:
NEST1 new DEC2 STYLE while do part [f];
NEST1 new DEC2 STYLE do part [h].

f) **NEST2 STYLE while do part** [e]:
NEST2 STYLE while part defining LAYER3 [g],
NEST2 LAYER3 STYLE do part [h].

g) **NEST2 STYLE while part defining LAYER3** [f]:
STYLE while [94g, —] **token,**
boolean NEST2 enquiry clause defining LAYER3 [34c, —].

h) **NEST3 STYLE do part** [e, f]:
STYLE do [94g, —] **token,**
strong void NEST3 serial clause defining LAYER4 [32a],
STYLE od [94g, —] **token.**

[Beispiele:

a) – ***for*** *i* ***while*** $i < n$ ***do*** *task 1* ***od***
– ***to*** *n* ***do*** *task1; task2* ***od***

b) ***for*** *i* c) ***from*** -5 ***to*** $+5$

d) ***from*** -5

e) – ***while*** $i < n$ ***do*** *task1* ***od***
– ***do*** *task1; task2* ***od***

f) ***while*** $i < n$ ***do*** *task1; task2* ***od***

g) ***while*** $i < n$ h) ***do*** *task1; task2* ***od***]

3.5.2. Semantik

Eine Laufklausel (**loop-clause**) L wird in einer Umgebung U1 in folgenden Schritten abgearbeitet:

Schritt 1: Alle bestandteilbildenden von-, durch- und bis-Teile (**FROBYT-parts**) von L werden, falls vorhanden, kollateral in U1 abgearbeitet.

- v sei das Ergebnis des bestandteilbildenden von-Teiles (**frompart**) von L, falls vorhanden, und sonst 1.
- d sei das Ergebnis des bestandteilbildenden durch-Teiles (**bypart**) von L, falls vorhanden, und sonst 1.

• b sei das Ergebnis des bestandteilbildenden bis-Teiles (**to-part**) von L, falls vorhanden, und sonst fehlend.

• U2 sei die Umgebung, die [nichtlokal (3.2.2.b)] um U1 herum entsprechend des **for-part-defining-new-integral-TAG2** von L mit der ganzen Zahl v errichtet wurde.

Schritt 2: i sei die ganze Zahl, zu der im Lokalen von U2 durch '**integral TAG2**' ein Zugriff [2.1.2.c] besteht.

Falls b nicht fehlend ist,
dann
gibt L [nach vollständiger Abarbeitung] den leeren Wert, wenn $d > 0$ und $i > b$ oder wenn $d < 0$ und $i < b$.
[Sonst wird Schritt 3 durchgeführt.]

Schritt 3: Eine Umgebung U3 und ein logischer Wert w seien folgendermaßen bestimmt:

Fall A: L enthält keinen bestandteilbildenden solange-Teil (**while-part**):
• U3 ist U2.
• w ist wahr.

Fall B: L enthält einen bestandteilbildenden solange-Teil (**while-part**) S:
• U3 wird [möglicherweise nichtlokal (3.2.2.b)] um U2 herum entsprechend der Anfrageklausel (**enquiry-clause**) von S errichtet.
• w ist das Ergebnis jener Anfrageklausel (**enquiry-clause**) in U3.

Schritt 4: Wenn w wahr ist,
dann
• wird der bestandteilbildende Ausführungsteil (**do-part**) von L in U3 abgearbeitet;
• '**integral TAG2**' erhält im Lokalen von U2 Zugriff zu $i + d$;
• Schritt 2 wird wiederholt.

Sonst
• gibt L in U1 [nach vollständiger Abarbeitung] den leeren Wert.

[Die Laufklausel (**loop-clause**)

for** i **from** e1 **by** e2 **to** e3 **while** Bedingung **do** Aktion **od

ist damit der folgenden abgeschlossenen-Klausel-mit-dem-Modus-void (**void-closed-clause**) äquivalent:

```
begin int v := e1, int d = e2, b = e3;
Schritt 2: if (d > 0 ∧ v ≤ b) ∨ (d < 0 ∧ v ≥ b) ∨ d = 0
           then int i = v;
             if Bedingung
             then Aktion; v +:= d; goto Schritt 2
             fi
           fi
end
```

Diese Äquivalenz kann nicht gelten, verständlicherweise, wenn die Laufklausel (**loop-clause**) lokale-Generatoren (**local-generators**) enthält oder wenn einer der Operatoren (**operators**) nicht diejenigen aus dem Standardrahmen (10) identifiziert.]

4. Deklarationen, Deklarierer und Indikatoren

[Deklarationen (**declarations**) dienen dazu,

- neue Indikatoren (**indicators**), z. B. Identifikatoren (**identifiers**), einzuführen,
- ihre Modi oder Prioritäten zu definieren und
- Werte zu solchen Indikatoren (**indicators**) zuzuschreiben und Variable (**variables**) mit Anfangswerten zu versehen.]

4.1. Deklarationen

4.1.1. Syntax

A) **COMMON :: mode; priority; MODINE identity;**
reference to MODINE variable; MODINE operation;
PARAMETER ; MODE FIELDS.
[MODINE :: MODE; routine.]

a) **MEST declaration of DECS** [a, 32b] **:**
NEST COMMON declaration of DECS [42a, 43a, 44a, e, 45a, −]**;**
where (DECS) is (DECS1 DECS2),
NEST COMMON declaration of DECS1 [42a, 43a, 44a, e, 45a, −]**,**
and also [94f] **token, NEST declaration of DECS2** [a]**.**

b) **NEST COMMON joined definition of PROPS PROP**
[b, 42a, 43a, 44a, e, 45a, 46e, 541e] **:**
NEST COMMON joined definition of PROPS [b, c]**,**
and also [94f] **token,**
NEST COMMON joined definition of PROP [c]**.**

c) **NEST COMMON joined definition of PROP**
[b, 42a, 43a, 44a, e, 45a, 46e, 541e] **:**
NEST COMMON definition of PROP
[42b, 43b, 44c, f, 45c, 46f, 541f, −]**.**

d)* **definition of PROP : NEST COMMON definition of PROP**
[42b, 43b, 44c, f, 45c, 46f, 541f] **:**
NEST label definition of PROP [32c]**.**

[Beispiele:

a) ***mode r = ref real, s = char***
***prio or** = 2, **and** = 3*
***int** m = 4096* ***real** x, y*
***op or = (bool** a, b) **bool** : (a | **true** | b)*

b) ***r = ref real, s = char***
***or** = 2, **and** = 3* *m = 4096* *x, y*
***or = (bool** a, b) **bool** : (a | **true** | b)*

c) ***r = ref real*** ***or** = 2* *m = 4096* *x*
***or = (bool** a, b) **bool** : (a | **true** | b)*]

4.1.2. Semantik

Die Abarbeitung einer Deklaration (**declaration**) besteht aus der kollateralen Abarbeitung ihrer **COMMON**-Deklaration (**COMMON-declaration**) und ihrer Deklaration (**declaration**), wenn sie existiert.

[Folglich werden alle die **COMMON**-Deklarationen (**COMMON-declarations**), die durch Komma (**and-also-tokens**) getrennt sind, kollateral abgearbeitet.]

4.2. Modusdeklarationen

[Modusdeklarationen (**mode-declarations**) führen die definierenden-Modusindikationen (**defining-mode-indications**) ein, die als Abkürzung für Deklarierer (**declarers**) dienen, die aus den primitiveren konstruiert sind, oder aus anderen Deklarierern (**declarers**) oder sogar aus sich selbst.

Z. B. ***mode array*** = *[m, n]* ***real*** und
mode book = ***struct*** *(****string*** *text,* ***ref book*** *next).*

Im letzteren Beispiel ist die angewandte-Modusindikation (**applied-mode-indication**) ***book*** nicht nur eine günstige Abkürzung, sondern sie ist wesentlich für die Deklaration (**declaration**).]

4.2.1. Syntax

a) **NEST mode declaration of DECS** [41a] :
  mode [94d] **token,**
    NEST mode joined definition of DECS [41b, c].
b) **NEST mode definition of MOID TALLY TAB** [41c] :
  where (TAB) is (bold TAG) or (NEST) is (new LAYER),
    MOID TALLY NEST defining mode indication with TAB [48a],
    is defined as [94d] **token,**
    actual MOID TALLY NEST declarer [c].
c) **actual MOID TALLY1 NEST declarer** [b] :
  where (TALLY1) is (i),
    actual MOID NEST declarator [46c, d, g, h, o, s, —];
  where (TALLY1) is (TALLY2 i),
    MOID TALLY2 NEST applied mode indication with TAB2 [48b].

[Beispiele:

a) ***mode r*** = ***ref real***, ***s*** = ***char***
b) ***r*** = ***ref real*** c) ***ref real*** ***char***]

[Der Gebrauch von '**TALLY**' verhindert zyklische Ketten von Modusdefinitionen (**mode-definitions**) wie z. B.
mode a = ***b***, ***b*** = ***a***.
Definierende-Modusindikationen-mit-**SIZETY-STANDARD** (**defining-mode-indications-with-SIZETY-STANDARD**) können nur im Standardvorspiel (**standard-prelude**) deklariert werden, wobei das Nest von der Form '**new LAYER**' (10.1.1.b) ist.]

4.2.2. Semantik

Die Abarbeitung einer Modusdeklaration (**mode-declaration**) [beinhaltet keine Aktion, liefert keinen Wert und] ist vollständig ausgeführt (komplettiert).

4.3. Prioritätsdeklarationen

[Prioritätsdeklarationen (**priority-declarations**) werden benutzt, um die Priorität von Operatoren (**operators**) zu spezifizieren. Es sind Prioritäten von 1 bis 9 verwendbar.

Da monadische-Operatoren (**monadic-operators**) effektiv nur eine Priorität haben, die höher ist als die aller dyadischer-Operatoren (**dyadic-operators**), erfordern monadische-Operatoren (**monadic-operators**) keine Prioritätsdeklarationen (**priority-declarations**).]

4.3.1. Syntax

a) **NEST priority declaration of DECS** [41a] :
  priority [94d] **token,**
    NEST priority joined definition of DECS [41b, c].
b) **NEST priority definition of priority PRIO TAD** [41c] :
  priority PRIO NEST defining operator with TAD [48a],
    is defined as [94d] **token, DIGIT** [94b] **token,**
    where DIGIT counts PRIO [c, d].
  [**DIGIT** :: **digit zero; digit one; digit two; digit three; digit four; digit five;**
    digit six; digit seven; digit eight; digit nine.]
c) **WHETHER DIGIT1 counts PRIO i** [b, c] :
  WHETHER DIGIT2 counts PRIO [c, d],
    where (digit one digit two digit three digit four digit five digit six digit seven digit eight digit nine)
    contains (DIGIT2 DIGIT1).
d) **WHETHER digit one counts i** [b, c] : **WHETHER true.**

[Beispiele:

a) ***prio or*** = *2*, ***and*** = *3*   b) ***or*** = *2*]

4.3.2. Semantik

Die Abarbeitung einer Prioritätsdeklaration (**priority-declaration**) [beinhaltet keine Aktion, liefert keinen Wert und] ist vollständig ausgeführt (komplettiert).

4.4. Identifikatordeklarationen

[Identifikatordeklarationen (**identifier-declarations**) führen **MODE**-definierende-Identifikatoren (**MODE-defining-identifiers**) ein, entweder mittels Identitätsdefinitionen (**identity-definitions**) oder mittels Variablendefinitionen (**variable-definitions**).

Beispiele: ***real*** *pi* = *3.1416* •
real *scan* := *0.05*.

Das letzte Beispiel, das eine Variablendeklaration (**variable-declaration**) ist, kann als eine äquivalente Form der Identitätsdeklaration (**identity-declaration**)
ref real *scan* = ***loc real*** := *0.05* betrachtet werden.

Die Abarbeitung von Identifikatordeklarationen (**identifier-declarations**) veranlaßt, daß Werte zu ihren Identifikatoren (**identifiers**) zugeschrieben werden; in den oben gegebenen Beispielen wird *3.1416* dem *pi* und ein neuer lokaler Name, der zu *0.05* referiert, dem *scan* zugeschrieben.]

4.4.1. Syntax

A) **MODINE :: MODE; routine.**

B) **LEAP :: local; heap; primal.**

a) **NEST MODINE identity declaration of DECS** [41a] **:**
formal MODINE NEST declarer [b, 46b]**,**
NEST MODINE identity joined definition of DECS [41b, c]**.**

b) **VICTAL routine NEST declarer** [a, 523b] **:**
procedure [94d] **token.**

c) **NEST MODINE identity definition of MODE TAG** [41c] **:**
MODE NEST defining identifier with TAG [48a]**,**
is defined as [94d] **token,**
MODE NEST source for MODINE [d]**.**

d) **MODE NEST source for MODINE** [c, f, 45c] **:**
where (MODINE) is (MODE), MODE NEST source [521c] **;**
where (MODINE) is (routine),
MODE NEST routine text [541a, b, —]**.**

e) **NEST reference to MODINE variable declaration of DECS** [41a] **:**
reference to MODINE NEST LEAP sample generator [523b]**,**
NEST reference to MODINE variable joined
definition of DECS [41b, c]**.**

f) **NEST reference to MODINE variable definition**
of reference to MODE TAG [41c] **:**
reference to MODE NEST defining identifier with TAG [48a]**,**
becomes [94c] **token, MODE NEST source for MODINE** [d] **;**
where (MODINE) is (MODE), reference to MODE NEST
defining identifier with TAG [48a]**.**

g) * **identifier declaration :**
NEST MODINE identity declaration of DECS [a] **;**
NEST reference to MODINE variable declaration od DECS [e]**.**

[Beispiele:

a) ***int*** *m* = *4096* ***proc*** *r10* = ***real*** : *random* * *10*

b) ***proc***

c) *m* = *4096*

d) *4096* ***real*** : *random* * *10*

e) ***real*** *x*, *y* ***proc*** *pp* := ***real*** : *random* * *10*

f) *pp* := ***real*** : *random* * *10* *x*]

4.4.2. Semantik

a) Eine Identitätsdeklaration (**identity-declaration**) D wird folgendermaßen abgearbeitet:

- Die Bestandteil bildenden Herkünfte-für-**MODINE** (**sources-for-MODINE**) von D werden kollateral abgearbeitet:

Für jede Bestandteil bildende Identitätsdefinition (**identity-definition**) D1 von D

- wird der Wert V der Herkunft-für-**MODINE** (**source-for-MODINE**) von D1 dem definierenden-Identifikator (**defining-identifier**) von D1 zugeschrieben [4.8.2.a].

b) Eine Variablendeklaration (**variable-declaration**) D wird folgendermaßen abgearbeitet:

- Der Probegenerator (**sample-generator**) [5.2.3.1.b] G von D und alle Herkünfte-für-**MODINE** (**sources-for-MODINE**), wenn welche vorhanden sind, der Bestandteil bildenden Variablendefinitionen (**variable-definitions**) von D werden kollateral abgearbeitet;

Für jede Bestandteil bildende Variablendefinition-von-Referenz-zu-**MODE-TAG** (**variable-definition-of-reference-to-MODE-TAG**) D1 von D

- sei W1 eine "Variante" [c] für '**MODE**' des Wertes, zu dem der Wert N von G referiert;
- sei N1 ein neugeschaffener Name mit derselben Lage wie N, der zu W1 referiert;
- wenn N1 ein stowed (strukturierter oder gereihter) Name ist [2.1.3.2.b], dann wird N1 mit Komponentennamen ausgerüstet [2.1.3.3.e, 2.1.3.4.g];
- N1 wird dem definierenden-Identifikator (**defining-identifier**) von D1 zugeschrieben [4.8.2.a];
- der Wert der Herkunft-für-**MODINE** (**source-for-MODINE**), wenn sie vorhanden ist, von D1 wird N1 zugewiesen [5.2.1.2.b].

[Ein aktueller-Deklarierer (**actual-declarer**), der gemeinsam für eine Anzahl von Variablendefinitionen (**variable-definition**) gilt, wird nur einmal abgearbeitet.

Zum Beispiel bewirkt die Abarbeitung von

int *m := 10; [1 : m +:= 1]* ***int*** *p, q; print(m)* ,

daß *11* gedruckt wird und nicht *12*; außerdem werden zwei neue lokale Namen, die zu mehrfachen Werten mit einem Deskriptor ((*1, 11*)) und undefinierten Elementen referieren, dem *p* und *q* zugeschrieben.]

c) Eine "Variante" eines Wertes V für einen Modus M ist ein Wert W akzeptierbar für M [2.1.3.6.d], der folgendermaßen bestimmt wird:

Fall A: M ist irgendein '**structured with FIELDS mode**':

Für jedes '**MODE field TAG**', das durch '**FIELDS**' umfaßt wird,

- ist das Feld, das durch '**TAG**' in W selektiert wird, eine Variante für '**MODE**' des Feldes, das durch '**TAG**' in V selektiert wird;

Fall B: M ist irgendein '**FLEXETY ROWS of MODE1**':

- der Deskriptor von W ist der von V;
- jedes Element von W ist eine Variante für '**MODE1**' irgendeines Elementes von V;

Andere Fälle:

- W ist irgendein Wert akzeptierbar zu M.

d) Der Wert eines aktuellen-Routinedeklarierers (**actual-routine-declarer**) ist irgendeine Routine [, deren Modus keine Bedeutung hat].

4.5. Operationsdeklarationen

[Operationsdeklarationen (**operation-declarations**) führen definierende-Operatoren (**defining-operators**) ein.

Beispiel:

op mc = ***(real*** *a, b)* ***real*** : *(3 * a < b | a | b).*

Anders als z. B. in Identifikatordeklarationen (**identifier-declarations**) kann mehr als eine Operationsdeklaration (**operation-declaration**), die dieselbe **TAO**-Letter (**TAO-token**) beinhaltet, im selben Zugriffsbereich auftreten; z. B. kann das obige Beispiel sehr gut im selben Zugriffsbereich auftreten wie

op mc = ***(compl*** *carthy, john)* ***compl*** : *(random < .5 | carthy | john);*

Der Operator (**operator**) ***mc*** wird dann als "überladen" bezeichnet.]

4.5.1. Syntax

A) **PRAM :: DUO; MONO.**
B) **TAO :: TAD; TAM.**
a) **NEST MODINE operation declaration of DECS** [41a] **:**
    operator [94d] **token, formal MODINE NEST plan** [b, 46p, —],
        NEST MODINE operation joined definition of DECS [41b, c].
b) **formal routine NEST plan** [a] **: EMPTY.**
c) **NEST MODINE operation definition of PRAM TAO** [41c] **:**
    PRAM NEST defining operator with TAO [48a],
        is defined as [94d] **token,**
        PRAM NEST source for MODINE [44d].

[Beispiele:

a) ***op or*** = ***(bool*** *a, b)* ***bool*** : *(a |* ***true*** *| b)*
c) ***or*** = ***(bool*** *a, b)* ***bool*** : *(a |* ***true*** *| b)*]

4.5.2. Semantik

a) Die Abarbeitung einer Operationsdeklaration (**operations-declaration**) besteht aus der kollateralen Abarbeitung ihrer Bestandteil bildenden Operationsdefinitionen (**operation-definitions**).
b) Eine Operationsdefinition (**operation-definition**) wird abgearbeitet, indem die Routine, die durch Abarbeitung ihrer Herkunft-für-**MODINE** (**source-for-MODINE**) erhalten wird, ihrem definierenden-Operator (**defining-operator**) zugeschrieben wird.

4.6. Deklarierer

[Deklarierer (**declarers**) spezifizieren Modi. Ein Deklarierer (**declarer**) ist entweder ein Deklarator (**declarator**), der explizit einen Modus konstruiert, oder eine angewandte-

Modusindikation (**applied-mode-indication**), die über den Weg einer Modusdeklaration (**mode-declaration**) für irgendeinen Deklarator (**declarator**) steht. Deklaratoren (**declarators**) werden aus ***void, int, real, bool*** und ***char*** (10.2.2) mit Hilfe von anderen Symbolen, wie ***ref, struct,*** *[,],* ***proc*** und ***union***, gebildet. Zum Beispiel spezifiziert ***proc (real) bool*** den Modus '**procedure with real parameter yielding boolean**'.

Aktuelle-Deklarierer (**actual-declarers**), die typisch in Generatoren (**generators**) benutzt werden, fordern die Anwesenheit von Grenzen. Formale-Deklarierer (**formal-declarers**), die typisch in formalen-Parametern (**formal-parameters**) und Zuschnitten (**casts**) benutzt werden, sind ohne Grenzen. Der Deklarierer (**declarer**), der einem ***ref*** folgt, ist immer 'virtuell' ('**virtual**'); er kann dann einen '**flexible ROWS of MODE**' spezifizieren, da die Flexibilität eine Eigenschaft von Namen ist. Da aktuelle-Deklarierer (**actual-declarers**) einem impliziten '**reference to**' in Generatoren (**generators**) folgen, können sie auch '**flexible ROWS of MODE**' spezifizieren.]

4.6.1. Syntax

A) **VICTAL :: VIRACT; formal.**
B) **VIRACT :: virtual; actual.**
C) **MOIDS :: MOID; MOIDS MOID.**
a) **VIRACT MOID NEST declarer** [c,e,g,h, 523a,b]:
    VIRACT MOID NEST declarator [c,d,g,h,o,s,—];
    MOID TALLY NEST applied mode indication with TAB [48b,—].
b) **formal MOID NEST declarer** [e,h,p,r,u, 34k, 44a, 541a,b,e, 551a]:
    where MOID deflexes to MOID [47a,b,c,—],
      formal MOID NEST declarator [c,d,h,o,s,—];
    MOID1 TALLY NEST applied mode indication with TAB [48b,—],
      where MOID1 deflexes to MOID [47a,b,c,—].
c) **VICTAL reference to MODE NEST declarator** [a,b, 42c]:
    reference to [94d] **token, virtual MODE NEST declarer** [a].
d) **VICTAL structured with FIELDS mode NEST declarator** [a,b, 42c]:
    structure [94d] **token,**
      VICTAL FIELDS NEST portrayer of FIELDS [e] **brief pack.**
e) **VICTAL FIELDS NEST portrayer of FIELDS1** [d,e]:
    VICTAL MODE NEST declarer [a,b],
      NEST MODE FIELDS joined definition of FIELDS1 [41b,c];
    where (FIELDS1) is (FIELDS2 FIELDS3),
      VICTAL MODE NEST declarer [a,b],
      NEST MODE FIELDS joined definition of FIELDS2 [41b,c],
      and also [94f] **token,**
      VICTAL FIELDS NEST portrayer of FIELDS3 [e].
f) **NEST MODE FIELDS definition of MODE field TAG** [41c] :
    MODE field FIELDS defining field selector with TAG [48c].
g) **VIRACT flexible ROWS of MODE NEST declarator** [a, 42c] :
    flexible [94d] **token,**
      VIRACT ROWS of MODE NEST declarer [a].

h) **VICTAL ROWS of MODE NEST declarator** [a,b, 42c] :
VICTAL ROWS NEST rower [i,j,k,l] **STYLE bracket,**
VICTAL MODE NEST declarer [a,b].

i) **VICTAL row ROWS NEST rower** [h,i] :
VICTAL row NEST rower [j,k,l], **and also** [94f] **token,**
VICTAL ROWS NEST rower [i,j,k,l].

j) **actual row NEST rower** [h,i] : **NEST lower bound** [m],
up to [94f] **token, NEST upper bound** [n] ;
NEST upper bound [n].

k) **virtual row NEST rower** [h,i] : **up to** [94f] **token option.**

l) **formal row NEST rower** [h,i] : **up to** [94f] **token option.**

m) **NEST lower bound** [j, 532f,g] : **meek integral NEST unit** [32d].

n) **NEST upper bound** [j, 532f] : **meek integral NEST unit** [32d].

o) **VICTAL PROCEDURE NEST declarator** [a,b, 42c] :
procedure [94d] **token, formal PROCEDURE NEST plan** [p].

p) **formal procedure PARAMETY yielding MOID NEST plan** [o, 45a] :
where (PARAMETY) is (EMPTY),
formal MOID NEST declarer [b] ;
where (PARAMETY) is (with PARAMETERS),
PARAMETERS NEST joined declarer [q,r] **brief pack,**
formal MOID NEST declarer [b].

q) **PARAMETERS PARAMETER NEST joined declarer** [p,q] :
PARAMETERS NEST joined declarer [q,r], **and also** [94f] **token,**
PARAMETER NEST joined declarer [r].

r) **MODE parameter NEST joined declarer** [p,q] :
formal MODE NEST declarer [b].

s) **VICTAL union of MOODS1 MOOD1 mode NEST declarator** [a,b, 42c] :
unless EMPTY with MOODS1 MOOD1 incestuous [47f],
union of [94d] **token,**
MOIDS NEST joined declarer [t,u] **brief pack,**
where MOIDS ravels to MOODS2 [47g]
and safe MOODS1 MOOD1 subset of safe MOODS2 [731]
and safe MOODS2 subset of safe MOODS1 MOOD1 [731,m].

t) **MOIDS MOID NEST joined declarer** [s,t] :
MOIDS NEST joined declarer [t,u], **and also** [94f] **token,**
MOID NEST joined declarer [u].

u) **MOID NEST joined declarer** [s,t] :
formal MOID NEST declarer [b].

[Beispiele:

a) ***[1 : n] real*** • ***person***
b) ***[ ] real*** • ***string***
c) ***ref real***
d) ***struct (int*** *alter*, ***ref person*** *vater, sohn)*
e) ***ref person*** *vater, sohn*
• ***int*** *alter*, ***ref person*** *vater, sohn*
f) *alter*
g) ***flex [1 : n] real***
h) *[1 : m, 1 : n]* ***real***
i) *1 : m, 1 : n*

j) 1 : *n* k) *:*
l) *:* m) *1*
n) *n* o) ***proc (bool, bool) bool***
p) ***(bool, bool) bool*** q) ***bool, bool***
r) ***bool*** s) ***union (int, char)***
t) ***int, char*** u) ***int***]

[Aktuelle-**MOID-TALLY**-Deklarierer (**actual-MOID-TALLY-declarer**) siehe 4.2.1.c; aktuelle-Routinedeklarierer (**actual-routine-declarer**) siehe 4.4.1.b.

Es gibt keinen Deklarierer (**declarer**), der solch einen Modus spezifiziert wie '**union of integral union of integral real mode mode**' oder '**union of integral real integral mode**'. Die Deklarierer ***union (int, union (int, real))*** und ***union (int, real, int)*** können allerdings geschrieben werden, aber in beiden Fällen ist der Modus, der spezifiziert wird, '**union of integral real mode**' (der genausogut '**union of real integral mode**' aufgezählt werden kann).]

4.6.2. Semantik

a) Der Wert W eines aktuellen-**MODE**-Deklarierers (**actual-MODE-declarer**) D in einer Umgebung U wird folgendermaßen bestimmt:

Wenn '**MODE**' irgendein '**STOWED**' ist, dann

- sei D1 in U1 entwickelt [c] aus D in U;
- W ist der Wert von [dem Deklarator (**declarator**)] D1 in einer Umgebung, die auf U und um U1 errichtet wurde
  [lokal, siehe 3.2.2.b];

anderenfalls

- ist W irgendein Wert [akzeptierbar für '**MODE**'].

b) Der Wert W eines aktuellen **STOWED**-Deklarators (**actual-STOWED-declarator**) D wird folgendermaßen bestimmt:

Fall A: '**STOWED**' ist irgendein '**structured with FIELDS mode**':

- die Bestandteil bildenden Deklarierer (**declarers**) von D werden kollateral abgearbeitet;
- jedes Feld von W ist eine Variante [4.4.2.c]
  (i) des Wertes des letzten Bestandteil bildenden **MODE**-Deklarierers (**MODE-declarer**) von D, der vor demjenigen Bestandteil bildenden Feldselektor (**field-selector**) von D erscheint, der das Feld selektiert [2.1.5.g],
  (ii) für diesen '**MODE**';

Fall B: '**STOWED**' ist irgendein '**ROWS of MODE**':

- alle Bestandteil bildenden unteren-Grenzen (**lower-bounds**) und oberen-Grenzen (**upper-bounds**) von D und der Deklarierer (**declarer**) D1 von D werden kollateral abgearbeitet;

Für i = 1, ... , n, wobei n die Anzahl der '**row**'s ist, die in '**ROWS**' enthalten sind,

- sei u_i der Wert der unteren-Grenze (**lower-bound**), wenn eine vorhanden ist, des i-ten Bestandteil bildenden Reihenanreihers (**row-rower**) von **D** und sonst 1;
- sei o_i der Wert der oberen-Grenze (**upper-bound**) dieses Reihenanreihers (**row-rower**);

• W ist zusammengesetzt aus
(i) einem Deskriptor $((u_1, o_1), \ldots (u_n, o_n))$,
(ii) Varianten der Werte von D1 für '**MODE**';

Fall C: '**STOWED**' ist irgendein '**flexible ROWS of MODE**':
• W ist der Wert des Deklarierers (**declarer**) von D.

c) Die Szene S, die "entwickelt wurde aus" einem aktuellen-**STOWED**-Deklarierer (**actual-STOWED-declarer**) D in einer Umgebung U, wird folgendermaßen bestimmt: Wenn der direkte Abkomme D1 von D eine Modusindikation (**mode-indication**) ist, dann
• ist S die Szene, die aus der entwickelt wird, die D1 in U liefert;
anderenfalls [D1 ist ein Deklarator (**declarator**)]
• ist S zusammengesetzt aus D1 und U.

d) Ein gegebener **MOID**-Deklarierer (**MOID-declarer**) "spezifiziert" den Modus '**MOID**'.

4.7. Beziehungen zwischen Modi

[Einige Modi müssen entflexiert werden, da der Modus eines Wertes nicht flexibel sein kann (2.1.3.6.b). Verschandelte (incestuous) Modi müssen verhindert werden, um Mehrdeutigkeiten zu vermeiden. Eine Menge von '**UNITED**'s und '**MOODS**'s kann entflochten (ravel) werden, indem jene '**UNITED**'s durch ihre Komponenten '**MOODS**'s ersetzt werden.]

4.7.1. Syntax

A) **NONSTOWED :: PLAIN; REF to MODE; PROCEDURE;**
UNITED; void.
B) **MOODSETY :: MOODS; EMPTY.**
C) **MOIDSETY :: MOIDS; EMPTY.**
a) **WHETHER NONSTOWED deflexes to NONSTOWED** [b,e, 46b, 521c, 62a, 71n] :
WHETHER true.
b) **WHETHER FLEXETY ROWS of MODE1 deflexes to ROWS of MODE2**
[b,e, 46b, 521c, 62a, 71n] :
WHETHER MODE1 deflexes to MODE2 [a,b,c,—].
c) **WHETHER structured with FIELDS1 mode deflexes to**
structured with FIELDS2 mode [b,e, 46b, 521c, 62a, 71n] :
WHETHER FIELDS1 deflexes to FIELDS2 [d,e,—].
d) **WHETHER FIELDS1 FIELD1 deflexes to FIELDS2 FIELD2** [c,d] :
WHETHER FIELDS1 deflexes to FIELDS2 [d,e,—]
and FIELD1 deflexes to FIELD2 [e,—].
e) **WHETHER MODE1 field TAG deflexes to MODE2 field TAG** [c,d] :
WHETHER MODE1 deflexes to MODE2 [a,b,c,—].
f) **WHETHER MOODSETY1 with MOODSETY2 incestuous** [f, 46s] :
where (MOODSETY2) is (MOOD MOODSETY3),
WHETHER MOODSETY1 MOOD with MOODSETY3 incestuous [f]
or MOOD is firm union of MOODSETY1 MOODSETY3 mode [71m];
where (MOODSETY2) is (EMPTY), WHETHER false.

g) **WHETHER MOIDS ravels to MOODS** [g, 46s] :
  where (MOIDS) is (MOODS), WHETHER true;
  where (MOIDS) is (MOODSETY union of MOODS1 mode MOIDSETY),
    WHETHER MOODSETY MOODS1 MOIDSETY ravels to MOODS [g].

[Ein Komponentenmodus einer Vereinigung darf nicht zu einem der anderen Komponentenmodi oder zu einer Vereinigung aus solchen fest angepaßt werden (Regel f), weil sonst Mehrdeutigkeiten auftreten könnten. Zum Beispiel ist der Zuschnitt (**cast**)

union (ref int, int) (loc int)

mehrdeutig, da vor dem Vereinigen entreferenziert werden kann oder auch nicht.

In ähnlicher Weise ist

mode szp = union (szeredi, peter);

union (ref szp, szp) (loc szp) mehrdeutig.

Man beachte, daß der Modus, der durch den Deklarierer (**declarer**) des Zuschnittes (**cast**) spezifiziert wird, wegen der Entflechtung (Regel g) besser durch *union (ref szp, szeredi, peter)* dargestellt werden kann.]

4.8. Indikatoren und Feldselektoren

4.8.1. Syntax

A) **INDICATOR :: identifier; mode indication; operator.**

B) **DEFIED :: defining; applied.**

C) **PROPSETY :: PROPS; EMPTY.**

D) **PROPS :: PROP; PROPS PROP.**

E) **PROP :: DEC; LAB; FIELD.**

F) **QUALITY :: MODE; MOID TALLY; DYADIC; label;**
    MODE field.

G) **TAX :: TAG; TAB; TAD; TAM.**

a) **QUALITY NEST new PROPSETY1 QUALITY TAX PROPSETY2 defining**
    INDICATOR with TAX [32c, 35b, 42b, 43b, 44c,f, 45c, 541f] :
  where QUALITY TAX independent PROPSETY1 PROPSETY2 [71a,b,c],
    TAX [942A,D,F,K] **token.**

b) **QUALITY NEST applied INDICATOR with TAX** [42c, 46a,b, 5D, 542a,b, 544a] :
  where QUALITY TAX identified in NEST [72a],
    TAX [942A,D,F,K] **token.**

c) **MODE field PROPSETY1 MODE field TAG PROPSETY2 defining**
    field selector with TAG [46f] :
  where MODE field TAG independent PROPSETY1 PROPSETY2 [71a,b,c],
    TAG [942A] **token.**

d) **MODE field FIELDS applied field selector with TAG** [531a] :
  where MODE field TAG resides in FIELDS [72b,c,—],
    TAG [942A] **token.**

e)* **QUALITY NEST DEFIED indicator with tax :**
  QUALITY NEST DEFIED INDICATOR with Tax [a,b].

f)* **MODE DEFIED field selector with TAG :**
  MODE field FIELDS DEFIED field selector with TAG [c,d].

[Beispiele:

a) *x* (in ***real*** *x*, *y*) b) *x* (in $x + y$)

c) *next* (siehe 1.1.2.) d) *next* (in *next* ***of*** *draft*)]

4.8.2. Semantik

a) Wenn ein Wert oder eine Szene V einem **QUALITY**-definierenden-Indikator-mit-**TAX** (**QUALITY-defining-indicator-with-TAX**) in einer Umgebung U zugeschrieben wird, dann erhalten '**QUALITY TAX**' innerhalb des Lokalen von U [2.1.2.c] Zugriff zum V. [2.1.2.c].

b) Der Wert W eines **QUALITY**-angewandten-Indikators-mit-**TAX** (**QUALITY-applied-indicator-with-TAX**) I in einer Umgebung U, die aus einer Umgebung U1 und einem Lokalen L zusammengesetzt ist, wird folgendermaßen bestimmt:

Wenn L einem '**DECSETY LABSETY**' entspricht, das dieses '**QUALITY TAX**' umfaßt [1.1.4.1.c], dann ist W der Wert oder die Szene, wenn vorhanden, die innerhalb L durch '**QUALITY TAX**' zugreifbar ist, anderenfalls undefiniert; anderenfalls [wenn L nicht dem '**DECSETY LABSETY**' entspricht, das '**QUALITY TAX**' umfaßt] ist W der Wert von I in U1.

[Man betrachte die folgende abgeschlossene-Klausel (**closed-clause**), die eine andere enthält:

```
begin co definitionsbereich 1 co
    int i = 421, int a := 6, proc p = void : print (a);
    begin co Definitionsbereich 2 co
        real a; a := i; p
    end
end.
```

In dem Moment, in dem die Abarbeitung auf *a* := *i* trifft, sind zwei neue Umgebungen eingeführt worden, für jeden Definitionsbereich eine. Der definierende-Identifikator (**defining-identifier**) *i* wird zuerst in der neueren Umgebung U2 gesucht, hier wird er nicht gefunden, und dann wird er in der älteren Umgebung U1 gesucht und auch gefunden. Das Lokale von U1 entspricht (dem Nest) '**integral letter i reference to integral letter a procedure yielding void letter p**'. Der Wert des angewandten Identifikators (**applied-identifier**) *i* ist daher der Wert 421, der dem '**integral letter i**' innerhalb des lokalen von U1 zugeschrieben wurde. Der Wert von *a* in *a* := *i* wird jedoch bereits in dem Lokalen von U2 gefunden.

Wenn *p* aufgerufen wird (5.4.3.2.b), wird seine Einheit (**unit**) in einer Umgebung U3 abgearbeitet, die um U1 aber auf U2 eingerichtet wurde (3.2.2.b). Das bedeutet bzgl. der Lagen, daß U3 neuer ist als U2, aber daß die Komponentenumgebung von U3 die Umgebung U1 ist. Wenn *a* gedruckt wird, erhält man dann den Wert 5 des Referenz-zu-integral-Identifikators (**reference-to-integral-identifier**) *a*, der in dem äußeren Definitionsbereich deklariert wurde.

Folglich wird die Bedeutung eines Indikators (**indicator**), der innerhalb einer Routine angewendet, aber nicht definiert wird, genau durch den Kontext bestimmt, in dem die Routine eingeführt oder definiert wurde, als durch den, in dem sie aufgerufen wird.]

5. Einheiten

[Einheiten (**units**) dienen zum Programmieren der primitiveren Aktionen oder zur Auffassung der größeren Sprachkonstruktionen aus Kapitel 3 wiederum als einzelne Einheiten.

NOTION-Angepaßte (**NOTION-coercees**) sind die Ergebnisse der Anpassung (Kapitel 6), Modierte (**hips**) sind es dagegen nicht. Im Fall von **ENCLOSED**-Klauseln (**ENCLOSED-clauses**) werden alle benötigten Anpassungen innerhalb dieser Klauseln ausgeführt.

Die unten angegebene Syntax schließt beispielsweise ein, daß *text* ***of*** *draft* + *"the . end"* als *(text* ***of*** *draft)* + *"the . end"* gelesen wird, da eine Selektion (**selection**) ein '**SECONDARY**', eine Formel (**formula**) hingegen ein '**TERTIARY**' ist.]

5.1. Syntax

A) **UNIT** [32d] :: **assignation** [521a] **coercee** ;
identity relation [522a] **coercee** ;
routine text [541a,b] **coercee** ; **jump** [544a] ; **skip** [552a] ;
TERTIARY [B].

B) **TERTIARY** [A, 521b, 522a] :: **ADIC formula** [542a,b] **coercee** ;
nihil [524a] ; **SECONDARY** [C].

C) **SECONDARY** [B, 531a, 542c] :: **LEAP generator** [532a] **coercee** ;
selection [531a] **coercee** ; **PRIMARY** [D].

D) **PRIMARY** [C, 532a, 543a] :: **slice** [532a] **coercee** ;
call [543a] **coercee** ; **cast** [551a] **coercee** ;
denoter [80a] **coercee** ; **format text** [A341a] **coercee** ;
applied identifier with TAG [48b] **coercee** ;
ENCLOSED clause [31a, 33a,c,d,e, 34a, 35a].

[Die Hyperregeln für '**SORT MOID FORM** Angepaßtes' ('**SORT MOID FORM coercee**') stehen bei 6.1.1.a,b,c,d und e, den ersten Regeln der Syntax zur Anpassung. Wenn die Syntax zur Anpassung für bestimmte '**SORT MOID FORM** Angepaßte' ('**SORT MOID FORM coercee**') aufgerufen wird, kann sie bei gewissen '**MOID1 FORM**' eventuell zu einer Regel des vorliegenden Kapitels zurückführen (abgesehen von Sackgassen). Gerade diese Querbeziehung wird in den oben angegebenen Metaregeln angeführt. Kein anderer sichtbarer Abkomme ist in der Zwischenzeit erzeugt worden; die Syntax zur Anpassung transformiert '**MOID**' in '**MOID1**' lediglich für semantische Zwecke.]

a) ***SOME hip : SOME jump** [544a] ; **SOME skip** [552a] ; **SOME nihil** [524a].

[Der Modus eines Modierten (**hip**) ist stets der a posteriori von seinem Kontext geforderte, und sein Ergebnis ist akzeptierbar für jenen Modus. Da jeder beliebige Modus somit einfach angenommen werden kann, ist Anpassung nicht erlaubt.]

5.2. Mit Namen verbundene Einheiten

[An Namen kann zugewiesen werden (5.2.1.), sie können mit anderen Namen verglichen (5.2.2.) oder neu geschaffen (5.2.3.) werden.]

5.2.1. Zuweisungen

[In Zuweisungen (**assignations**) wird ein Wert einem Namen "zugewiesen". So wird in $x := 3.14$ die reelle Zahl, die von der Quelle (**source**) *3.14* geliefert wird, dem Namen zugewiesen, der von der Bestimmung (**destination**) x geliefert wird.]

5.2.1.1. Syntax

a) **REF to MODE NEST assignation** [5A] :
  REF to MODE NEST destination [b], **becomes** [94c] **token,**
   MODE NEST source [c].
b) **REF to MODE NEST destination** [a] :
  soft REF to MODE NEST TERTIARY [5B].
c) **MODE1 NEST source** [a, 44d] : **strong MODE2 NEST unit** [32d],
  where MODE1 deflexes to MODE2 [47a,b,c,−].

[Beispiele:

a) $x := 3.14$ b) x
c) *3.14*]

5.2.1.2. Semantik

a) Eine Zuweisung (**assignation**) A wird wie folgt abgearbeitet:
- N und W seien die [kollateralen] Ergebnisse [ein Name und ein anderer Wert] der Bestimmung (**destination**) und der Quelle (**source**) von A;
- W wird N zugewiesen [b];
- das Ergebnis von A ist N.

b) "Zugewiesen wird" ein Wert W einem Namen N, dessen Modus irgendein **REF to MODE** ist, wie folgt:

Es wird verlangt, daß
- N nicht nil ist und daß
- W nicht neuer in der Lebensdauer ist als N (keine neuere Lage hat);

Fall A: '**MODE**' ist irgendein '**strukturiert mit FIELDS Modus**' ('**structured with FIELDS mode**'):
 Für jedes '**TAG**', das ein Feld in W selektiert,
 - wird jenes Feld dem Komponentennamen zugewiesen, der durch '**TAG**' in N selektiert wird;

Fall B: '**MODE**' ist irgendein '**ROWS von MODE1**' ('**ROWS of MODE1**'):
 - V sei der [alte] Wert, zu dem N referiert;
 - es wird gefordert, daß die Deskriptoren von W und V identisch sind;

 Für jeden Index I, der ein Element in W selektiert,
 - wird jenes Element dem durch I in N selektierten Komponentennamen zugewiesen;

Fall C: '**MODE**' ist irgendein '**flexibel ROWS von MODE1**' ('**flexible ROWS of MODE1**'):
 - V sei der [alte] Wert, zu dem N referiert;
 - N wird zur Referenz zu einem mehrfachen Wert gebracht, der zusammengesetzt ist aus
   (i) dem Deskriptor von W

(ii) Varianten [4.4.2.c] irgendeines Elementes [möglicherweise eines Geisterelementes] von V;

• N wird mit Komponentennamen [2.1.3.4.g] ausgestattet;

Für jeden Index I, der ein Element in W selektiert,

• wird jenes Element dem durch I in N selektierten Komponentennamen zugewiesen;

Andere Fälle [d. h., wo 'MODE' irgendein 'PLAIN' oder irgendein 'UNITED' ist]:

• N wird zur Referenz zu W gebracht [2.1.3.2.a].

[Man beobachte, wie — wenn

***flex** [1 : 0] [1 : 3] **int** flexfix*

gegeben ist — die Anwesenheit des Geisterelementes (2.1.3.4.c) sicherstellt, daß die Bedeutung von *flexfix* := ***loc** [1 : 1] [1 : 3] **int*** wohl definiert ist, aber daß *flexfix* := ***loc** [1 : 1] [1 : 4] **int*** es nicht ist, da sich die Grenzenpaare der zweiten Dimension unterscheiden.]

5.2.2. Identitätsrelationen

[Identitätsrelationen (**identity-relations**) können zur Feststellung benutzt werden, ob zwei Namen vom selben Modus gleich sind.

Z. B. nach der Zuweisung (**assignation**) *draft* := *("abc", **nil**)* liefert die Identitätsrelation (**identity-relation**) *next **of** draft* :=: ***ref book** (**nil**)* den Wert wahr.

Jedoch *next **of** draft* :=: ***nil*** liefert falsch, weil sie identisch ist mit *next **of** draft* :=: ***ref ref book** (**nil**)*: das Ergebnis von *next **of** draft* ist ohne jede Anpassung der Name, der zu dem zweiten Feld des strukturierten Wertes referiert, zu dem der Wert von *draft* referiert, und ist somit nicht nil.]

5.2.2.1. Syntax

a) **boolean NEST identity relation** [5A] **:**
  where soft balances SORT1 and SORT2 [32f],
    SORT1 reference to MODE NEST TERTIARY1 [5B],
    identity relator [b],
    SORT2 reference to MODE NEST TERTIARY2 [5B].

b) **identity relator** [a] **: is** [94f] **token ; is not** [94f] **token.**

[Beispiele:

a) *next **of** draft* :=: ***ref book** (**nil**)*

b) :=: • :/=: oder ***isnt***

[Man beachte, daß *a1[i]* :=: *a1[j]* nicht durch diese Syntax erzeugt wird. Der Vergleich von zeitweiligen Namen (2.1.3.6.c) durch eine Identitätsrelation (**identity-relation**) wird somit verhindert.]

5.2.2.2. Semantik

Das Ergebnis W einer Identitätsrelation (**identity-relation**) I wird wie folgt bestimmt:

• N1 und N2 seien die [kollateralen] Ergebnisse der **TERTIARY**s von I;

Fall A: Die Type (**token**) des Identitätsvergleichers (**identity-relator**) von I ist ein ist-Zeichen (**is-token**):

• W ist wahr, wenn [der Name] N1 der gleiche ist wie N2, sonst falsch;

Fall B: Die Type (**token**) des Identitätsvergleichers (**identity-relator**) von I ist ein ist-nicht-Zeichen (**is-not-token**):

- W ist wahr, wenn N1 nicht der gleiche [Name] ist wie N2, sonst falsch.

5.2.3. Generatoren

[And as imagination bodies forth
The forms of things unknown, the poet's pen
Turns them to shapes, and gives to airy nothing
A local habitation and a name.
A Midsummer-night's Dream,
William Shakespeare

Und wie die Phantasie die Formen
unbekannter Dinge verkörpert,
so macht des Dichters Feder sie zu Gestalten
und gibt dem luftigen Nichts
Wohnung und Namen.
Sommernachtstraum,
William Shakespeare.]

[Die Abarbeitung eines Generators (**generator**), z. B. ***loc real*** in *xx* := ***loc real*** := *3.14*, oder eines Probegenerators (**sample-generator**), z. B. *[1 : n]* ***char*** in *[1 : n]* ***char*** *u, v;*, schließt die Schaffung eines Namens ein, d. h. die Reservierung von Speicherraum.

Der Gebrauch eines lokalen-Generators (**local-generator**) bedeutet (bei den meisten Implementierungen) die Reservierung von Speicherraum in einem zur Laufzeit gültigen Speicher, wohingegen Haufengeneratoren (**heap-generators**) Speicherreservierung in einem anderen Speichergebiet bedeuten, eben dem "Haufen" (Halde, globaler Speicher), in dem Speicherbereinigungs-Techniken zur Speicherplatz-Wiedergewinnung benutzt werden können. Da dieses weniger effektiv ist, sind lokale-Generatoren (**local-generators**) vorzuziehen; dies ist der Grund, warum nur ***loc*** bei den Probegeneratoren (**sample-generators**) in Variablen-Deklarationen (**variable-declarations**) weggelassen werden können.

5.2.3.1. Syntax

[**LEAP :: local ; heap ; primal.**]

a) **reference to MODE NEST LEAP generator** [5C] :
  LEAP [94d,–] **token, actual MODE NEST declarer** [46a].

b) **reference to MODE NEST LEAP sample generator** [44e] :
  LEAP [94d,–] **token, actual MODINE NEST declarer** [44b, 46a];
  where (LEAP) is (local),
  actual MODINE NEST declarer [44b, 46a].

[Beispiele:

a) ***loc real*** b) ***loc real*** ***real***]

[Es gibt keine Darstellung des Primär-Symbols (**primal-symbol**) (s. 9.4.a).]

5.2.3.2. Semantik

a) Das Ergebnis W eines **LEAP**-Generators (**LEAP-generator**) oder eines **LEAP**-Probegenerators (**LEAP-sample-generator**) G in einer Umgebung U wird wie folgt bestimmt:

- W ist ein neugeschaffener Name, der zur Referenz [2.1.3.2.a] zu bringen ist zu dem Ergebnis in U des aktuellen-Deklarierers (**actual-declarer**) [4.4.2.d, 4.6.2.a] von G;
- W hat die gleiche Lebenszeit [ist in gleicher Lage] wie die Umgebung U1, die wie folgt bestimmt wird:

  Fall A: '**LEAP**' ist '**lokal**' ('**local**'):

  - U1 ist die "lokale Umgebung" [b], die von U erreichbar ist;

  Fall B: '**LEAP**' ist '**Haufen**' ('**heap**'):

  - U1 ist [die erste Umgebung, die während der Abarbeitung des speziellen-Programmes (**particular-program**) geschaffen wurde. Letzteres ist] dergestalt, daß
    (i) die Primärumgebung [2.2.2.a] die Umgebung der Umgebung der Umgebung von U1 ist [sic] und
    (ii) U1 ist U oder ist älter als U;

  Fall C: '**LEAP**' ist '**primär**' ('**primal**'):

  - U1 ist die Primärumgebung;
- wenn W ein strukturierter oder gereihter Name [2.1.3.2.b] ist, dann wird W mit Komponentennamen [2.1.3.3.e, 2.1.3.4.g] ausgerüstet.

[Die einzigen Beispiele von Primärgeneratoren (**primal-generators**) kommen in den Standard- (**standard-**) und System-Vorspielen (**system-preludes**) (10.3.1.1.h, 10.3.1.4. b.n.o, 10.4.1.a) vor.

Wenn G ein Referenz-zu-Routine-Probegenerator (**reference-to-routine-sample-generator**) ist, hat der Modus von W keine Bedeutung.]

b) Die "lokale Umgebung", die von einer Umgebung U erreichbar ist, ist eine Umgebung U1, die wie folgt bestimmt wird:

Wenn U "nichtlokal" ist [3.2.2.b], dann ist U1 die lokale Umgebung, die von der Umgebung U erreichbar ist; andernfalls ist U1 identisch mit U.

[Eine Umgebung ist nichtlokal, wenn sie gemäß einer seriellen-Klausel (**serial-clause**) oder einer Anfrageklausel (**enquiry-clause**) eingerichtet wurde, die keine bestandteilbildende Modus- (**mode-**), Identifikator- (**identifier-**) oder Operationsdeklaration (**operation-declaration**) enthält, oder gemäß eines Fürteiles (**for-part**) (3.5.1.b) oder einer Spezifikation (**specification**) (3.4.1.j,k) eingerichtet wurde.]

5.2.4. Nihils

5.2.4.1. Syntax

a) **strong reference to MODE NEST nihil** [5B] **: nil** [94f] **token.**

[Beispiel:

a) ***nil***]

5.2.4.2. Semantik

Das Ergebnis eines Nihil (**nihil**) ist ein Name, der nil ist.

5.3. Mit strukturierten oder gereihten Werten verbundene Einheiten

[In Flanders fields the poppies blow
between the crosses, row on row,
. . .
In Flanders Fields, John McCrae

Auf Flanderns Feldern blüht seit Jahren schon,
zwischen Reihen von Kreuzen,
der wilde Mohn.
. . .
Auf Flanderns Feldern John McCrae.]

[Die Felder von strukturierten Werten können durch Selektionen (**selections**) (5.3.1) erhalten werden und die Elemente der mehrfachen Werte durch Schnitte (**slices**) (5.3.2); die korrespondierenden Wirkungen auf Namen solcher Werte sind ebenfalls definiert.]

5.3.1. Selektionen

[Eine Selektion (**selection**) selektiert ein Feld aus einem strukturierten Wert oder (wenn eine "mehrfache Selektion" vorliegt) sie selektiert einen mehrfachen Wert aus einem mehrfachen Wert, dessen Elemente strukturierte Werte sind. Beispielsweise selektiert *re* ***of*** *z* das erste reelle Feld (üblicherweise Realteil genannt) des Ergebnisses von *z*. Wenn *z* einen Namen liefert, dann liefert *re* ***of*** *z* ebenfalls einen Namen, aber wenn *g* einen komplexen Wert selbst, d. h. keinen Namen liefert, dann liefert *re* ***of*** *g* einen reellen Wert und keinen Namen, der zu diesem referiert.]

5.3.1.1. Syntax

A) **REFETY :: REF to ; EMPTY.**
B) **REFLEXETY :: REF to ; REF to flexible ; EMPTY.**
[**REF :: reference ; transient reference.**]
a) **REFETY MODE1 NEST selection** [5C] **:**
MODE1 field FIELDS applied field selector with TAG [48d],
of [94f] **token, weak REFETY structured with FIELDS mode NEST SECONDARY** [5C] **;**
where (MODE1) is (ROWS of MODE2),
MODE2 field FIELDS applied field selector with TAG [48d],
of [94f] **token, weak REFLEXETY ROWS of structured with FIELDS mode NEST SECONDARY** [5C],
where (REFETY) is derived from (REFLEXETY) [b,c, −].
b) **WETHER (transient reference to) is derived from (REF to flexible)** [a, 532a, 66a] **: WETHER true.**
c) **WETHER (REFETY) is derived from (REFETY)** [a, 532a, 66a] **: WETHER true.**

[Beispiele:
a) *re* ***of*** *z*   *re* ***of*** *z1*]

[Der Modus von *re* ***of*** *z* beginnt ebenso wie der von *z* mit '**Referenz zu**' ('**reference to**').

Beispiel:

int alter := *7;* ***struct*** *(****bool*** *geschlecht,* ***int*** *alter) grete; alter* ***of*** *grete* := *alter;*

Beachte, daß die Bestimmung (**destination**) *alter* ***of*** *grete* einen Namen liefert, weil *grete* einen liefert. Nach der Identitäts-Deklaration (**identity-declaration**) ***struct*** *(****bool*** *geschlecht,* ***int*** *alter) hans* = *(****true****, 9)* kann an *alter* ***of*** *hans* nicht zugewiesen werden, da *hans* keine Variable (**variable**) ist.]

5.3.1.2. Semantik

Das Ergebnis W einer Selektion (**selection**) S wird wie folgt bestimmt:

- V sei das Ergebnis des **SECONDARY** von S;
- es wird verlangt, daß V [wenn es ein Name ist,] nicht nil ist;
- W ist der Wert, der in V selektiert wird [2.1.3.3.a,e, 2.1.3.4.k], oder der Name, der aus V durch den Feldselektor (**field-selector**) von S erzeugt wird [2.1.3.4.l].

[Eine Selektion von einem Namen, der zu einem strukturierten Wert referiert, liefert einen existierenden Komponentennamen (2.1.3.3.e) von jenem Namen. Der Name, der durch eine Selektion (**selection**) mit einem **ROWS**-von-**MODE**-**SECONDARY** (**ROWS-of-MODE-SECONDARY**) von einem Namen generiert wird, der zu einem mehrfachen Wert referiert (wie in *re* ***of*** *z1*), ist ein Name, der für diesen Zweck neu geschaffen werden kann oder auch nicht, d. h. ein Vergleich solcher Namen ist nicht möglich.]

5.3.2. Schnitte

[Schnitte (**slices**) erhält man durch Indizieren, z. B. *x1[i]*, durch Trimmen, z. B. *x1[2 : n]* oder durch beides, z. B. *x2[j : n, j]* oder *x2[, k]*. Indizieren und Trimmen können nur bei **PRIMARY**s ausgeführt werden, z. B. bei *x1* oder *(p | x1 | y1)*, aber nicht bei *re* ***of*** *z1*. Der Wert eines Schnittes (**slice**) kann entweder ein einzelnes Element des Ergebnisses seines **PRIMARY** sein oder eine Untermenge der Elemente: z. B. *x1[i]* ist eine reelle Zahl aus der Reihe *x1* von reellen Zahlen, *x2[i,]* ist die *i*-te Zeile der Matrix *x2* und *x2[, k]* ist ihre *k*-te Spalte.]

5.3.2.1. Syntax

A) **ROWSETY :: ROWS ; EMPTY.**

a) **REFETY MODE1 NEST slice** [5D] :
  weak REFLEXETY ROWS1 of MODE1 NEST PRIMARY [5D],
   ROWS1 leaving EMPTY NEST indexer [b, c, –] **STYLE**
    bracket,
   where (REFETY) is derived from (REFLEXETY) [531b,c, –];
  where (MODE1) is (ROWS2 of MODE2),
   weak REFLEXETY ROWS1 of MODE2 NEST PRIMARY [5D],
   ROWS1 leaving ROWS2 NEST indexer [b, d, –] **STYLE**
    bracket,
   where (REFETY) is derived from (REFLEXETY) [531b,c, –].

[**ROWS :: row ; ROWS row.**]

b) **row ROWS leaving ROWSETY1 ROWSETY2 NEST indexer** [a,b] **:**
row leaving ROWSETY1 NEST indexer [c, d, —],
and also [94f] **token,**
ROWS leaving ROWSETY2 NEST indexer [b,c,d, —].

c) **row leaving EMPTY NEST indexer** [a,b] **: NEST subscript** [e].

d) **row leaving row NEST indexer** [a, b] **: NEST trimmer** [f] **;**
NEST revised lower bound [g] **option.**

e) **NEST subscript** [c] **: meek integral NEST unit** [32d].

f) **NEST trimmer** [d] **: NEST lower bound** [46m] **option,**
up to [94f] **token, NEST upper bound** [46n] **option,**
NEST revised lower bound [g] **option.**

g) **NEST revised lower bound** [d,f] **:**
at [94f] **token, NEST lower bound** [46m].

h)* **trimscript : NEST subscript** [e] **; NEST trimmer** [f]**;**
NEST revised lower bound [g] **option.**

i)* **indexer : ROWS leaving ROWSETY NEST indexer** [b,c,d].

j)* **boundscript : NEST subscript** [e] **; NEST lower bound** [46m] **;**
NEST upper bound [46n] **; NEST revised lower bound** [g].

[Beispiele:

a) *x2[i, j]* *x2[, j]*

b) *1 : 2, j* (in *x2[1 : 2, j]*) *i, j* (in *x2[i, j]*)

c) *j* (in *x2[i, j]*)

d) *1 : 2* ***at*** *0* (in *x1[**at** 0]*)

e) *j*

f) *1 : 2* ***at*** *0*

g) ***at*** *0*]

[Ein Index (**subscript**) erniedrigt die Anzahl der Dimensionen um eins, während ein Trimmer (**trimmer**) sie unverändert läßt. In Regel a) spiegelt '**ROWS1**' die Anzahl von Trimizes (**trimscripts**) in dem Schnitt (**slice**) wieder und '**ROWS2**' die Anzahl derjenigen davon, die Trimmer (**trimmers**) oder revidierte-untere-Grenze-Möglichkeiten (**revised-lower-bound-options**) sind.

Wenn der Wert, der geschnitten werden soll, ein Name ist, dann ist das Ergebnis des Schnittes (**slice**) ebenfalls ein Name. Mehr noch, wenn der Modus des vorherigen Namens '**Referenz zu flexibel ROWS1 von MODE**' ('**reference to flexible ROWS1 of MODE**') ist, dann ist dieses Ergebnis ein zeitweiliger Name (siehe 2.1.3.6.c).]

5.3.2.2. Semantik

a) Das Ergebnis W eines Schnittes (**slice**) S wird wie folgt bestimmt:

- V und (I_1, ... , I_n) seien die [kollateralen] Ergebnisse des **PRIMARY** von S und des Indexers (**indexer**) [b] von S;
- es wird gefordert, daß V [, wenn es ein Name ist,] nicht nil ist;
- ((r_1, s_1), ... , (r_n, s_n)) sei der Deskriptor von V oder des Wertes, zu dem V referiert;

Für i = 1, ... , n

Fall A: I_i ist ganzzahlig:

- es wird gefordert, daß $r_i \leq I_i \leq s_i$ ist;

Fall B: I_i ist irgendein Triplett (u, o, u'):

- U sei r_i, wenn u "fehlt" und u andernfalls;
- O sei s_i, wenn o "fehlt" und o andernfalls;
- es wird gefordert, daß $r_i \leq U$ und $O \leq s_i$;
- D sei O, wenn U "fehlt" und U − u' andernfalls;

[D ist der Betrag, der von U zu subtrahieren ist, um die revidierte untere Grenze zu erhalten;]

- I_i wird durch (U, O, D) ersetzt;

- W ist der Wert, der durch (I_1, ... , I_n) in V selektiert [2.1.3.4.a, g, i] wird, oder der Name, der dadurch von V erzeugt [2.1.3.4.j] wird.

b) Das Ergebnis eines Indexers (**indexer**) I eines Schnittes (**slice**) S ist ein Trim (**trim**) [2.1.3.4.h] oder eine Indizierung [2.1.3.4.a] (I_1, ... , I_n), das wie folgt bestimmt wird:

- die bestandteilbildenden Grendizes (**boundscripts**) von S werden kollateral abgearbeitet;

für i = 1, ... , n, wo n die Anzahl der bestandteilbildenden Trimizes (**trimscripts**) von S ist,

Fall A: der i-te Trimex (**trimscript**) ist ein Index (**subscript**):

- I_i [ist die ganze Zahl, die] ist das Ergebnis von jenem Index (**subscript**);

Fall B: der i-te Trimex (**trimscript**) ist ein Trimmer (**trimmer**) T:

I_i ist das Triplett (u, o, u'), wo gilt

- u ist das Ergebnis des Bestandteils untere-Grenze (**lowerbound**) von T, sofern sie existiert, und sonst "fehlt",
- o ist das Ergebnis des Bestandteils obere-Grenze (**upperbound**) von T, sofern sie existiert, und sonst "fehlt",
- u' ist das Ergebnis des Bestandteils revidierte-untere-Grenze (**revised-lower-bound**) von T, sofern sie existiert, und sonst 1;

Fall C: der i-te Trimex (**trimscript**) ist eine revidierte-untere-Grenze-Möglichkeit (**revised-lower-bound-option**) N:

- I_i ist das Triplett ("fehlt", "fehlt", u'), wobei
  - u' das Ergebnis der revidierten-unteren-Grenze (**revised-lower-bound**) von N ist, sofern sie existiert, und sonst "fehlt".

[Man beachte, wenn (I_i, ... , I_n) keine Tripletts enthält, ist es eine Indizierung, die ein Element selektiert; andernfalls ist es ein Trim, der eine Untermenge der Elemente selektiert.]

[Ein Schnitt (**slice**) von einem Namen, der zu einem mehrfachen Wert referiert, liefert einen bereits existierenden Komponentennamen (2.1.3.4.j) von jenem Namen, wenn alle bestandteilbildenden Trimizes (**trimscripts**) dieses Schnittes (**slice**) Indizes (**subscripts**) sind. Andernfalls liefert dieser Schnitt einen erzeugten Namen, der für diesen Zweck neu geschaffen werden kann oder nicht. Somit ist das Ergebnis von *x1[1 : 2] :=: x1[1 : 2]* nicht definiert, obgleich *x1[1] :=: x1[1]* stets wahr liefern muß.]

[Die unterschiedlichen möglichen Grenzen im Ergebnis eines Schnittes (**slice**) werden in den folgenden Beispielen illustriert, für jedes von ihnen wird der Deskriptor desjenigen Wertes angegeben, zu dem das Ergebnis referiert:

[0 : 9, 2 : 11] ***int*** *i3;*
i3[1, 3 : 10 **at** *3]* **co** *((3, 10))* **co**
i3[1, 3 : 10] **co** *((1, 8))* **co**
i3[1, 3 :] **co** *((1, 9))* **co**
i3[1, :] **co** *((1, 10))* **co**
i3[1,] **co** *((2, 11))* **co**
i3[, 2] **co** *((0, 9))* **co** .]

5.4. Mit Routinen verbundene Einheiten

[Routinen werden vonRoutinetexten (**routine-texts**) (5.4.1) oder von Sprüngen (**jumps**) (5.4.4) geschaffen, und sie können durch Aufrufe (5.4.3) (**calls**) oder durch Formeln (**formulas**) (5.4.2) oder durch Entprozedurieren (6.3) "aufgerufen" werden.]

5.4.1. Routinetexte

[Ein Routinetext (**routine-text**) enthält stets einen formalen-Deklarierer (**formal-declarer**), der den Modus des Resultates spezifiziert, und ein Routinezeichen (**routine-token**), nämlich einen Doppelpunkt. Rechts von diesem Doppelpunkt steht eine Einheit (**unit**), die die Berechnungen vorschreibt, die auszuführen sind, wenn die Routine aufgerufen wird. Wenn es Parameter gibt, steht links vom formalen-Deklarierer (**formal-declarer**) eine Deklarative (**declarative**), die die verschiedenen formalen-Parameter (**formal-parameters**) enthält, die gefordert werden.

Beispiele:

void : *print (x);*
*(**ref real** a, **real** b)* ***bool*** : *(a < b | a := b; **true** | **false**)*.]

5.4.1.1. Syntax

a) **procedure yielding MOID NEST1 routine text** [44d, 5A] **:**
formal MOID NEST1 declarer [46b], **routine** [94f] **token,**
strong MOID NEST1 unit [32d].

b) **procedure with PARAMETERS yielding MOID NEST1**
routine text [44d, 5A] **:**
NEST1 new DECS2 declarative defining new
DECS2 [e] **brief pack,**
where DECS2 like PARAMETERS [c, d, —],
formal MOID NEST1 declarer [46b],
routine [94f] **token,**
strong MOID NEST1 new DECS2 unit [32d].

c) **WETHER DECS DEC like PARAMETERS PARAMETER** [b, c] **:**
WETHER DECS like PARAMETERS [c, d, —] **and**
DEC like PARAMETER [d, —].
[**PARAMETER :: MODE parameter.**]

d) **WETHER MODE TAG like MODE parameter** [b, c] **:**
WETHER true.

e) **NEST2 declarative defining new DECS2** [b,e, 34j] **:**
formal MODE NEST2 declarer [46b],
NEST2 MODE parameter joined definition of
DECS2 [41b,c];
where (DECS2) is (DECS3 DECS4),
formal MODE NEST2 declarer [46b],
NEST2 MODE parameter joined definition of
DECS3 [41b,c],
and also [94f] **token,**
NEST2 declarative defining new DECS4 [e].
f) **NEST2 MODE parameter definition of MODE TAG2** [41c] **:**
MODE NEST2 defining identifier with TAG2 [48a].
g)***formal MODE parameter :**
NEST MODE parameter definition of MODE TAG [f].

[Beispiele:
a) ***real*** : *random * 10*
b) *(**bool** a, b) **bool** : (a | b | **false**)*
e) ***bool** a, b* • ***bool** a, **bool** b*
f) *a*]

5.4.1.2. Semantik

Das Ergebnis eines Routinetextes (**routine-text**) T in einer Umgebung U ist die Routine, die aus
(i) T und
(ii) der Umgebung, die für T in U nötig ist [7.2.2.c], zusammengesetzt ist.

5.4.2. Formeln

[Formeln (**formulas**) sind entweder dyadisch oder monadisch; z. B. $x + i$ oder ***abs** x*. Die Reihenfolge der Abarbeitung einer Formel (**formula**) wird durch die Priorität ihrer Operatoren (**operators**) bestimmt; monadische Formeln (**formulas**) werden zuerst abgearbeitet, danach die dyadischen von der höchsten zur niedrigsten Priorität.]

5.4.2.1. Syntax

A) **DYADIC :: priority PRIO.**
B) **MONADIC :: priority iii iii iii i.**
C) **ADIC :: DYADIC ; MONADIC.**
D) **TALLETY :: TALLY ; EMPTY.**
a) **MOID NEST DYADIC formula** [c, 5B] **:**
MODE1 NEST DYADIC TALLETY operand [c, –], **procedure with**
MODE1 parameter MODE2 parameter yielding MOID
NEST applied operator with TAD [48b],
where DYADIC TAD identified in NEST [72a],
MODE2 NEST DYADIC TALLY operand [c, –].
b) **MOID NEST MONADIC formula** [c, 5B] **:**
procedure with MODE parameter yielding MOID

NEST applied operator with TAM [48b],
MODE NEST MONADIC operand [c].

c) **MODE NEST ADIC operand** [a, b] :
firm MODE NEST ADIC formula [a, b] **coercee** [61b];
where (ADIC) is (MONADIC), firm MODE NEST SECONDARY [5C].

d)* **MOID formula : MOID NEST ADIC formula** [a, b].

e)* **DUO dyadic operator with TAD :**
DUO NEST DEFIED operator with TAD [48a, b].

f)* **MONO monadic operator with TAM :**
MONO NEST DEFIED operator with TAM [48a, b].

g)* **MODE operand : MODE NEST ADIC operand** [c].

[Beispiele:

a) $-x + 1$ b) $-x$

c) $-x$ • 1]

5.4.2.2. Semantik

Das Ergebnis W einer Formel (**formula**) F in einer Umgebung U wird wie folgt bestimmt:

- R sei die Routine, die durch den Operator (**operator**) von F in U geliefert wird;
- $V_1, \ldots, V_n$ [n ist 1 oder 2] seien die [kollateralen] Ergebnisse der Operanden (**operands**) von F, in einer Umgebung U1, die um U herum eingerichtet [lokal, s. 3.2.2.b] ist;
- W ist das Ergebnis des Aufrufs [5.4.3.2.b] von R in U1 mit $V_1, \ldots, V_n$;
- es wird gefordert, daß W keine neuere Lage hat als U.

[Man beachte, daß *a* ** *b* nicht genau dasselbe ist wie a^b in der üblichen Notation; tatsächlich ist der Wert des Vergleichs *(−1 ** 2 + 4 = 5)* ebenso **wahr** wie der von *(4 − 1 ** 2 = 3)*, denn das erste Minussymbol (**minus-symbol**) ist ein monadischer Operator (**monadic-operator**), wohingegen das zweite ein dyadischer Operator (**dyadic-operator**) ist.]

5.4.3. Aufrufe

[Aufrufe (**calls**) werden benutzt, um die Abarbeitung von Routinen mit aktuellen Parametern (**actual-parameters**) zu befehlen.

Beispiele:

sin (x) • *(p | sin | cos) (x)*.]

5.4.3.1. Syntax

a) **MOID NEST call** [5D] **: meek procedure with PARAMETERS yielding MOID NEST PRIMARY** [5D],
actual NEST PARAMETERS [b, c] **brief pack.**

b) **actual NEST PARAMETERS PARAMETER** [a, b] **:**
actual NEST PARAMETERS [b, c], **and also** [94f] **token,**
actual NEST PARAMETER [c].

c) **actual NEST MODE parameter** [a, b] :
strong MODE NEST unit [32d].

[Beispiele:

a) *put (stand out, x)* (s. 10.3.3.1.a)
b) *stand out, x*
c) *x*]

5.4.3.2. Semantik

a) Das Ergebnis W eines Aufrufs (**call**) C in einer Umgebung U wird wie folgt bestimmt:

- es seien R [eine Routine] und $V_1, \dots, V_n$ die [kollateralen] Ergebnisse des **PRIMARY** von C in U und der bestandteilbildenden aktuellen Parameter (**actual-parameters**) von C, in einer Umgebung U1, die um U herum eingerichtet [lokal, s. 3.2.2.b] ist;
- W ist das Ergebnis des Aufrufs [b] von R in U1 mit $V_1, \dots, V_n$;
- es wird gefordert, daß W keine neuere Lage hat als U.

b) Das Ergebnis W des "Aufrufs" einer Routine R in einer Umgebung U1, möglicherweise mit [Parameter-] Werten $V_1, \dots, V_n$, wird wie folgt bestimmt:

- U2 sei die Umgebung, die auf U1 und um die Umgebung von R herum eingerichtet ist [3.2.2.b], gemäß der bestandteilbildenden Deklarative (**declarative**) des Deklarativpackens (**declarative-pack**), falls vorhanden, des Routinetextes (**routinetext**) von R mit den Werten $V_1, \dots, V_n$, sofern existierend;
- W ist das Ergebnis in U2 der Einheit (**unit**) des Routinetextes (**routine-text**) von R.

[Man betrachte die folgende serielle Klausel (**serial-clause**)

```
proc samelson = (int n, proc (int) real f) real:
   begin long real s := long 0;
      for i to n do s +:= long f(i) ** 2 od;
      shorten long sqrt (s)
   end;
samelson (m, (int j) real : x1 [j]).
```

In diesem Kontext hat der letzte Aufruf (**call**) die gleiche Wirkung wie der folgende Zuschnitt (**cast**):

```
real (
   int n = m, proc (int) real f = (int j) real : x1[j];
   begin long real s := long 0;
      for i to n do s +:= leng f(i) ** 2 od;
      shorten long sqrt (s)
   end).
```

Die Übertragung der aktuellen Parameter (**actual-parameters**) ist somit ähnlich der Abarbeitung von Identitätsdeklarationen (**identity-declarations**) (4.4.2.a); siehe ebenso Einrichtung (3.2.2.b) und Zuschreibung (4.8.2.a).]

5.4.4. Sprünge

[Durch einen Sprung (**jump**) kann die Abarbeitung einer Serie (**series**) verlassen werden, und er kann veranlassen, daß irgendeine andere markierte Serie (**series**) an ihrer Stelle abgearbeitet wird.

Beispiele:

y := ***if*** *x* ≥ *0* ***then*** *sqrt (x)* ***else goto*** *princeton* ***fi goto*** *st pierre de chartreuse.*

Andererseits, wenn der Kontext den Modus '**Prozedur ergebend MOID**' ('**procedure yielding MOID**') erwartet, dann wird stattdessen eine Routine geliefert, deren Einheit (**unit**) jener Sprung (**jump**) ist, wie in ***proc void*** *m* := ***goto*** *north berwick.*]

5.4.4.1. Syntax

a) **strong MOID NEST jump** [5A] **: go to** [b] **option,**
  label NEST applied identifier with TAG [48b].

b) **go to** [a] **: STYLE go to** [94f, —] **token;**
  STYLE go [94f, —] **token, STYLE to symbol** [94g, —].

[Beispiele:

a) ***goto*** *kootwijk*   ***go to*** *warsaw*   *zandvoort*

b) ***goto***   ***go to***]

5.4.4.2. Semantik

Ein **MOID-NEST**-Sprung (**MOID-NEST-jump**) J in einer Umgebung U wird wie folgt abgearbeitet:

- die sich in U durch den Marken-Identifikator (**label-identifier**) von J ergebende Szene sei aus einer Serie (**series**) S2 und einer Umgebung U1 zusammengesetzt;

  Fall A: **MOID** ist keine '**Prozedur ergebend MOID1**' ('**procedure yielding MOID1**'):
  - S1 sei die Serie (**series**) der kleinsten [1.1.3.2.g] seriellen-Klausel (**serial-clause**), die S2 enthält;
  - die Abarbeitung von S1 in U1 oder irgendeiner Serie in U1, die an ihrer Stelle abgearbeitet wird, wird verlassen [2.1.4.3.e];
  - S2 in U1 wird "anstelle von" S1 in U1 abgearbeitet;

  Fall B: '**MOID**' ist eine '**Prozedur ergebend MOID1**' ('**procedure yielding MOID1**'):
  - J in U [ist damit vollständig abgearbeitet (komplettiert) und] liefert die Routine, die aus
    (i) einem neuen **MOID-NEST**-Routine-Text (**MOID-NEST-routine-text**), dessen Einheit (**unit**) verwandt ist (1.1.3.2.k) mit J und
    (ii) U1
    zusammengesetzt ist.

5.5. Mit Werten von jedem Modus verbundene Einheiten

5.5.1. Zuschnitte

[Zuschnitte (**casts**) können benutzt werden, um eine starke Position herzustellen. Zum Beispiel: ***ref real (xx)*** in ***ref real (xx)*** := *1*, ***ref book (nil)*** in *next* ***of*** *draft* :=: ***ref book (nil)*** und ***string*** *(p | c | r)* in *s*+:= ***string*** *(p | c | r)*.]

5.5.1.1. Syntax

a) **MOID NEST cast** [5D] **: formal MOID NEST declarer** [46b],
  strong MOID NEST ENCLOSED clause [31a, 33a, c, d, e, 34a, 35a, —].

[Beispiel:
a) ***ref book (nil)***]

[Das Ergebnis eines Zuschnittes (**cast**) ist durch die Vor-Abarbeitung (2.1.4.1.c) das Ergebnis seiner **ENCLOSED**-Klausel (**ENCLOSED-clause**).]

5.5.2. Lücken

5.5.2.1. Syntax

a) **strong MOID NEST skip** [5A] **: skip** [94f] **token.**

[Beispiel:
a) ***skip***]

5.5.2.2. Semantik

Das Ergebnis einer Lücke (**skip**) ist irgendein [undefinierter] Wert, der die gleiche Lage hat wie die Primärumgebung.

[Der Modus des Ergebnisses einer **MOID**-Lücke (**MOID-skip**) ist **MOID**. Eine Lösch-Lücke (**void-skip**) dient als eine Scheinanweisung und kann beispielsweise nach einer Marke (**label**) benutzt werden, die das Ende einer seriellen-Klausel (**serial-clause**) kennzeichnet.]

TEIL III

Kontextabhängigkeit

[Dieser Teil befaßt sich mit denjenigen Regeln, welche die betreffende syntaktische Struktur nicht verändern:

- den Transformationen von Modi, wie sie implizit durch den Kontext definiert werden, mit den ihnen zugeordneten Aktionen;
- der Syntax, die zum Feststellen der Äquivalenz der Modi benötigt wird und ebenso für die sichere Anwendung der in den Nestern enthaltenen Eintragungen (Modusidentifikatoren, Indikationen für Modi und Operatoren und Feldselektoren).]

6. Anpassung

[Die Regeln für die Anpassungen erzeugen ein Anzupassendes (**coercend**) aus einem Angepaßten (**coercee**) unter Beachtung dreier Kriterien:
Dem a priori Modus, d. h. dem Modus des Anzupassenden (**coercend**) vor der Anwendung irgendeiner Anpassung, dem a posteriori Modus, d. h. dem Modus des Angepaßten (**coercee**), wie er nach den Anpassungen verlangt wird, und der syntaktischen Position oder "Sorte" ("sort") des Angepaßten (**coercee**). Anpassungen können in vielfältiger Weise nacheinander auf dasselbe Objekt angewendet werden.

Es gibt sechs mögliche Anpassungen, die "Entprozedurieren" ("deproceduring"), "Entreferenzieren" ("dereferencing"), "Vereinen" ("uniting"), "Erweitern" ("widening"), "Reihen" ("rowing") und "Löschen" ("voiding") genannt werden. Jede Anpassung, abgesehen vom "Vereinen" schreibt eine entsprechende dynamische Wirkung (während der Abarbeitungsphase) auf die zugeordneten Werte vor. Somit wird durch die Anpassungen eine gewisse Anzahl primitiver Aktionen implizit programmiert.

Anpassungen oder Typwandlungen, die im Programm automatisch erfolgen, gibt es in allen bekannten Programmiersprachen, oft war allerdings der Einsatz dem Gefühl des Compilerkonstrukteurs überlassen. So sind das Entprozedurieren als Übergang von einer Prozedur zum berechneten Wert bei Prozedur- oder Funktionsaufrufen, das Entreferenzieren beim Übergang von einer Variablenbezeichnung zu ihrem Wert in Ausdrücken, das Erweitern bei der Typwandlung von 'ganz' ('**integral**') zu 'real' oder beim Übergang von 'real' zu 'komplex' ('**complex**') und auch das Löschen oder Vernichten eines Zwischenwertes beim Übergang zur nächsten Anweisung bekannt. In ALGOL 68 wird bei der Vielzahl von Modi (Typen) die gesamte Anpassung syntaktisch reglementiert. Dadurch bedingt werden alle Anpassungen bereits während der Compilierphase als notwendig erkannt und Typ- oder Modusprüfungen entfallen während der Laufzeit. Eine höhere Effizienz ist die Folge.]

6.1. Angepaßte

[Ein Angepaßtes (**coercee**) ist eine Sprachkonstruktion, deren Erzeugungsbaum mit einer Folge von Anpassungen beginnen kann und dann in einem Anzupassenden (**coercend**) endet. Die Reihenfolge der (vollständigen Ausführung der) Abarbeitung der Anpassungen ist deshalb vom Anzupassenden (**coercend**) zum Angepaßten (**coercee**) (aus diesem Grund wurden auch die Parabegriffe "Anzupassendes" und "Angepaßtes" (**coercend**, **coercee**) so und nicht anders gewählt). Zum Beispiel ist *i* in ***real*** (*i*) ein Angepaßtes (**coercee**), dessen Erzeugungsbaum 'erweitert zu' ('**widened to**') und 'entreferenziert zu' ('**dereferenced to**') in dieser Reihenfolge vom Angepaßten (**coercee**) zum Anzupassenden (**coercend**) enthält. Man beachte dabei, daß das Entreferenzieren ausgeführt sein muß, bevor das Erweitern stattfinden kann.

Der zugehörige Erzeugungsbaum (mit Unterdrückung des '**NEST**', des 'angewandt' ('**applied**') und des 'mit **TAG**' ('**with TAG**') und unter Auslassung der nicht sichtbaren (unechten) Teilbäume) ist:

'starkes real Identifikator Angepaßtes'
('**strong real identifier coercee**')
↓ 6.1.1.a
→ 'erweitert zu real Identifikator'
('**widened to real identifier**')
Erweiterungsanpassung ↓ 6.5.1.a
↑← 'entreferenziert zu ganzzahligem Identifikator'
('**dereferenced to integral identifier**')
Entreferenzierungsanpassung ↓ 6.2.1.a
↑
'unverändert von Referenz zu ganzzahligem Identifikator'
('**unchanged from reference to integral identifier**')
↓ 6.1.1.f
'Referenz zu ganzzahligem Identifikator' (Anzupassendes)
('**reference to integral identifier**' (**coercend**))
↓ 4.8.1.b, 9.1.f
'Buchstabe i Symbol'
('**letter i symbol**').]

6.1.1. Syntax

A) **STRONG** [a, 66a] :: **FIRM** [B] ; **widened to** [65a,b,c,d] ;
rowed to [66a] ; **voided to** [67a,b].

B) **FIRM** [A,b] :: **MEEK** [C] ; **united to** [64a].

C) **MEEK** [B,c,d,62a,63a,64a,65a,b,c,d] :: **unchanged from** [f] ;
dereferenced to [62a] ; **deprocedured to** [63a].

D) **SOFT** [e, 63b] :: **unchanged from** [f] ;
softly deprocedured to [63b].

E) **FORM :: MORF ; COMORF.**

F) **MORF :: NEST selection ; NEST slice ; NEST routine text ;
NEST ADIC formula ; NEST call ;
NEST applied identifier with TAG.**

G) **COMORF :: NEST assignation ; NEST identity relation ;**
NEST LEAP generator ; NEST cast ; NEST denoter ;
NEST format text.

a) **strong MOID FORM coercee** [5A,B,C,D, A341i] **:**
where (FORM) is (MORF), STRONG [A] **MOID MORF ;**
where (FORM) is (COMORF), STRONG [A] **MOID COMORF,**
unless (STRONG MOID) is (deprocedured to void).

b) **firm MODE FORM coercee** [5A,B,C,D, 542c] **: FIRM** [B] **MODE FORM.**

c) **meek MOID FORM coercee** [5A,B,C,D] **: MEEK** [C] **MOID FORM.**

d) **weak REFETY STOWED FORM coercee** [5A,B,C,D] **:**
MEEK [C] **REFETY STOWED FORM,**
unless (MEEK) is (dereferenced to) and (REFETY) is (EMPTY).

e) **soft MODE FORM coercee** [5A,B,C,D] **: SOFT** [D] **MODE FORM.**

f) **unchanged from MOID FORM** [C,D, 67a,b] **: MOID FORM.**

g) ***SORT MOID coercee : SORT MOID FORM coercee** [a,b,c,d,e].

h) ***MOID coercend : MOID FORM.**

[Beispiele:

a) *3.14* (in *x* := *3.14*)
b) *3.14* (in *x* + *3.14*)
c) *sin* (in *sin(x)*)
d) *x1* (in *x1[2]* := *3.14*)
e) *x* (in *x* := *3.14*)]

[Wegen des '**MOID FORM**' (Regel f) sehe man die Querreferenzen nach, die in den Regeln 5.1.A,B,C,D jeweils vor "**coercee**" (Angepaßtes) eingefügt sind. Man beachte dabei jedoch, daß eine '**MOID FORM**' auch zu einer Sackgasse Anlaß geben kann. Auf Sackgassen im Erzeugungsbaum wird in diesem Kapitel nicht besonders verwiesen.]

[Es gibt fünf Sorten syntaktischer Positionen. Sie sind:

- "starke" ("strong") Positionen, d. h. aktuelle-Parameter (**actual-parameters**), z. B. *x* in *sin(x)*, Herkünfte (**sources**), z. B. *x* in *y* := *x*, die **ENCLOSED**-Klausel (**ENCLOSED-clause**) eines Zuschnitts (**cast**), z. B. ***(nil)*** in ***ref book (nil)*** und Anweisungen (**statements**), z. B. *y* := *x* in (*y* := *x*; *x* := *0*);
- "feste" ("firm") Positionen, d. h. Operanden (**operands**), z. B. *x* in *x* + *y*;
- "milde" ("meek") Positionen, d. h. Abfrageklauseln (**enquiry-clauses**), z. B. *x* > *0* in ***if*** *x* > *0* ***then*** *x* ***else*** *0* ***fi***,
  Grenzindizes (**boundscripts**), z. B. *i* in *x1[i]* und das **PRIMARY** eines Aufrufs (**call**), z. B. *sin* in *sin(x)*;
- "schwache" ("weak") Positionen, d. h. das **SECONDARY** einer Selektion (**selection**) und das **PRIMARY** eines Schnittes (**slice**), z. B. *x1* in *x1[i]*;
- "sanfte" ("soft") Positionen, d. h. Bestimmungen (**destinations**), z. B. *x* in *x* := *y* und eine der **TERTIARY**s einer Identitäts-Relation (**identity-relation**), z. B. *x* in *xx* :=: *x*.

Starke Positionen treten außerdem beim Balancieren auf (3.2.1.e).

In starken Positionen dürfen alle sechs Anpassungen angewandt werden. In festen Positionen sind das Reihen, Erweitern und Löschen verboten. In milden und schwachen Positionen ist auch noch das Vereinen verboten und in sanften Positionen ist nur noch das Entprozedurieren erlaubt. Jedoch kann ein entreferenziert-zu-**STOWED-FORM** (**dereferenced-to-STOWED-FORM**) nicht direkt aus einem schwachen-**STOWED-**

FORM-Angepaßten (**weak-STOWED-FORM-coercee**) abgeleitet werden (Regel d), da anderenfalls *x* := *x1[i]* syntaktisch mehrdeutig sein würde (obwohl in diesem Beispiel nicht semantisch mehrdeutig). Ferner darf ein entprozeduriert-zu-lösch-**COMORF** (**deprocedured-to-void-COMORF**) nicht direkt aus einem starken-lösch-**COMORF**-Angepaßten (**strong-void-COMORF-coercee**) abgeleitet werden (Regel a), da sonst

(proc void** engelfriet; **proc void** rijpens = **skip**; engelfriet := rijpens; **skip)

mehrdeutig sein würde.]

6.2. Entreferenzieren

[Entreferenzieren dient zur Lieferung des Wertes, zu dem ein Name referiert, wie z. B. in *x* := *y*, wo *y* zunächst einen Namen liefert, der zu einer Realzahl referiert, und diese Zahl soll dem Namen zugewiesen werden, der von *x* geliefert wird. Der a priori Modus von *y*, welcher als ein Anzupassendes (**coercend**) betrachtet wird, ist 'Referenz zu real' ('**reference to real**') und sein a posteriori Modus, sobald *y* als ein Angepaßtes (**coercee**) angesehen wird, ist '**real**'.]

6.2.1. Syntax

a) **dereferenced to** [61C] **MODE1 FORM :**
  MEEK [61C] **REF to MODE2 FORM,**
   where MODE2 deflexes to MODE1 [47a,b,c,—].

[Beispiel:

a) *x* (in ***real** (x)*)]

6.2.2. Semantik

Das Ergebnis W eines entreferenziert-zu-**MODE-FORM** (**dereferenced-to-MODE-FORM**) F wird wie folgt bestimmt:

- es sei [der Name] N das Ergebnis der **MEEK-FORM** von F;
- es ist erforderlich, daß N nicht nil ist;
- W ist der Wert, zu dem N referiert.

6.3. Entprozedurieren

[Das Entprozedurieren wird verwendet, wenn eine Routine ohne Parameter aufgerufen wird. Z. B. wird in *x* := *random* die von *random* gelieferte Routine aufgerufen und erst die errechnete Realzahl wird zugewiesen. Der a posteriori Modus von *random* ist '**real**'. Syntaktisch wird beim Entprozedurieren ein anfängliches 'Prozedur liefernd' ('**procedure yielding**') vom a priori Modus entfernt.]

6.3.1. Syntax

a) **deprocedured to** [61C, 67a] **MOID FORM :**
  MEEK [61C] **procedure yielding MOID FORM.**

b) **softly deprocedured to** [61D] **MODE FORM :**
SOFT [61D] **procedure yielding MODE FORM.**

[Beispiele:

a) *random* (in ***real*** *(random)*)

b) *x or y* (in *x or y* := *3.14*, siehe auch 1.1.2)]

6.3.2. Semantik

Das Ergebnis W eines entprozeduriert-zu-**MOID-FORM** (**deprocedured-to-MOID-FORM**) oder eines sanft-entprozeduriert-zu-MODE-FORM (**softly-deprocedured-to-MODE-FORM**) F wird in einer Umgebung U wie folgt bestimmt:

- es sei [die Routine] R das Ergebnis in U vom direkten Nachkommen von F;
- W ist das Ergebnis des Aufrufes [5.4.3.2.b] von R in U;
- es ist erforderlich, daß W keine neuere Lage als U hat.

6.4. Vereinen

[Das Vereinen ändert nicht den Modus eines Wertes, den eine Sprachkonstruktion während der Laufzeit liefert, sondern es gibt ihm ganz einfach mehr Freiheit. Dieser Wert braucht nicht mehr gerade für einen Modus akzeptierbar zu sein, sondern es genügt, wenn er für einen aus einer gegebenen Menge von Modi akzeptierbar ist. Jedoch nach einem Vereinen kann ein solcher Wert nur dann noch Objekt einer primitiven Aktion sein, wenn er dynamisch in einer Konformitätsklausel (**conformity-clause**) (3.4.1.q) getestet wurde. Tatsächlich kann keine primitive Aktion mit einer Sprachkonstruktion von einem '**UNITED**' Modus programmiert werden (außer dem Zuweisen zu einer **UNITED**-Variablen (**UNITED-variable**) natürlich).

Beispiel:

union (bool, char) *t, v;*
t := *"a"; t* := ***true***; *v* := *t*.]

6.4.1. Syntax

a) **united to** [61B] **UNITED FORM : MEEK** [61C] **MOID FORM,**
where MOID unites to UNITED [b].

b) **WHETHER MOID1 unites to MOID2** [a, 34i, 71m] **:**
where MOID1 equivalent MOID2 [73a], **WHETHER false ;**
unless MOID1 equivalent MOID2 [73a],
WHETHER safe MOODS1 subset of safe MOODS2 [73l,m,n],
where (MOODS1) is (MOID1)
or (union of MOODS1 mode) is (MOID1),
where (MOODS2) is (MOID2)
or (union of MOODS2 mode) is (MOID2).

[Beispiele:

a) *x* (in *uir* := *x*)
u (in ***union (char, int, void)*** *(u)*
in einem Zugriffsbereich, der
union (int, void) *u* := ***empty*** enthält.)]

6.5. Erweitern

[Das Erweitern transformiert ganze Zahlen in Realzahlen, Realzahlen in komplexe Zahlen (in beiden Fällen vom gleichen Umfang), einen Wert vom Modus '**BITS**' zu einem nicht gepackten (nicht in einem Maschinenwort untergebrachten) Vektor von Wahrheitswerten, oder einen Wert vom Modus '**BYTES**' in einen nicht gepackten Vektor von Zeichen.

Zum Beispiel wird in *z* := *1* das Ergebnis der *1* zu einer Realzahl 1.0 erweitert und dann noch einmal zu der komplexen Zahl (1.0, 0.0). Syntaktisch wird der durch ***int*** spezifizierte a priori Modus in den, der durch ***real*** und dann in den, der durch ***compl*** spezifiziert wird, gewechselt.]

6.5.1. Syntax

A) **BITS :: structured with**
row of boolean field SITHETY letter aleph mode.
B) **BYTES :: structured with**
row of character field SITHETY letter aleph mode.
C) **SITHETY :: LENGTH LENGTHETY ; SHORTH SHORTHETY ; EMPTY.**
D) **LENGTH :: letter l letter o letter n letter g.**
E) **SHORTH :: letter s letter h letter o letter r letter t.**
F) **LENGTHETY :: LENGTH LENGTHETY ; EMPTY.**
G) **SHORTHETY :: SHORTH SHORTHETY ; EMPTY.**
a) **widened to** [b, 61A] **SIZETY real FORM :**
MEEK [61C] **SIZETY integral FORM.**
[**SIZETY :: long LONGSETY ; short SHORTSETY ; EMPTY.**]
b) **widened to** [61A]
structured with SIZETY real field letter r letter e
SIZETY real field letter i letter m mode FORM :
MEEK [61C] **SIZETY real FORM ;**
widened to [a] **SIZETY real FORM.**
c) **widened to** [61A] **row of boolean FORM : MEEK** [61C] **BITS FORM.**
d) **widened to** [61A] **row of character Form :**
MEEK [61C] **BYTES FORM.**

[Beispiele:
a) *1* (in *x* := *1*)
b) *1.0* (in *z* := *1.0*) und *1* (in *z* := *1*)
c) *2r101* (in *[ ]* ***bool*** *(2r101)*)
d) *r* (in *[ ]* ***char*** *(r)*, siehe 1.1.2)]

6.5.2. Semantik

Das Ergebnis W eines erweitert-zu-**MODE-FORM** (**widened-to-MODE-FORM**) F wird wie folgt bestimmt:

- es sei V das Ergebnis des direkten Nachkommen von F;

Fall A: '**MODE**' ist irgendein '**SIZETY real**':

- W ist die Realzahl, die aus V erweiterbar ist [2.1.3.1.e];

Fall B: '**MODE**' ist irgendein 'strukturiert mit **SIZETY** real Feld Buchstabe r Buchstabe e **SIZETY** real Feld Buchstabe i Buchstabe m Modus' ('**structured with SIZETY real field letter r letter e SIZETY real field letter i letter m mode**'):

- W ist [die komplexe Zahl, welche ist] der strukturierte Wert, dessen Felder der Reihe nach durch V und die Realzahl 0 vom selben Umfang [2.1.3.1.b] wie V gebildet werden;

Fall C: '**MODE**' ist 'Reihe von Boolesch' ('**row of boolean**') oder 'Reihe von Zeichen' ('**row of character**'):

- W ist das [einzige] Feld von V.

6.6. Reihen

[Das Reihen erlaubt das Bilden von mehrfachen Werten aus einem einzelnen Element. Wenn dieses ein Name ist, dann ist das Resultat des Reihens auch ein Name, der zu einem mehrfachen Wert mit dem Einzelelement referiert, zu dem der ursprüngliche Name referierte.

Beispiel:

[1 : 1] ***real*** *b1 := 4.13*]

6.6.1. Syntax

a) **rowed to** [61A] **REFETY ROWS1 of MODE FORM :**
where (ROWS1) is (row), STRONG [61A] **REFLEXETY MODE FORM,**
where (REFETY) is derived from (REFLEXETY) [531b,c, -];
where (ROWS1) is (row ROWS2),
STRONG [61A] **REFLEXETY ROWS2 of MODE FORM,**
where (REFETY) is derived from (REFLEXITY) [531b,c, -].

[Beispiele:

a) *4.13* (in *[1 : 1]* ***real*** *b1 := 4.13*)
x1 (in *[1 : 1, 1 : 1]* ***real*** *b2 := x1*)]

6.6.2. Semantik

a) Das Ergebnis W eines gereiht-zu-**REFETY-ROWS1**-von-**MODE-FORM** (**rowed-to-REFETY-ROWS1-of-MODE-FORM**) F wird wie folgt bestimmt:

- es sei V das Ergebnis der **STRONG-FORM** von F:

Fall A: '**REFETY**' ist '**EMPTY**':

- W ist der mehrfache Wert, der aus V zu '**ROWS1**' "aufgebaut" [b ("built" auch als "gebildet")] wird;

Fall B: '**REFETY**' ist '**REF** zu' ('**REF to**'):

Wenn V nil ist, dann ist auch W ein nil Name, anderenfalls ist W der aus V zu '**ROWS1**' "aufgebaute" [c ("built" auch als "gebildet")] Name.

b) Der mehrfache Wert W wird aus dem mehrfachen Wert V "aufgebaut" ("built"), und zwar zum '**ROWS1**' Modus, indem wie folgt verfahren wird:

Fall A: '**ROWS1**' ist 'Reihe' ('**row**'):

- W ist zusammengesetzt aus
  - (i) einem Deskriptor ((1, 1)),
  - (ii) [einem Element] V;

Fall B: '**ROWS1**' ist irgendein 'Reihe **ROWS2**' ('**row ROWS2**'):

- es sei ((u_1, o_1), ... , (u_n, o_n)) der Deskriptor von V;
- W wird zusammengesetzt aus
  - (i) einem Deskriptor ((1, 1), (u_1, o_1), ... , (u_n, o_n)),
  - (ii) den Elementen von V;
- das Element, welches durch eine Indizierung (i_1, ... , i_n) aus V selektiert wird, wird durch die Indizierung (1, i_1, ... , i_n) aus W selektiert.

c) der Name N1, der aus einem Namen N für einen gewissen '**ROWS1**' Modus "aufgebaut" ("built") wird, wird wie folgt bestimmt:

- N1 ist ein [nicht notwendig neu eingerichteter] Name von gleicher Lage wie N und referiert zu demjenigen mehrfachen Wert, der für den Modus '**ROWS1**' aus dem Wert aufgebaut [b] wurde, zu dem der Name N referierte;

Fall A: '**ROWS1**' ist 'Reihe' ('**row**'):

- der [einzige] Komponentenname von N1 ist N;

Fall B: '**ROWS1**' ist irgendein 'Reihe **ROWS2**' ('**row ROWS2**'):

- der durch (1, i_1, .. , i_n) selektierte Komponentenname von N1 ist der durch (i_1, ... , i_n) selektierte Komponentenname von N.

6.7. Löschen

[Das Löschen wird zum Vernichten des Ergebnisses einer gewissen Einheit (**unit**) benutzt. Der einzige Zweck einer solchen Einheit besteht dann in der Auswirkung ihrer Nebeneffekte. Der a posteriori Modus einer gelöschten Einheit ist einfach 'lösch' ('**void**'). Zum Beispiel wird in x := **1**; y :=**1**; die Zuweisung y := **1** (bei Abarbeitung des Semikolon ";") gelöscht, und in

proc *t* = ***int*** : ***entier*** *(random * 100); t;*

wird der angewandte-Identifikator (**applied-identifier**) *t* gelöscht, und zwar nach einem Entprozedurieren, welches den Aufruf einer Routine veranlaßt.

Zuweisungen (**assignations**) und andere **COMORFs** werden ohne jedwedes Entprozedurieren gelöscht, sodaß in

proc void *p*; *p* := *finish*

die Zuweisung *p* := *finish* keinen unerwarteten Aufruf der Routine *finish* auslöst.]

6.7.1. Syntax

A) **NONPROC :: PLAIN ; STOWED ; REF to NONPROC ;
procedure with PARAMETERS yielding MOID ; UNITED.**

a) **voided to** [61A] **void MORF :**
deprocedured to [63a] **NONPROC MORF ;**
unchanged from [61f] **NONPROC MORF.**
b) **voided to** [61A] **void COMORF :**
unchanged from [61f] **MODE COMORF.**

[Beispiele:

a) *random* (in ***skip***; *random;*)
next random (last random)
(in ***skip***; *next random (last random);*)
b) ***proc void*** *(pp)*
(in ***proc proc void*** *pp* =
proc void : *(print(1);* ***void*** : *print(2));* ***proc void*** *(pp);*)]

6.7.2. Semantik

Die Abarbeitung eines gelöscht-zu-lösch-**FORM** (**voided-to-void-FORM**) besteht in der Abarbeitung seines direkten Nachkommen und liefert den Leerwert (**empty**).

7. Modi und Nester

[Die Identifizierung einer Eintragung in einem Nest ist das statische Gegenstück der dynamischen Bestimmung (4.8.2.b) eines Wertes in einer Umgebung: der verwendete Suchprozeß führt vom neuesten (jüngsten) Niveau zu den vorherigen (älteren).

Modi werden aus primitiven Modi, wie z. B. '**boolean**', mit Hilfe der Enderzeugungen von '**HEAD**', wie z. B. '**structured with**', zusammengesetzt. Sie können rekursiv sein. Rekursive Modi, die auf verschiedene Weise aufzählbar sind, können trotzdem äquivalent sein. Die Syntax testet die Äquivalenz solcher Modi, indem sie nachweist, daß es keine Unstimmigkeiten zwischen ihren Strukturen oder Moduskomponenten gibt.

Gewisse unkorrekte Eintragungen werden verhindert. Ein Identifikator (**identifier**) oder eine Modusindikation (**mode-indication**) ist nicht mehr als einmal in einem Zugriffsbereich deklariert. Die Modi der Operanden (**operands**) einer Formel (**formula**) bestimmen höchstens eine Operation. Rekursionen in den Modi rufen nicht die Bildung dynamischer Objekte von unbeschränkter Größe hervor und erlauben keine mehrdeutigen Anpassungen.]

7.1. Unabhängigkeit von Eintragungen

[Die folgende Syntax legt fest, ob zwei Eintragungen (d. h. zwei Enderzeugungen von '**PROP**'), z. B. solche, wie sie ***real*** *x* und ***int*** *x* entsprechen, durch das gleiche '**LAYER**' umfaßt werden dürfen.]

7.1.1. Syntax

A) **PREF :: procedure yielding; REF to.**
B) **NONPREF :: PLAIN; STOWED; UNITED; void;**
procedure with PARAMETERS yielding MOID.
C) ***PREFSETY :: PREF PREFSETY; EMPTY.**
[PROP :: DEC; LAB; FIELD.
QUALITY :: MODE; MOID TALLY; DYADIC; label; MODE field.
TAX :: TAG; TAB; TAD; TAM.
TAO :: TAD; TAM.]
a) **WHETHER PROP1 independent PROPS2 PROP2** [a, 48a,c, 72a] **:**
WHETHER PROP1 independent PROPS2 [a,c] **and**
PROP1 independent PROP2 [c].
b) **WHETHER PROP independent EMPTY** [48a,c, 72a] **: WHETHER true.**
c) **WHETHER QUALITY1 TAX1 independent QUALITY2 TAX2** [a, 48a,c, 72a] **:**
unless (TAX1) is (TAX2), WHETHER true;
where (TAX1) is (TAX2) and (TAX1) is TAO),
WHETHER QUALITY1 independent QUALITY2 [d].
d) **WHETHER QUALITY1 independent QUALITY2** [c] **:**
where QUALITY1 related QUALITY2 [e,f,g,h,i,j,—],
WHETHER false; unless QUALITY1 related QUALITY2
[e,f,g,h,i,j,—], **WHETHER true.**
e) **WHETHER MONO related DUO** [d] **: WHETHER false.**
f) **WHETHER DUO related MONO** [d] **: WHETHER false.**
g) **WHETHER PRAM related DYADIC** [d] **: WHETHER false.**
h) **WHETHER DYADIC related PRAM** [d] **: WHETHER false.**
i) **WHETHER procedure with MODE1 parameter MODE2 parameter**
yielding MOID1
related procedure with MODE3 parameter MODE4 parameter
yielding MOID2 [d] **:**
WHETHER MODE1 firmly related MODE3 [k]
and MODE2 firmly related MODE4 [k].
j) **WHETHER procedure with MODE1 parameter yielding MOID1**
related procedure with MODE2 parameter yielding MOID2
[d] **: WHETHER MODE1 firmly related MODE2** [k].
k) **WHETHER MOID1 firmly related MOID2** [i,j] **:**
WHETHER MOODS1 is firm MOID2 [l,m]
or MOODS2 is firm MOID1 [l,m],
where (MOODS1) is (MOID1)
or (union of MOOD1 mode) is (MOID1),
where (MOODS2) is (MOID2)
or (union of MOODS2 mode) is (MOID2).
l) **WHETHER MOODS MOOD is firm MOID** [k, l] **:**
WHETHER MOODS is firm MOID [l,m]
or MOOD is firm MOID [m].
m) **WHETHER MOID1 is firm MOID2** [k,l,n, 47f] **:**
WHETHER MOID1 equivalent MOID2 [73a]

or MOID1 unites to MOID2 [64b]
or MOID1 deprefs to firm MOID2 [n].

n) **WHETHER MOID1 deprefs to firm MOID2** [m] :
where (MOID1) is (PREF MOID3),
WHETHER MOID5 is firm MOID2 [m],
where MOID3 deflexes to MOID5 [47a,b,c];
where (MOID1) is (NONPREF), WHETHER false.

[Um einer mehrdeutigen Anwendung von Indikatoren (**indicators**) vorzubeugen, wie z. B. in ***real*** *x*, ***int*** *x; x* := 0, sind den definierenden-Indikatoren (**defining-indicators**) (ein Indikator heißt definierender-Indikator, wenn er definiert wird), die in einem bestimmten Zugriffsbereich enthalten sind, bestimmte Beschränkungen auferlegt. Diese werden durch einen syntaktischen Test durchgesetzt, der die "Unabhängigkeit" von Eintragungen prüft, die durch ein gegebenes '**LAYER**' (Regeln a, b, c) umfaßt werden. Eine hinreichende Bedingung — im obigen Beispiel ist sie nicht erfüllt — für die Unabhängigkeit eines Paares von Eintragungen, die irgendein '**QUALITY TAX**' darstellen, ist, daß die '**TAX**' voneinander verschieden sind (Regel c). Für die '**TAX**', die keine '**TAO**' sind, ist diese Bedingung auch notwendig, so daß ***real*** *x*, ***int*** *x;* ***skip*** keine serielle-Klausel (**serial-clause**) ist.

Für zwei Eintragungen '**QUALITY1 TAO**' bzw. '**QUALITY2 TAO**' ist der Unabhängigkeitstest komplizierter, wie das folgende Beispiel einer seriellen-Klausel (**serial-clause**) zeigt:

op *+= (**int** i)* ***bool*** : ***true***, ***op*** *+= (**int** i, j)* ***int*** : *1*,
op *+= (**int** i,* ***bool*** *j)* ***int*** : *2*, ***prio*** *+=* 6;
0 ++ 0 **c** | = *2* **c** |

Mehrdeutigkeiten treten auf in

prio *+= 6, += 7; 1 + 2 * 3* **c** | *7 oder 9 ?* **c** |

und in

op *z = (**int** i)* ***int*** : *1*, ***mode*** *z =* ***int;***
z i **c** | *Formel oder Deklaration ?* **c** | *;* ***skip***

und in

op ? = *(**union** (**ref real**, **char**) a)* ***int*** : *1*,
op ? = *(**real** a)* ***int*** : *2;*
? ***loc real*** **c** | *1 oder 2 ?* **c** |

In solchen Fällen wird ein Test auf die Unabhängigkeit der beiden '**QUALITY**' durchgeführt (Regeln c,d). Ein '**MOID TALLY**' ist niemals unabhängig von '**QUALITY**' (Regel d). Ein '**MONO**' ist immer unabhängig von '**DUO**' (Regeln d, e, f), und beide sind unabhängig von '**DYADIC**' (d. h. von '**priority PRIO**') (Regeln d, g, h). Im Falle zweier '**PRAM**', die beide '**MONO**' oder beide '**DUO**' sind, können Mehrdeutigkeiten auftreten, wenn die Modi der entsprechenden Parameter "fest verwandt" sind. D. h. im Falle '**MONO**', daß ein Operandenmodus existiert, der fest anpaßbar ist an den Parametermodus jedes '**PRAM**' (Regel j). Im Falle '**DUO**' heißt es, daß ein Paar von Operandenmodi existiert, welches fest anpaßbar ist an das Paar von Parametermodi jedes '**PRAM**' (Regel i). Im Beispiel mit den zwei Definitionen von ? sind die zugehörigen '**PRAM**' verwandt, da die Modi, die durch ***union (ref real, char)*** und ***real*** spezifiziert werden, fest verwandt sind. Der Modus, der durch ***ref real*** spezifiziert wird, ist fest anpaßbar an beide Modi.

Man kann zeigen, daß zwei Modi fest verwandt sind, wenn einer von beiden oder irgendeine Komponente von einem der beiden, die '**MOOD**' ist, fest angepaßt werden kann an den anderen Modus (Regeln k, l). Das erfordert eine Folge von Null oder mehr milder Anpassungen, denen maximal eine Vereinigung (6.4.1.a) folgt. Die Möglichkeit einer solchen Folge von Anpassungen zwischen zwei Modi wird durch das Prädikat '**is firm**' (Regeln m, n) gegeben.

Ein '**PROP1**' verhindert auch den Zugriff zu einem '**PROP2**' in einem äußeren '**LAYER**', falls '**PROP2**' nicht unabhängig von '**PROP1**' ist, z. B. in

begin int *x;*
  begin real *x;* **c**/ hier ist '**PROP1**' '**reference to real letter x**'
    c/
    skip
  end
end

und genauso in

begin op *?= (**int** i) **int** : 1, **int** k := 2;*
  begin op *?= (**ref int** i) **int** : 3;*
    ? k **c**/ liefert den Wert *3*, aber *?4* darf hier nicht auftreten, da zu seinem Operator kein Zugriff besteht **c**/
  end
end]

7.2. Identifizierung in Nestern

[Dieser Abschnitt sichert ab, daß zu jedem angewandten-Indikator (**applied-indicator** eine entsprechende Eintragung in irgendeinem geeigneten '**LAYER**' des Nestes existiert.]

7.2.1. Syntax

[**PROPSETY :: PROPS; EMPTY.**
PROPS :: PROP; PROPS PROP.
PROP :: DEC; LAB; FIELD.
QUALITY ::
  MODE; MOID TALLY; DYADIC; label; MODE field.
TAX :: TAG; TAB; TAD; TAM.]

a) **WHETHER PROP identified in NEST new PROPSETY** [a, 48b, 542a] :
  where PROP resides in PROPSETY [b,c,–], **WHETHER true;**
  where PROP independent PROPSETY [71a,b,c],
    WHETHER PROP identified in NEST [a,–].

b) **WHETHER PROP1 resides in PROPS2 PROP2** [a,b, 48d] :
  WHETHER PROP1 resides in PROP2 [c,–]
    or PROP1 resides in PROP2 [b,c,–].

c) **WHETHER QUALITY1 TAX resides in QUALITY2 TAX** [a,b, 48d] :
  where (QUALITY1) is (label) or (QUALITY1) is (DYADIC)

or (QUALITY1) is (MODE field),
WHETHER (QUALITY1) is (QUALITY2);
where (QUALITY1) is (MOID1 TALLETY)
and (QUALITY2) is (MOID2 TALLETY),
WHETHER MOID1 equivalent MOID2 [73a].

[Ein Nest, ausgenommen das primäre Nest (welches nur aus '**new**' besteht), ist ein '**NEST LAYER**' (d. h. irgendein '**NEST new PROPSETY**'). Ein '**PROP**' wird dadurch identifiziert, daß man es zuerst in jenem '**LAYER**' aufsucht (Regel a). Falls es '**label TAX**' oder '**DYADIC TAX**' ist, dann genügt die Übereinstimmung der '**PROP**' (Regel c). Ist '**PROP**' ein '**MOID TALLETY TAX**', dann muß der Mechanismus der Überprüfung der Modusäquivalenz in Gang gesetzt werden (Regel c). Wird es nicht im '**LAYER**' gefunden, dann wird die Suche im '**NEST**' (ohne jenes '**LAYER**') fortgesetzt, vorausgesetzt, daß es unabhängig ist von jedem '**PROP**' in jenem '**LAYER**'. Ist die Voraussetzung nicht erfüllt, wird die Suche abgebrochen (Regel a). Es ist zu bemerken, daß die Regeln b und c eine doppelte Aufgabe erledigen, indem sie auch zur Kontrolle der Gültigkeit von angewandten-Feldselektoren (**applied-field-selectors**) (4.8.1.d) verwendet werden.]

7.2.2. Semantik

a) Wenn ein **NEST**-Definitionsbereich (**NEST-range**) D [3.0.1.f] einen angewandten-Indikator (**applied-indicator**) I [4.8.1.b] enthält, zu dem zwar ein Abkomme **where-PROP-identified-in-NEST-LAYER**, aber kein Abkomme **where-PROP-identified-in-NEST** existiert ('**NEST**' ist identisch mit dem '**NEST**' von D), dann ist D der "Definitionsbereich"(**range**) von I. [Beachte, daß '**NEST**' immer das außerhalb des Definitionsbereiches gültige Nest ist.]

b) Ein angewandter-Indikator (**QUALITY-applied-indicator-with-TAX**), dessen **NEST**-Definitionsbereich (**NEST-range**) [a] D ist, "identifiziert" einen definierenden-Indikator (**QUALITY-NEST-LAYER-defining-indicator-with-TAX**), der in D enthalten ist.

[Z. B. hat

*(c/ 1 c/ **real** i = 2.0; (c/ 2 c/ **int** i = 1; (c/ 3 c/ **real** x; print(i) c/ 3 c/)*
c/ 2 c/) c/ 1 c/)

drei Definitionsbereiche. Der angewandte-Identifikator (**applied-identifier**) *i* in *print(i)* ist gemäß der Syntax **integral-NEST-new-real-letter-i-new-integral-letter-i-new-reference-to-real-letter-x-applied-identifier-with-letter-i** (4.8.1.b). Sein Definitionsbereich ist **NEST-new-real-letter-i-serial-clause-defining-new-integral-letter-i** (3.2.1.a), numeriert mit *c/ 2 c/*. Er identifiziert den definierenden-Identifikator (**defining-identifier**) *i*, der in ***int*** *i* enthalten ist (aber nicht den in ***real*** *i*), und sein Modus ist somit '**integral**'.

[Man kann sagen, daß durch einen ähnlichen Mechanismus eine dyadische-Formel (**DYADIC-formula**) (5.4.2.1.a) einen definierenden-dyadischen-Operator (**DYADIC-defining-Operator**) (4.8.1.a) "identifiziert", der ihre Priorität festlegt.]

c) Die Umgebung U "notwendig für" eine Sprachkonstruktion K in einer Umgebung U1 ist folgendermaßen bestimmt:
Wenn U1 die Primärumgebung [2.2.2.a] ist,
dann ist U identisch mit U1,
sonst wird U so bestimmt:

U1 sei zusammengesetzt aus einem Lokalen L, welches einem '**PROPSETY**' zugehört, und einer anderen Umgebung U2.

Wenn K ein **QUALITY-applied-indicator-with-TAX** enthält,

- das einen definierenden-Indikator (**defining-indicator**) identifiziert [b], der nicht in K enthalten ist,
- das keine Modusindikation (**mode-indication**) ist, welche ein direkter Abkomme eines formalen-(**formal-**) oder virtuellen-(**virtual-**) Deklarierers (**declarer**) ist, und
- für das das Prädikat '**where QUALITY TAX resides in PROPSETY**' [7.2.1.b] gilt,

dann ist U gleich U1,

sonst ist [L nicht notwendig für K und] U die Umgebung notwendig für K in U2.

[Die Umgebung, die für eine Sprachkonstruktion notwendig ist, wird in der Semantik von Routinetexten (**routine-texts**) (5.4.1.2) und beim "Einrichten" (3.2.2.b) verwendet.

Z. B. in

*c/ 2 c/ **proc void** pp; **int** n; (c/ 1 c/ **proc** p = **void** : print(n); pp := p)*

sind die durch die Abarbeitung der seriellen-Klauseln (**serial-clauses**) errichteten Umgebungen U1 und U2 durch die Kommentare *c/ 1 c/* bzw. *c/ 2 c/* bezeichnet. U2 ist die für den Routinetext (**routine-text**) ***void*** : *print(n)* in U1 notwendige Umgebung, und so ist die Routine, die durch *p* in U1 geliefert wird, aus jenem Routinetext (**routine-text**) und U2 zusammengesetzt (5.4.1.2). Darum ist die Lebensdauer der Routine die Lebensdauer von U2 (2.1.3.5.c), und damit ist die Zuweisung (5.2.1.2.b) *pp* := *p* korrekt.]

7.3. Modusäquivalenz

[Die Äquivalenz bzw. Nichtäquivalenz zweier '**MOID**' wird in diesem Abschnitt definiert. Zur Diskussion über äquivalente Modi siehe 2.1.1.2.]

[Eine Betrachtungsweise von rekursiven Modi ist, sie als unendliche Bäume anzusehen. Einen solchen "Modusbaum "erhält man durch wiederholtes Ersetzen jedes '**MU application**' durch das '**MODE**' des '**MU definition of MODE**' in einer Modusnotierung. Damit ergibt die Modusnotierung '**mui definition of structured with integral field letter i reference to mui application field letter n mode**' den auf S. 108 dargestellten Modusbaum.

Zwei Modusnotierungen sind äquivalent genau dann, wenn sie identische Modusbäume ergeben. Die Äquivalenzsyntax testet die Äquivalenz zweier Modusnotierungen so, als würde sie simultan beide Bäume entfalten, bis ein Unterschied gefunden wird (durch eine Sackgasse erkenntlich) oder bis es offensichtlich ist, daß kein Unterschied gefunden werden kann. Der wachsende Erzeugungsbaum spiegelt bis zu einem gewissen Grade die Struktur der Modusbäume wider.]

7.3.1. Syntax

A) **SAFE :: safe; MU has MODE SAFE; yin SAFE; yang SAFE; remember MOID1 MOID2 SAFE.**

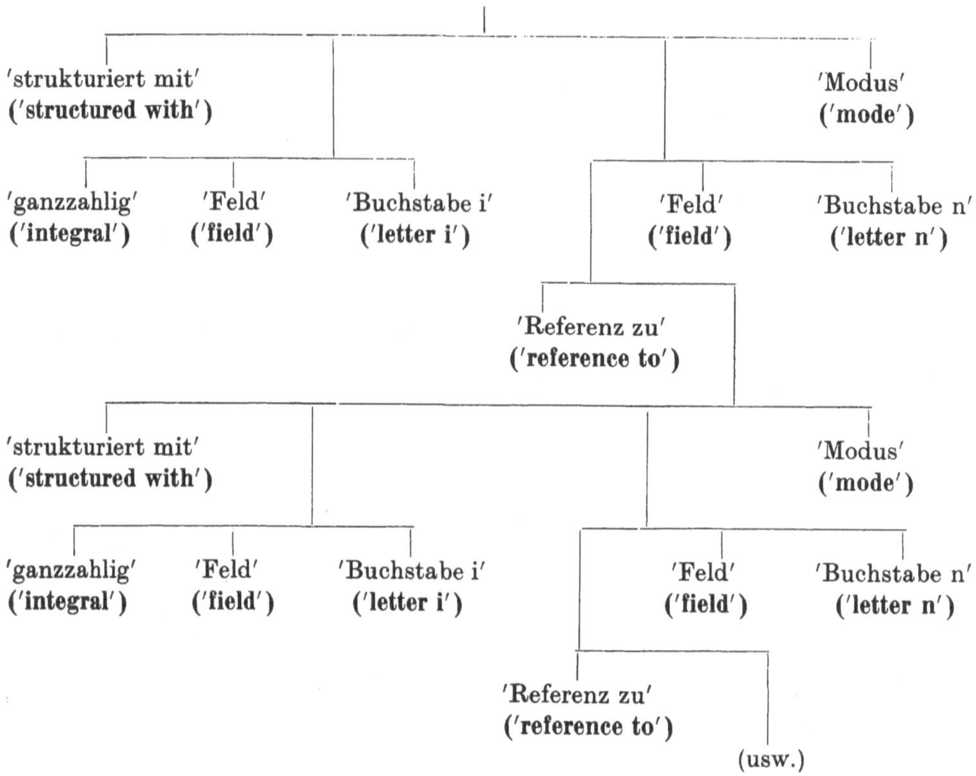

B) **HEAD :: PLAIN; PREF** [71A]; **structured with;**
    FLEXETY ROWS of; procedure with; union of; void.
C) **TAILETY :: MOID; FIELDS mode; PARAMETERS yielding MOID;**
    MOODS mode; EMPTY.
D) **PARTS :: PART; PARTS PART.**
E) **PART :: FIELD; PARAMETER.**
a) **WHETHER MOID1 equivalent MOID2** [64b, 71m, 72c] **:**
    WHETHER safe MOID1 equivalent safe 'MOID2' [b].
b) **WHETHER SAFE1 MOID1 equivalent SAFE2 MOID2** [a,b,e,i,j,n] **:**
    where (SAFE1) contains (remember MOID1 MOID2)
        or (SAFE2) contains (remember MOID2 MOID1),
        WHETHER true;
    unless (SAFE1) contains (remember MOID1 MOID2)
        or (SAFE2) contains (remember MOID2 MOID1),
        WHETHER (HEAD3) is (HEAD4)
        and remember MOID1 MOID2 SAFE3 TAILETY3
        equivalent SAFE4 TAILETY4 [b,d,e,k,q,−],
        where SAFE3 HEAD3 TAILETY3 develops from SAFE1
        MOID1 [c]
        and SAFE4 HEAD4 TAILETY4 develops from SAFE2
        MOID2 [c].

c) **WHETHER SAFE2 HEAD TAILETY develops from SAFE1 MOID** [b,c] :
where (MOID) is (HEAD TAILETY),
WHETHER (HEAD) shields SAFE1 to SAFE2 [74a,b,c,d,—];
where (MOID) is (MU definition of MODE),
unless (SAFE1) contains (MU has),
WHETHER SAFE2 HEAD TAILETY develops from
MU has MODE SAFE1 MODE [c];
where (MOID) is (MU application)
and (SAFE1) is (NOTION MU has MODE SAFE3)
and (NOTION) contains (yin) and (NOTION) contains (yang),
WHETHER SAFE2 HEAD TAILETY develops from SAFE1
MODE [c].

d) **WHETHER SAFE1 FIELDS1 mode equivalent SAFE2 FIELDS2 mode** [b] :
WHETHER SAFE1 FIELDS1 equivalent SAFE2 FIELDS2 [f,g,h,i].

e) **WHETHER SAFE1 PARAMETERS1 yielding MOID1**
equivalent SAFE2 PARAMETERS2 yielding MOID2 [b] :
WHETHER SAFE1 PARAMETERS1
equivalent SAFE2 PARAMETERS2 [f,g,h,j]
and SAFE1 MOID1 equivalent SAFE2 MOID2 [b].

f) **WHETHER SAFE1 PARTS1 PART1**
equivalent SAFE2 PARTS2 PART2 [d,e,f] :
WHETHER SAFE1 PARTS1 equivalent SAFE2 PARTS2 [f,g,h,i,j]
and SAFE1 PART1 equivalent SAFE2 PART2 [i,j].

g) **WHETHER SAFE1 PARTS1 PART1 equivalent SAFE2**
PART2 [d,e,f] : **WHETHER false.**

h) **WHETHER SAFE1 PART1 equivalent SAFE2 PARTS2 PART2** [d,e,f] :
WHETHER false.

i) **WHETHER SAFE1 MODE1 field TAG1**
equivalent SAFE2 MODE2 field TAG2 [d,f] :
WHETHER (TAG1) is (TAG2)
and SAFE1 MODE1 equivalent SAFE2 MODE2 [b].

j) **WHETHER SAFE1 MODE1 parameter equivalent SAFE2 MODE2**
parameter [e,f] :
WHETHER SAFE1 MODE1 equivalent SAFE2 MODE2 [b].

k) **WHETHER SAFE1 MOODS1 mode equivalent SAFE2 MOODS2 mode** [b]:
WHETHER SAFE1 MOODS1 subset of SAFE2 MOODS2 [l,m,n]
and SAFE2 MOODS2 subset of SAFE1 MOODS1 [l,m,n]
and MOODS1 number equals MOODS2 number [o,p].

l) **WHETHER SAFE1 MOODS1 MOOD1**
subset of SAFE2 MOODS2 [k,l, 46s, 64b] :
WHETHER SAFE1 MOODS1 subset of SAFE2 MOODS2 [l,m,n]
and SAFE1 MOOD1 subset of SAFE2 MOODS2 [m,n].

m) **WHETHER SAFE1 MOOD1**
subset of SAFE2 MOODS2 MOOD2 [k,l,m, 46s, 64b] :
WHETHER SAFE1 MOOD1 subset of SAFE2 MOODS2 [m,n]
or SAFE1 MOOD1 subset of SAFE2 MOOD2 [n].

n) **WHETHER SAFE1 MOOD1 subset of SAFE2 MOOD2** [k,l,m, 64b] :
WHETHER SAFE1 MOOD1 equivalent SAFE2 MOOD2 [b].

o) **WHETHER MOODS1 MOOD1 number equals MOODS2 MOOD2 number** [k,o] :
WHETHER MOODS1 number equals MOODS2 number [o,p,—].

p) **WHETHER MOOD1 number equals MOOD2 number** [k,o] :
WHETHER true.

q) **WHETHER SAFE1 EMPTY equivalent SAFE2 EMPTY** [b] :
WHETHER true.

[Die Regel a führt '**SAFE**'s ein, die während der Bestimmung der Äquivalenz als Assoziativspeicher verwendet werden. Es existieren zwei, wobei je einer einem untersuchten Modus zugeordnet wird. Die Regel b gibt ein unmittelbares Ergebnis an, wenn die untersuchten '**MOID**' schon in einem geeigneten '**SAFE**' in der Form '**remember MODE1 MODE2**' abgelegt wurden (siehe unten). Wenn das nicht der Fall ist, dann werden die beiden '**MOID**' in dieser Form zuerst in einem '**SAFE**' (im linken) abgelegt. Danach wird jedes '**MOID**' entwickelt (Regel c) und in sein '**HEAD**' und sein '**TAILETY**' aufgespalten. Z. B. wird '**reference to real**' in '**reference to**' und '**real**' aufgespalten.

Wenn die '**HEAD**' voneinander verschieden sind, dann ist der Sachverhalt schon klar (negative Regel b). Sonst werden die '**TAILETY**' entsprechend ihren Strukturen analysiert (diese müßten im Äquivalenzfall gleich sein, wenn die '**HEAD**'s identisch sind). In jedem Fall — ausgenommen die '**HEAD**'s sind '**union of**' — wird die Äquivalenz durch Überprüfung der entsprechenden Komponenten gemäß folgendem Schema bestimmt:

Regel	'**TAILETY**'	Komponenten
d	'**FIELDS mode**'	'**FIELDS**'
e	'**PARAMETERS yielding MOID**'	'**PARAMETERS**' und '**MOID**'
f	'**FIELDS FIELD**'	'**FIELDS**' und '**FIELD**'
f	'**PARAMETERS PARAMETER**'	'**PARAMETERS**' und '**PARAMETER**'
i	'**MODE field TAG**'	'**MODE** und '**TAG**'
j	'**MODE parameter**'	'**MODE**'

Im Falle vereinigter Modi haben die '**TAILETY**' die Form '**MOODS1 mode**' und '**MOODS2 mode**'. Da die '**MOODS**' in äquivalenten vereinigten Modi kommutativ sind, wie z. B. in den Modi, die durch ***union (real, int)*** und ***union (int, real)*** spezifiziert sind, wird die Äquivalenz dadurch festgestellt, daß überprüft wird, ob '**MOODS1**' eine Untermenge von '**MOODS2**' und '**MOODS2**' eine Untermenge von '**MOODS1**' ist. Der Untermengentest bedient sich selbstverständlich der rekursiven Anwendung des Äquivalenztestes (Regeln k,l,m,n,o,p).

Ein '**MOID**' wird in die Form '**HEAD TAILETY**' (Regel c) entwickelt, indem festgestellt wird, ob

1) es schon von dieser Form ist: wenn ja, werden die Markierungszeichen '**yin**' und '**yang**' in seinen '**SAFE**' gebracht, um später die Wohlgeformtheit (siehe 7.4.) zu testen;

2) es ein '**MU definition of MODE**' ist: wenn ja, wird '**MU has MODE**' in seinen '**SAFE**' abgespeichert (falls dieses spezielle '**MU**' dort noch nicht ist) und '**MODE**' wird entwickelt;

3) es ein '**MU application**' ist: wenn ja, dann muß in seinem '**SAFE**' schon ein '**MU has MODE**' sein. Dieses '**MODE**' wird dann entwickelt, wobei zuvor ein Test auf Wohlgeformtheit (siehe 7.4) stattfinden muß, der darin besteht, festzustellen, daß mindestens ein '**yin**' und mindestens ein '**yang**' im '**SAFE**' sind, die später in den '**SAFE**' kamen als das '**MU has MODE**'.]

[Bevor ein Paar von '**TAILETY**' auf Äquivalenz getestet wird, wird es im '**SAFE**' abgelegt, in welchem das ursprüngliche Paar von '**MOID**' getestet wird. Das wird getan, um Abkürzungswege zu '**WHETHER true**' zu erzwingen, wenn diese '**MOID**' erneut weiter unten im Erzeugungsbaum auf Äquivalenz getestet werden sollten. Da die Anzahl der Paare der '**MOID**'-Komponenten, die von zwei beliebigen '**MOID**' abgeleitet werden können, endlich ist, muß auch der Test enden.

Es muß noch gezeigt werden, daß der Prozeß korrekt ist. Man betrachte den unbeschränkten (möglicherweise unendlichen) Erzeugungsbaum, den man erhalten würde, wenn keine Abkürzungswege in der Syntax wären (das kann durch Auslassen der ersten Alternative und des ersten Gliedes aller Alternativen von Regel b erreicht werden). Wenn zwei '**MOID**' nicht äquivalent sind, dann existiert in ihren Modusbäumen ein kürzester Weg zwischen der Wurzel und einem Knoten, der bei beiden Bäumen unterschiedlich ist. Die Widerspiegelung dieses kürzesten Weges im unbeschränkten Erzeugungsbaum kann keine Wiederholung des Äquivalenztestes für irgendein Paar von '**MOID**' enthalten. Darum kann kein Abkürzungsweg zu '**WHETHER true**' im beschränkten Erzeugungsbaum auf diesem kürzesten Weg auftreten. Folglich muß der Weg, der zu unterschiedlichen Knoten führt, auch im (beschränkten) Erzeugungsbaum enthalten sein, der durch die Syntax erzeugt wird. Weist der Test keine Unterschiede im beschränkten Baum aus, dann kann auch kein Unterschied in einer beliebigen Anzahl von Schritten gefunden werden, d. h., die '**MOID**' sind äquivalent.]

7.4. Wohlgeformtheit

[Ein Modus ist wohlgeformt, wenn

(i) die Abarbeitung eines aktuellen-Deklarierers (**actual-declarer**), der diesen Modus spezifiziert, eine endliche Aktion ist (d. h., ein beliebiger Wert von diesem Modus kann in einen endlichen Speicherbereich eingespeichert werden) und wenn

(ii) er nicht stark an sich selbst anpaßbar ist (denn das würde zu Mehrdeutigkeiten in der Anpassung führen).]

7.4.1. Syntax

a) **WHETHER (NOTION) shields SAFE to SAFE** [73c] **:**
where (NOTION) is (PLAIN) or (NOTION) is (FLEXETY ROWS of)
or (NOTION) is (union of) or (NOTION) is (void),
WHETHER true.

b) **WHETHER (PREF) shields SAFE to yin SAFE** [73c] **:**
WHETHER true.

c) **WHETHER (structured with) shields SAFE to yang SAFE** [73c] **:**
WHETHER true.

d) **WHETHER (procedure with) shields SAFE to yin yang SAFE** [73c] :
WHETHER true.

[Als Nebenprodukt des Äquivalenztestes für Modi werden die Modi auf Wohlgeformtheit (7.3.1.c) geprüft. Alle nichtrekursiven Modi sind wohlgeformt. Für rekursive Modi ist es notwendig, daß jeder Zyklus in jeder Notierung dieses Modus (von '**MU definition of MODE**' zu '**MU application**') wenigstens einmal ein '**HEAD**', welches '**yin**' ist, passiert, was die Bedingung 1) erfüllt, und einmal ein '**HEAD**' (möglicherweise das gleiche), welches '**yang**' ist, um die Bedingung 2) zu erfüllen. Ein '**HEAD**', das '**yin**' ist, ist '**PREF**' oder '**procedure with**'. Ein '**HEAD**', welches '**yang**' ist, ist '**structured with**' oder '**procedure with**'. Alle anderen '**HEAD**', einschließlich '**FLEXETY ROWS of**' und '**union of**', sind weder '**yin**' noch '**yang**'. Das bedeutet, daß die Modi, die durch ***a***, ***b*** und ***c1*** in

mode a = ***struct (int*** *n*, ***ref a*** *next*), ***b*** = ***struct (proc b*** *next*),
c1 = ***proc (c1) c1***

spezifiziert sind, wohlgeformt sind. Jedoch

mode d = *[1 : 10]* ***d***, ***e*** = ***union (int, e)***

ist keine Modusdeklaration.]

[das Dau gebar das eine
das eine gebar die zweizahl
die zweizahl gebar die dreizahl
aus der dreizahl wurde die vielzahl
der dinge vielzahl
getragen vom Yin, umfangen vom Yang
geeint werden sie durch den allumfassenden krafthauch
Daudedsching, 42, Laudse.]

TEIL IV

Abarbeitungsunabhängige Konstruktionen

8. Gestalten

[Gestalten (**denotations**), z. B. *3.14* oder *"abc"*, sind Konstruktionen, deren Werte unabhängig von irgendeiner Aktion sind. In anderen Sprachen werden sie manchmal "Literale" oder "Konstanten" genannt.]

8.0.1. Syntax

a) **MOID NEST denoter** [5D, A341i] :
pragment [92a] **sequence option, MOID denotation**
[810a, 811a, 812a, 813a, 814a, 815a, 82a,b,c 83a, —].
[Die Bedeutung einer Gestalt (**denotation**) ist unabhängig von irgendeinem Nest.]

8.1. Einfache Gestalten

[Einfache-Gestalten (**plain-denotations**) sind solche von arithmetischen Werten, Wahrheitswerten, Zeichen und dem leeren Wert, z. B. *1*, *3.14*, ***true***, *"a"* und ***empty***.]

8.1.0.1. Syntax

A) **SIZE :: long; short.**
B)* **NUMERAL :: fixed point numeral; variable point numeral; floating point numeral.**
a) **SIZE INTREAL denotation** [a, 80a] :
SIZE [94d] **symbol, INTREAL denotation** [a, 811a, 812a].
b)* **plain denotation : PLAIN denotation** [a, 811a, 812a, 813a, 814a];
void denotation [815a].

[Beispiele: a) ***long*** *0* *1.23e−4*]

8.1.0.2. Semantik

Der Wert W einer **INTREAL**-Gestalt (**INTREAL-denotation**) ist der "wirkliche Wert" [8.1.1.2, 8.1.2.2.a,b] seines Bestandteil bildenden '**NUMERAL**';
• es wird gefordert, daß W nicht größer ist als der größte Wert vom Modus '**INTREAL**', der noch unterschieden werden kann [2.1.3.1.d].

[Eine **INTREAL**-Gestalt (**INTREAL-denotation**) liefert einen arithmetischen Wert [2.1.3.1.a], aber arithmetische Werte, die durch verschiedene **INTREAL**-Gestalten (**INTREAL-denotations**) geliefert werden, sind nicht notwendig verschieden (z. B. *123.4* und *1.234e + 2*).]

8.1.1. Ganzzahlgestalten

8.1.1.1. Syntax

a) **integral denotation** [80a, 810a] : **fixed point numeral** [b].
b) **fixed point numeral** [a, 812c,d,f,i, A341h] :
   digit cypher [c] **sequence.**
c) **digit cypher** [b] : **DIGIT symbol** [94b].

[Beispiele:
a) *4096* b) *4096*
c) *4*]

8.1.1.2. Semantik

Der wirkliche Wert eines Ganznumerals (**fixed-point-numeral**) N ist die ganze Zahl, von der die Form von N eine Dezimaldarstellung in der Bezugssprache ist.

8.1.2. Realzahlgestalten

8.1.2.1. Syntax

a) **real denotation** [80a, 810a] : **variable point numeral** [b];
   floating point numeral [e].
b) **variable point numeral** [a,f] :
   integral part [c] **option, fractional part** [d].
c) **integral part** [b] : **fixed point numeral** [811b].
d) **fractional part** [b] : **point symbol** [94b],
   fixed point numeral [811b].
e) **floating point numeral** [a] : **stagnant part** [f], **exponent part** [g].
f) **stagnant part** [e] : **fixed point numeral** [811b];
   variable point numeral [b].
g) **exponent part** [e] :
   times ten to the power choice [h], **power of ten** [i].
h) **times ten to the power choice** [g] :
   times ten to the power symbol [94b]; **letter e symbol** [94a].
i) **power of ten** [g] : **plusminus** [j] **option,**
   fixed point numeral [811b].
j) **plusminus** [i] : **plus symbol** [94c]; **minus symbol** [94c].

[Beispiele:
a) *0.00123* • *1.23e−3* b) *0.00123*
c) *0* d) *.00123*
e) *1.23e*−3 f) *123* • *1.23*
g) *e−3* h) *e*
i) *−3* j) + • −]

8.1.2.2. Semantik

a) Der wirkliche Wert V eines Festpunktnumerals (**variable-point-numeral**) N wird folgendermaßen bestimmt:

- sei I der wirkliche Wert des Ganznumerals (**fixed-point-numeral**) seines Bestandteil bildenden ganzen Teils (**integral-part**), wenn er existiert, sonst 0;
- sei F, der wirkliche Wert des Ganznumerals (**fixed-point-numeral**) seines gebrochenen-Teils (**fractional-part**) P, so oft durch 10 dividiert, wie Zifferndarstellungen (**digit-cyphers**) in P enthalten sind;
- V ist die Summe im Sinne der numerischen Analysis von I und F.

b) Der wirkliche Wert V eines Gleitkommanumerals (**floating-point-numeral**) N wird folgendermaßen bestimmt:

- sei S der wirkliche Wert des '**NUMERAL**' seines Mantissenteils (**stagnant-part**);
- sei E der wirkliche Wert seines Bestandteil bildenden Ganznumerals (**fixed-point-numeral**) seines Exponententeils (**exponent-part**);

Fall A: Die Bestandteil bildende Plusminusmöglichkeit (**plusminus-option**) von N enthält ein Minussymbol (**minus-symbol**);

- V ist das Produkt im Sinne der numerischen Analysis von S und von 1/10 potenziert mit E;

Fall B: Der direkte Abkomme dieser Plusminusmöglichkeit (**plusminus-option**) enthält ein Plussymbol (**plus-symbol**) oder ist leer:

- V ist das Produkt im Sinne der numerischen Analysis von S und von 10 potentiert mit E.

8.1.3. Booleschgestalten

8.1.3.1. Syntax

a) **boolean denotation** [80a] **: true** [94b] **symbol; false** [94b] **symbol.**

[Beispiele: a) ***true false***]

8.1.3.2. Semantik

Der Wert einer Booleschgestalt (**boolean-denotation**) ist wahr (falsch), wenn ihr direkter Abkomme ein wahr-Symbol (**true-symbol**) (falsch-Symbol (**false-symbol**)) ist.

8.1.4. Zeichengestalten

[Zeichengestalten (**character-denotations**) bestehen aus einem Zeichenkettenposten (**string-item**) zwischen zwei Anführungsstrichsymbolen (**quote-symbols**), z. B. *"a"*. Um einen Anführungsstrich anzuzeigen, wird ein Anführungsstrichbildsymbol (**quote-image-symbol**) benutzt (dargestellt durch *""*), z. B. *""""*. Da die Syntax nirgends erlaubt, daß Zeichengestalten (**character-denotations**) oder Zeichenkettengestalten (**string-denotations**) einander folgen, entstehen keine Mehrdeutigkeiten.]

8.1.4.1. Syntax

a) **character denotation** [80a] **: quote** [94b] **symbol,**
 string item [b], **quote** [94b] **symbol.**

b) **string item** [a, 83b] **: character glyph** [c]**;**
 quote image symbol [94b]; **other string item** [d].

c) **character glyph** [b, 92c] **: 'LETTER' symbol** [94a];
 DIGIT symbol [94b]; **point symbol** [94b];

open symbol [94f]; **close symbol** [94f];
comma symbol [94b]; **space symbol** [94b];
plus symbol [94c]; **minus symbol** [94c].

d) Eine Erzeugungsregel kann für den Begriff 'anderer Zeichenkettenposten' ('**other string item**') [b, für den keine Hyperregel in diesem Bericht gegeben ist] hinzugefügt werden, so daß jede ihrer Alternativen ein Symbol ist [1.1.3.1.f], das verschieden ist von irgendeiner terminalen Erzeugung von 'Zeichenglyphe' ('**character glyph**') [c] und das nicht das 'Anführungsstrichsymbol' ('**quote symbol**') ist.

[Beispiele:
a) *"a"* b) *a "" ?* c) *a 1 . ( ) , . + −*]

8.1.4.2. · Semantik

a) Der Wert einer Zeichengestalt (**character-denotation**) ist der wirkliche Wert des Symbols (**symbol**), das von ihrem Zeichenkettenposten (**string-item**) abstammt.
b) Der wirkliche Wert jedes einzelnen Symbols (**symbol**), das von einem Zeichenkettenposten (**string-item**) abstammt, ist ein eindeutiges Zeichen. [Zeichen haben keine eigene Bedeutung, ausgenommen insofern, daß einige von ihnen durch die Transgaberoutinen (10.3) verschieden interpretiert werden.

Die Zeichenglyphen (**character-glyphs**), die alle die Zeichen einschließen, die für die Transgabe benötigt werden, bilden eine Minimalmenge, von der man erwartet, daß sie von allen Implementationen geliefert wird.]

8.1.5. Leergestalt

[Eine Leergestalt (**void-denotation**) kann benutzt werden, um einen Leerwert einer **UNITED**-Variablen (**UNITED-variable**) zuzuweisen, z. B.
union** ([ ] **real**, **void**) u* := ***empty .]

8.1.5.1. Syntax

a) **void denotation** [80a] : empty [94b] **symbol.**
[Beispiel: a) ***empty***]

8.1.5.2. Semantik

Der Wert einer Leergestalt (**void-denotation**) ist leer.

8.2. Bitsgestalten

8.2.1. Syntax

A) **RADIX :: radix two; radix four; radix eight; radix sixteen.**
a) **structured with row of boolean field LENGTH LENGTHETY letter aleph mode denotation** [a, 80a] :
long [94d] **symbol, structured with row of boolean field LENGTHETY letter aleph mode denotation** [a,c].
b) **structured with row of boolean field SHORTH SHORTHETY letter aleph mode denotation** [b, 80a] :

short [94d] **symbol, structured with row of boolean field**
SHORTHETY letter aleph mode denotation [b, c].

c) **structured with row of boolean field letter aleph mode**
denotation [a,b, 80a] **:**
RADIX [d,e,f,g], **letter r symbol** [94a],
RADIX digit [h,i,j,k] **sequence.**

d) **radix two** [c, A347b] **: digit two** [94b] **symbol.**

e) **radix four** [c, A347b] **: digit four** [94b] **symbol.**

f) **radix eight** [c, A347b] **: digit eight** [94b] **symbol.**

g) **radix sixteen** [c, A347b] **: digit one** [94b] **symbol,**
digit six [94b] **symbol.**

h) **radix two digit** [c,i] **: digit zero symbol** [94b]**;**
digit one symbol [94b].

i) **radix four digit** [c,j] **: radix two digit** [h]**;**
digit two symbol [94b]**; digit three symbol** [94b].

j) **radix eight digit** [c,k] **: radix four digit** [i]**;**
digit four symbol [94b]**; digit five symbol** [94b]**;**
digit six symbol [94b]**; digit seven symbol** [94b].

k) **radix sixteen digit** [c] **: radix eight digit** [j]**;**
digit eight symbol [94b]**; digit nine symbol** [94b]**;**
letter a symbol [94a]**; letter b symbol** [94a]**;**
letter c symbol [94a]**; letter d symbol** [94a]**;**
letter e symbol [94a]**; letter f symbol** [94a].

l)* **bits denotation : BITS denotation** [a,b,c].
[**BITS :: structured with row of boolean field SITHETY letter aleph mode.**]

m)* **radix digit : RADIX digit** [h,i,j,k].

[Beispiele:

a) ***long*** *2r101* b) ***short*** *16rffff*

c) *8r231*]

8.2.2. Semantik

a) Der Wert V einer Bitsgestalt (**bits-denotation**) D wird folgendermaßen bestimmt:

- sei W der wirkliche Booleschwert [b] ihrer Bestandteil bildenden **RADIX**-Ziffernfolge (**RADIX-digit-sequence**);
- sei m die Länge von W;
- sei n der Wert von l bits width [10.2.1.j], wobei l für soviele long (short) steht wie es long-Symbole (**long-symbols**) (short-Symbole (**short-symbols**)) in D gibt;
- es wird gefordert, daß m nicht größer als n ist;
- V ist ein strukturierter Wert [dessen Modus irgendein '**BITS**' ist], dessen einziges Feld ein mehrfacher Wert ist mit
  (i) einem Deskriptor ((1, n)) und
  (ii) in Elementen, so daß die Wahrheitswerte die durch (i) selektiert werden, wenn $1 \leq i \leq n - m$ gilt, falsch sind und alle anderen den $(i+m-n)$-ten Wahrheitswert der Folge darstellen.

b) Der wirkliche Booleschwert einer **RADIX**-Ziffernfolge (**RADIX-digit-sequence**) S ist die kürzeste Folge von Wahrheitswerten, die, als eine Binärzahl betrachtet (wahr stimmt mit 1 und falsch mit 0 überein), dieselbe ist wie der wirkliche Ganzzahlwert von S [c].

c) Der wirkliche Ganzzahlwert einer Radix-zwei- (Radix-vier-, Radix-acht-, Radix-sechzehn-) Ziffernfolge (**radix-two- (radix-four-, radix-eight-, radix-sexteen-) digit-sequence**) S ist die ganze Zahl, von der die Form von S in der Bezugssprache [9.3] eine binär- (quaternär-, oktal-, hexadezimal-) Darstellung ist, wobei die Darstellungen a, b, c, d, e und f als Ziffern betrachtet werden, die die Werte 10, 11, 12, 13, 14 und 15 repräsentieren.

8.3. Zeichenkettengestalten

[Zeichenkettengestalten (**string-denotations**) sind ein geeigneter Weg, "Zeichenketten" zu spezifizieren, d. h. mehrfache Werte vom Modus '**row of character**'.

Beispiel: ***string*** *message* := *"all ⏘ is ⏘ well"*]

8.3.1. Syntax

a) **row of character denotation** [80a] **: quote** [94b] **symbol, string** [b] **option, quote symbol** [94b].
b) **string** [a] **: string item** [814b], **string item** [814b] **sequence.**
c)* **string denotation : row of character denotation** [a].

[Beispiele:
a) *"abc"* b) *abc*]

8.3.2. Semantik

Der Wert einer Zeichenkettengestalt (**string-denotation**) D ist ein mehrfacher Wert V, der folgendermaßen bestimmt wird:

- sei n die Anzahl der Zeichenkettenposten (**string-items**), die in D enthalten sind;
- der Deskriptor von V ist ((1, n));
- für i = 1, ... , n ist das Element von V mit dem Index (i) der wirkliche Wert [8.1.4.2.b] des i-ten Bestandteil bildenden Symbols von D.

[*"a"* ist eine Zeichengestalt (**character-denotation**) und keine Zeichenkettengestalt (**string-denotation**). Jedoch kann sie in allen starken Positionen, z. B. ***string*** *s* := *"a"*, zu einem mehrfachen Wert gereiht werden (6.6). An anderen Stellen, an denen ein mehrfacher Wert gefordert wird, kann ein Zuschnitt (**cast**, 5.5.1.1.a) benutzt werden, z. B. ***union (char, string)*** *cs* := ***string*** *("a")*.]

9. Zeichen und Symbole

9.1. Zeichen

[Zeichen (**tokens**, 9.1.1.f) sind Symbole (**symbols**, 9.1.1.h), denen Pragmente (**pragments**, 9.2.1.a) vorangehen können. Deshalb können Pragmente immer dort zwischen Symbolen erscheinen, wo die Syntax eine Folge von Zeichen erzeugt. An einigen Stellen erzeugt die Syntax ausdrücklich Symbole anstelle von Zeichen, so z. B. in Gestalten (**denotations**, 8), Formattexten (**format-texts**, 10.3.4.1.1.a) und natürlich innerhalb von Pragmenten. Deshalb können Pragmente (**pragments**) nicht an diesen Stellen erscheinen.]

9.1.1. Syntax

a) **CNOICE STYLE start** [34a] :
  where (CHOICE) is (choice using boolean),
   STYLE if [94f,—] **token;**
  where (CHOICE) is (CASE), STYLE case [94f,—] **token.**
b) **CHOICE STYLE in** [34e] :
  where (CHOICE) is (choice using boolean),
   STYLE then [94f,—] **token ;**
  where (CHOICE) is (CASE), STYLE in [94f,—] **token.**
c) **CHOICE STYLE again** [34l] :
  where (CHOICE) is (choice using boolean),
   STYLE else if [94f,—] **token ;**
  where (CHOICE) is (CASE), STYLE ouse [94f,—] **token.**
d) **CHOICE STYLE out** [34l] :
  where (CHOICE) is (choice using boolean),
   STYLE else [94f,—] **token ;**
  where (CHOICE) is (CASE), STYLE out [94f,—] **token.**
e) **CHOICE STYLE finish** [34a] :
  where (CHOICE) is (choice using boolean),
   STYLE fi [94f,—] **token ;**
  where (CHOICE) is (CASE), STYLE esac [94f,—] **token.**
f) **NOTION token : pragment** [92a] **sequence option,**
  NOTION symbol [94a,b,c,d,e,f,g,h].
g) ***token : NOTION token** [f].
h) ***symbol : NOTION symbol** [94a,b,c,d,e,f,g,h].

9.2. Bemerkungen und Pragmente

[A source of innocent merriment.
Mikado, W. S. Gilbert

Eine Quelle immerwährender Belustigung.
Mikado, W. S. Gilbert.]

[Ein Pragment ist eine Bemerkung (**comment**) oder ein Pragmat (**pragmat**). Es gibt keine Semantik von Pragmenten, und deshalb wird die Bedeutung (2.1.4.1.a) eines jeden Programms (**program**) durch ihre Anwesenheit nicht beeinflußt. Es ist tatsächlich Absicht, daß Bemerkungen vollständig von der Implementierung ignoriert werden können, ihr alleiniger Zweck besteht in zusätzlichen Informationen für den das Programm interpretierenden menschlichen Leser.

Andrerseits können Pragmente der Implementierung gewisse Informationen übermitteln, die sich mit gewissen Aspekten der Bedeutung des Programms (**program**) befassen, die durch diesen Bericht nicht definiert wurden, zum Beispiel:

- die Aktion, die bei Überlauf (2.1.4.3.h) veranlaßt werden soll oder falls die Lagenregel verletzt wird (wie in 5.2.1.2.b), z. B., ***pr*** *overflow check on* ***pr***, ***pr*** *overflow check off* ***pr***, ***pr*** *scope check on* ***pr*** oder ***pr*** *scope check off* ***pr***;
- die Aktion, die beim Abschluß des Compilierungsprozesses eingeleitet werden soll, z. B., ***pr*** *compile only* ***pr***, ***pr*** *dump* ***pr*** oder ***pr*** *run* ***pr***;
- daß die Sprache, die implementiert werden soll, eine Untersprache oder Obersprache von ALGOL 68 ist, z. B. ***pr*** *nonrec* ***pr*** (für einen Routine-text (**routine-text**), der als nichtrekursiv vorausgesetzt werden soll);
- daß die Compilierung eine Prüfung auf Richtigkeit machen muß, oder versucht, die Richtigkeit von gewissen Aussagen zu prüfen, z. B.:

```
int a, b; read ((a, b)) pr assert a ge 0 and b > 0 pr; int q := 0, r := a;
  while r ge b pr assert a = b * q + r and 0 le r pr do (q +:= 1, r -:= b) od
  pr assert a = b * q + r and 0 le r and r < b pr .
```

Sie können ebenso benutzt werden, um der Implementierung zu übermitteln, daß der Quelltext mit einem anderen Text zu vergrößern oder auf gewisse Weise zusammenzusetzen ist, zum Beispiel:

- irgendein früher übersetzter Abschnitt des speziellen Programms (**particular program**) ist anzusprechen, z. B., ***pr with*** *segment* ***from*** *album* ***pr***;
- der Quelltext ist mit einer anderen Dokumentation fortzusetzen, z. B., ***pr read from*** *another file* ***pr***;
- das Ende des Quelltextes ist erreicht worden, z. B., ***pr finish pr*** .

Die Interpretation von Pragmaten ist in diesem Bericht nicht definiert, sondern dies ist dem Ermessen des Implementierers überlassen, der wenigstens ein Pragmat vorsehen soll, worauf alle weiteren Pragmate ignoriert werden können, zum Beispiel: ***pr*** *pragmats off* ***pr*** .]

```
[pr algol 68 pr
begin
   proc pr nonrec pr pr = void : pr;
pr
end
pr run pr pr ? pr
```

Revidierter Bericht über die Algorithmische Sprache ALGOL 68.]

9.2.1. Syntax

A) **PRAGMENT :: pragmat ; comment.**

a) **pragment** [80a, 91f, A341b,h, A348a,b,c, A349a, A34Ab] **: PRAGMENT** [b].

b) **PRAGMENT** [a] **: STYLE PRAGMENT symbol** [94h,−],
STYLE PRAGMENT item [c] **sequence option,**
STYLE PRAGMENT symbol [94h,−].
[**STYLE :: brief ; bold ; style TALLY.**]

c) **STYLE PRAGMENT item** [b] **: character glyph** [814c] **;**
STYLE other PRAGMENT item [d].

d) Eine Produktionsregel kann zu jedem Begriff hinzugefügt werden, der durch '**STYLE other PRAGMENT item**' gekennzeichnet ist. [c, und für den keine Hyperregel in diesem Bericht gegeben wird]
In dieser Regel ist jede der Alternativen ein Symbol [1.1.3.1.f], welches sich von jeder Enderzeugung von '**character glyph**' [8.1.4.1.c] unterscheidet und welches keine Enderzeugung von irgendeinem '**STYLE other PRAGMENT item**' das entsprechende '**STYLE other PRAGMENT symbol**' ist. [So kann ***comment co comment*** eine Bemerkung (**comment**) sein. Es darf kein Posten (**item**) eines pragmatischen- oder Kommentartextes in einem gewählten Darstellungsstil mit einem Pragmat- oder Kommentarsymbol im selben Darstellungsstil übereinstimmen, wie z. B. ***co co co*** kein Kommentar sein kann.]

[Beispiele:

a) ***pr*** *list* ***pr co*** *source program to be listed* ***co***

c) *l ?*]

9.3. Darstellungen

a) Eine Sprachkonstruktion in der Grundsprache muß in einer gewissen "Darstellungssprache" codiert werden, so wie die "Bezugssprache", die in diesem Bericht benutzt wird. Andere Darstellungssprachen der Sprache, die speziell an die Gewohnheiten eines menschlichen oder die technischen Gegebenheiten eines mechanischen Interpreters angepaßt sind, können als "Veröffentlichungs-" oder "Hardwaresprachen" bezeichnet werden. [Es ist beabsichtigt, daß die Bezugssprache für die Darstellung von speziellen Programmen (**particular-programs**) und ihren Bestandteilen benutzt wird. Sie wird darüber hinaus in Kapitel 10 auch für die Definition der Standardumgebung verwendet.]

b) Eine "Sprachkonstruktion in einer Darstellungssprache" erhält man aus der Enderzeugung T [1.1.3.2.f] der entsprechenden Sprachkonstruktion in der Grundsprache [1.1.3.2.e] durch Ersetzen der Symbole (**symbols**) in T durch ihre Darstellungen. Diese sind für den Fall der Bezugssprache unten in 9.4 einzeln angegeben.

[So entsteht aus den speziellen Programmen (**particular-programs**) in der Grundsprache, dessen Enderzeugung
'**bold begin symbol**' '**skip symbol**' '**bold end symbol**'
ist, das spezielle Programm in der Bezugssprache
begin skip end .]

c) Eine Implementation [2.2.2.b] von ALGOL 68 ist eine "Implementation der Bezugssprache", wenn sie Darstellungen benutzt, die sich nur wenig von denen in der Referenzsprache unterscheiden, so daß sie ohne weitere Erläuterungen als solche erkannt werden, und wenn sie die verfügbaren Darstellungen in keinem anderen Sinn erweitert oder beschränkt, als es unten in [9.4.a,b,c] angegeben wird.

[z. B., ***begin***, *begin*, *BEGIN*, *'begin*, *'begin'* können alles Darstellungen des fetten-Beginn-Symbols (**bold-begin-symbol**) in einer Implementation der Bezugssprache sein; eine gewisse Kombination von Löchern in einer gestanzten Karte könnte eine Darstellung dieses Symbols in irgendeiner Hardware-Sprache sein].

9.4. Die Bezugssprache

a) Die Bezugssprache liefert Darstellungen für verschiedene Symbole (**symbols**), einschließlich einer willkürlich großen Zahl von TAX-Symbolen (**TAX-symbols**) [wobei **TAX :: TAG ; TAB ; TAD ; TAM.**]. Einige ihrer Darstellungen sind in [9.4.1] unten angegeben, und dazu können geeignete Darstellungen für **style-TALLY-letter-ABC-symbols** und für **style-TALLY-monad-symbols** sowie für alle Enderzeugungen von '**STYLE other PRAGMENT item**' [9.2.1.d] und von anderen Zeichenkettenposten ('**other string item**') [8.1.4.1.d] hinzugefügt werden. Es sind hier zwar noch keine Darstellungen für alle diese Symbole vorgesehen [aber individuelle Implementationen werden in die Lage versetzt, ihren gesamten Zeichenvorrat als Zeichen zu benutzen und zusätzliche oder erweiterte Alphabete für die Konstruktion von TAG- und TAB-Symbolen (**TAB-symbols**) einzusetzen und um zusätzliche Symbole für den Gebrauch als Operatoren (**operators**) zu liefern]. Außer in den Darstellungen des Standard- (**standard-**) und der anderen Vorspiele (**prelude**) [10.3.1. Schritt 6] gibt es keine [und es darf auch keine anderen geben] Darstellungen des Buchstabe-aleph-Symbols (**letter-aleph-symbol**) oder des Primal-Symbols (**primal-symbol**). [Für die restlichen TAX-Symbole (**TAX-symbols**), siehe 9.4.2., es gibt jedoch gewisse Symbole, die von der Syntax erzeugt werden, z. B. die Kurzform-des-Pragmat-Symbols (**brief-pragmat-symbol**), für die überhaupt keine Darstellung vorgesehen wurde. Dies schließt nicht die Darstellung solcher Symbole in anderen Darstellungssprachen aus.]

b) Wo mehr als eine Darstellung eines Symbols vorhanden ist, kann jede von ihnen gewählt werden. Darüberhinaus genügt es, für eine Implementation der Bezugssprache nur eine Darstellung zu wählen, ebenso ist es nicht notwendig, eine Darstellung von jedem speziellem **MONAD-symbol** oder **NOMAD-symbol** zu geben, solange die vorgesehenen genügen, wenigstens eine Version [10.1.3. Schritt 3] von jedem **Operator** darzustellen, der im Standardvorspiel (**standard-prelude**) vereinbart wurde.

[Für gewisse unterschiedliche Symbole sind ein und dieselbe oder fast dieselbe Darstellung gegeben, z. B., die Darstellung *":"* (kursiv) steht für das Routine-Symbol (**routine-symbol**), für den Doppelpunkt (**colon-symbol**), für das Bis-zu-Symbol (**up-to-symbol**) und ":" (nicht kursiv) für das Markensymbol (**label-symbol**). Es geht eindeutig aus der Syntax hervor, welches von diesen vier Symbolen bei einem Auftreten außerhalb von Bemerkungen (**comments**), Pragmaten (**pragmats**) und Zeichengestalten (**string denotation**) dargestellt wird, die ähnlich zu irgendeiner dieser Darstellungen ist. Ebenso kann *".."* ohne Mehrdeutigkeit für jedes von diesen Symbolen benutzt werden, und es kann tatsächlich in einer Implementation mit eng begrenztem Zeichenvorrat nötig sein, diese Darstellung zu wählen. Es soll für solche Implementationen noch bemerkt werden, daß keine Mehrdeutigkeit eingeführt wird, wenn *"(/"* und *"/)"* als Darstellung des **style-ii-sub-symbol** bzw. des **style-ii-bus-symbol** benutzt werden, die gewöhnlich als eckige Klammer auf bzw. als eckige Klammer zu auftreten.

Ebenso erscheinen einige der gegebenen Darstellungen zusammengesetzt; zum Beispiel die Darstellung *":="* des wird-Symbols (**becomes-symbol**) ist zusammengesetzt aus *":"*, der Darstellung des Routinesymbols (**routine-symbol**), usw., und *"="*, der Darstellung des gleich Symbols (**equal-symbol**) und des ist-definiert-als-Symbol (**is defined-as-symbol**). Aus der Syntax geht hervor, daß *":="* außerhalb von Bemerkungen, Pragmaten und Zeichengestalten nur als eine Darstellung des wird-Symbols erscheinen kann (da *"="* keine Darstellung eines monadischen Operators

(**monadic-operator**) sein kann). Ähnlich erzeugen die anderen gegebenen zusammengesetzten Darstellungen keine Mehrdeutigkeit.]
c) Die Tatsache, daß die Darstellung der Buchstaben-ABC-Symbole (**letter-ABC-symbols**), zu finden in [9.4.1.a], gewöhnlich in kleinen Buchstaben erfolgt, ist nicht gleichbedeutend damit, daß die entsprechenden großen Buchstaben nicht ebensogut benutzt werden können. [Falls andererseits sowohl ein kleiner Buchstabe als auch der entsprechende große Buchstabe erscheint, dann ist einer von ihnen wahrscheinlich die Darstellung von irgendeinem **style-TALLY-letter-ABC-symbol** oder von einem **bold-letter-ABC-symbol**. Siehe auch in 1.1.5.b nach der Möglichkeit zusätzlicher ABC in einer Variante der Sprache.]
d) Ein "typographisches Darstellungsmittel" ist ein Leerzeichen oder ein Wechsel zu einer neuen Zeile oder einer neuen Seite. Wenn solche Hilfsmittel zwischen den **Symbolen** einer Sprachkonstruktion in der Bezugssprache erscheinen, so haben sie kein Gewicht und sie beeinflussen nicht die Bedeutung der Sprachkonstruktion. Jedoch ist ein Leerzeichen, enthalten in einer Zeichenkette (**string**) oder einer Zeichengestalt, eine der Darstellungen des Zwischenraumsymbols (**space-symbol**) [9.4.1.b] und kein typographisches Darstellungshilfsmittel. Wenn die Darstellung eines Symbols in der Bezugssprache aus verschiedenen Zeichen zusammengesetzt ist [z. B. ***to***, :=], bilden diese Zeichen ein [untrennbares] Symbol, und bis nicht ausdrücklich das Gegenteil festgelegt wird [9.4.2.2.a,c] sollen, typographische Darstellungshilfsmittel diese nicht trennen.

9.4.1. Darstellungen der Symbole

a) Buchstabensymbole

Symbol	Darstellung
Buchstabe a Symbol [814c, 82k, 942B, A346b] (**letter a Symbol**)	*a*
Buchstabe b Symbol [814c, 82k, 942B, A344b] (**letter b symbol**)	*b*
Buchstabe c Symbol [814c, 82k, 942B, A348a] (**letter c symbol**)	*c*
Buchstabe d Symbol [814c, 92k, 942B, A342f] (**letter d symbol**)	*d*
Buchstabe e Symbol [812h, 814c, 82k, 942B, A342e] (**letter e Symbol**)	*e*
Buchstabe f Symbol [814c, 82k, 942B, A349a] (**letter f symbol**)	*f*
Buchstabe g Symbol [814c, 942B, A34Aa] (**letter g symbol**)	*g*
Buchstabe h Symbol [814c, 942B] (**letter h symbol**)	*h*
Buchstabe i Symbol [814c, 942B, A345b] (**letter i symbol**)	*i*

Symbol	Darstellung
Buchstabe j Symbol [814c, 942B] **(letter j symbol)**	j
Buchstabe k Symbol [814c, 942B, A341f] **(letter k symbol)**	k
Buchstabe l Symbol [814c, 942B, A341f] **(letter l symbol)**	l
Buchstabe m Symbol [814c, 942B] **(letter m symbol)**	m
Buchstabe n Symbol [841c, 942B, A341h] **(letter n symbol)**	n
Buchstabe o Symbol [841c, 942B] **(letter o symbol)**	o
Buchstabe p Symbol [841c, 942B, A341f] **(letter p symbol)**	p
Buchstabe q Symbol [814c, 942b, A341f] **(letter q symbol)**	q
Buchstabe r Symbol [814c, 82c, 942B, A347c] **(letter r symbol)**	r
Buchstabe s Symbol [814c, 942B, A341l] **(letter s symbol)**	s
Buchstabe t Symbol [814c, 942B] **(letter t symbol)**	t
Buchstabe u Symbol [814c, 942B] **(letter u symbol)**	u
Buchstabe v Symbol [814c, 942B] **(letter v symbol)**	v
Buchstabe w Symbol [814c, 942B] **(letter w symbol)**	w
Buchstabe x Symbol [814c, 942B, A341f] **(letter x symbol)**	x
Buchstabe y Symbol [814c, 942B, A341f] **(letter y symbol)**	y
Buchstabe z Symbol [814c, 942B, A342d] **(letter z symbol)**	z
b) Gestaltsymbole	
Ziffer Null Symbol [811c, 814c, 82h, 942c] **(digit zero symbol)**	*0*
Ziffer Eins Symbol [43b, 811c, 814c, 82g,h, 942c] **(digit one symbol)**	*1*
Ziffer Zwei Symbol [43b, 814c, 811c, 82i, 942c] **(digit two symbol)**	*2*
Ziffer Drei Symbol [43b, 811c, 814c, 82i, 942c] **(digit three symbol)**	*3*
Ziffer Vier Symbol [43b, 811c, 814c, 82e,j, 942c] **(digit four symbol)**	*4*

Symbol	Darstellung
Ziffer Fünf Symbol [43b, 811c, 814c, 82j, 942c] **(digit five symbol)**	*5*
Ziffer Sechs Symbol [43b, 811c, 814c, 82g,j, 942c] **(digit six symbol)**	*6*
Ziffer Sieben Symbol [43b, 811c, 814c, 82j, 942c] **(digit seven symbol)**	*7*
Ziffer Acht Symbol [43b, 811c, 814c, 82f,k, 942c] **(digit eight symbol)**	*8*
Ziffer Neun Symbol [43b, 811c, 814c, 82k, 942c] **(digit nine symbol)**	*9*
Punkt Symbol [812d, 814c, A343d] **(point symbol)**	.
mal zehn hoch Symbol [812h, 814c] **(times ten to the power Symbol)**	$_{10}$
Wahr Symbol [813a] **(true symbol)**	***true***
Falsch Symbol [813a] **(false symbol)**	***false***
Kettenanführungsstrichsymbol [814a, 83a] **(quote symbol)**	"
Anführungsstrichbildsymbol [814b] **(quote image symbol)**	""
Zwischenraumsymbol [814c, unterstrichener Punkt] **(space symbol)**	$\underline{\cdot}$
Kommasymbol [814c] **(comma symbol)**	,
Leersymbol [815a] **(empty symbol)**	***empty***

c) Operatorensymbole

Symbol	Darstellung
Oder-Symbol [942H] **(or symbol)**	***or*** $\vee$
Und Symbol [942H] **and symbol**	***and*** $\wedge$
Ampersand Symbol [942H] **(ampersand symbol)**	&
Ungleich Symbol [942H] **(differs from symbol)**	***ne*** $\neq$
Kleiner als Symbol ([942I] **(is less than symbol)**	$<$
Kleiner gleich Symbol [942H] **(is at most symbol)**	***le*** $\leq$
Größer gleich Symbol [942H] **(is at lest symbol)**	***ge*** $\geq$
Größer als Symbol [942I] **(is greater than symbol)**	$>$

Symbol	Darstellung
Dividiert durch Symbol [942I] **(divided by symbol)**	/
Ganzzahlig dividiert durch Symbol [942H, Durchstrichener Doppelpunkt] **(over symbol)**	***over*** ÷
Prozent Symbol [942H] **(percent symbol)**	%
Element Symbol [942H, aufrechtes Rechteck] **(window symbol)**	***elem*** □
Untere Grenze Symbol [942H, Winkel SW] **(floor symbol)**	***lwb*** ⌊
Obere Grenze Symbol [942H, Winkel NW) **(ceiling symbol)**	***ubp*** ⌈
Plus i mal Symbol [814c, 942H, Senkrechter auf waagerechtem Strich] **(plus i times symbol)**	***i*** ⊥
Nicht Symbol [942H] **(not symbol)**	***not*** ¬
Tilde Symbol [942H] **(tilde symbol)**	~
Ab Symbol [942H, Abwärtspfeil] **(down symbol)**	↓
Auf Symbol [942H, Aufwärtspfeil] **(up symbol)**	↑
Plus Symbol [812j, 814c, 942H, A342e] **(plus symbol)**	+
Minus Symbol [812j, 814c, 942H, A342e] **(minus symbol)**	−
Gleich Symbol [942I] **(equals symbol)**	=
Mal Symbol [942i, mal-Kreuz] **(times symbol)**	×
Stern Symbol [942I] **(asterisk symbol)**	*
Ordne zu Symbol [942J] **(assigns to symbol)**	=
Wird Symbol [44f, 521a, 942J] **(becomes symbol)**	:=

d) Vereinbarungssymbole

Ist definiert als Symbol [42b, 43b, 44c, 45c] **(is defined as symbol)**	=
Lang Symbol [81a, 82a] **(long symbol)**	***long***
Kurz Symbol [810a, 82b] **(short symbol)**	***short***

Symbol	Darstellung
Referenz zu Symbol [46c] **(reference to symbol)**	***ref***
Lokal Symbol [523a,b] **(local symbol)**	***loc***
Haufen Symbol [523a,b] **(heap symbol)**	***heap***
Struktur Symbol [46d] **(structure symbol)**	***struct***
Flexible Symbol [46g] **(flexible symbol)**	***flex***
Prozedur Symbol [44b, 46o] **(procedure symbol)**	***proc***
Vereinigung von Symbol [46s] **(union of symbol)**	***union***
Operator Symbol [45a] **(operator symbol)**	***op***
Prioritätssymbol [43a] **(priority symbol)**	***prio***
Modus Symbol [42a] **(mode symbol)**	***mode***

e) Standardmodi

Ganz Symbol [942E] **(integral symbol)**	***int***
Real Symbol [942E] **(real symbol)**	***real***
Boolesch Symbol [942E] **(boolean symbol)**	***bool***
Zeichen Symbol [942E] **(character symbol)**	***char***
Format Symbol [942E] **(format symbol)**	***format***
Lösch Symbol [942E] **(void symbol)**	***void***
Complex Symbol [942E] **(complex symbol)**	***compl***
Bits Symbol [942E] **(bits symbol)**	***bits***
Bytes Symbol [942E] **(bytes symbol)**	***bytes***
Zeichenketten Symbol [942E] **(string symbol)**	***string***
Signal Symbol [942E] **(sema symbol)**	***sema***
Datei Symbol [942E] **(file symbol)**	***file***

Symbol	Darstellung
Kanal Symbol [942E] **(channel symbol)**	***channel***

f) Syntaktische Symbole

Symbol	Darstellung
Fettes Beginn Symbol [133d] **(bold begin symbol)**	***begin***
Fettes End Symbol [133d] **(bold end symbol)**	***end***
Kurzes Beginn Symbol [133d] **(brief begin symbol)**	*(*
Kurzes End Symbol [133d] **(brief end symbol)**	*)*
Und auch Symbol [133c, 33b,f, 34h, 41a,b, 46e,i,q,t, 532b, 541e, 543b, A348b, A34Ac,d], **(and also symbol)**	,
Weiter Symbol [32b] **(go on symbol)**	;
Komplettierungssymbol [32b] **(completion symbol)**	***exit***
Markensymbol [32c] **(label symbol)**	:
Parallelsymbol [33c] **(parallel symbol)**	***par***
Öffnungssymbol [814c, A348b] **(open symbol)**	*(*
Schließungssymbol [814c, A348b] **(close symbol)**	*)*
Fettes if Symbol [91a] **(bold if symbol)**	***if***
Fettes then Symbol [91b] **(bold then symbol)**	***then***
Fettes else if Symbol [91c] **(bold else if symbol)**	***elif***
Fettes else Symbol [91d] **(bold else symbol)**	***else***
Fettes fi Symbol [91e] **(bold fi symbol)**	***fi***
Fettes case Symbol [91a] **(bold case symbol)**	***case***
Fettes in Symbol [91b] **(bold in symbol)**	***in***
Fettes ouse Symbol [91c] **(bold ouse symbol)**	***ouse***

Symbol	Darstellung
Fettes out Symbol [91d] **(bold out symbol)**	***out***
Fettes esac Symbol [91e] **(bold esac symbol)**	***esac***
Kurzes if Symbol [91a] **(brief if symbol)**	(
Kurzes then Symbol [91b] **(brief then symbol)**	|
Kurzes else if Symbol [91c] **(brief else if symbol)**	|:
Kurzes else Symbol [91d] **(brief else symbol)**	|
Kurzes fi Symbol [91e] **(brief fi symbol)**	)
Kurzes case Symbol [91a] **(brief case symbol**	(
Kurzes in Symbol [91b] **(brief in symbol)**	|
Kurzes ouse Symbol [91c] **(brief ouse symbol)**	|:
Kurzes out Symbol [91d] **(brief out symbol)**	|
Kurzes esac Symbol [91e] **(brief esac symbol)**	)
Doppelpunktsymbol [34j,k] **(colon symbol)**	:
Kurzes sub Symbol [133e] **(brief sub symbol)**	[
Kurzes bus Symbol [133e] **(brief bus symbol)**	]
Stil i sub Symbol [133e] **(style i sub symbol)**	(
Stil i bus Symbol [133e] **(style i bus symbol)**	)
Bis zu Symbol [46j,k,l, 532f] **(up to symbol)**	:
Bei Symbol [532g] **(at symbol)**	***at*** @
Ist Symbol [522b] **(is symbol)**	:=: ***is***
Ist nicht Symbol [522b] **(is not symbol)**	:/=: ***isnt*** :≠:
Nil Symbol [524a] **(nil symbol)**	***nil*** ∘
Von Symbol [531a] **(of symbol)**	***of***

Symbol	Darstellung
Routine Symbol [541a,b] **(routine symbol)**	
Fettes Sprung zu Symbol [544b] **(bold go to symbol)**	***goto***
Fettes Sprung Symbol [544b] **(bold go symbol)**	***go***
Lücke Symbol [552a] **(skip symbol)**	***skip***
Formatklammersymbol [A341a, Dollarzeichen] **(formatter symbol)**	**$**

g) Zyklussymbole

Symbol	Darstellung
Fettes for Symbol [35b] **(bold for symbol)**	***for***
Fettes from Symbol [35d] **(bold from symbol)**	***from***
Fettes by Symbol [35d] **(bold by symbol)**	***by***
Fettes to Symbol [35d, 544b] **(bold to symbol)**	***to***
Fettes while Symbol [35g] **(bold while symbol)**	***while***
Fettes do Symbol [35h] **(bold do symbol)**	***do***
Fettes od Symbol [35h] **(bold od symbol)**	***od***

h) Pragmentsymbole

Symbol	Darstellung
Kurzes comment Symbol [92b] **(brief comment symbol)**	¢
Fettes comment Symbol [92b] **(bold comment symbol)**	***comment***
Stil i comment Symbol [92b] **(style i comment symbol)**	***co***
Stil ii comment Symbol [92b] **(style ii comment symbol)**	#
Fettes Pragmat Symbol [92b] **(bold pragmat symbol)**	***pragmat***
Stil i Pragmat Symbol [92b] **(style i pragmat symbol)**	***pr***

9.4.2. Andere TAX Symbole

9.4.2.1. Metasyntax

A) **TAG** [D,F,K, 48a,b,c,d] **::**
LETTER [B] ; **TAG LETTER** [B] ; **TAG DIGIT** [C].

B) **LETTER** [A] ::
letter ABC [94a]; **letter aleph** [—] ;
style TALLY letter ABC [—].

C) **DIGIT** [A] :: **digit zero** [94b] ; **digit one** [94b] ;
digit two [94b] ; **digit three** [94b] ; **digit four** [94b] ;
digit five [94b] ; **digit six** [94b] ; **digit seven** [94b] ;
digit eight [94b] ; **digit nine** [94b].

D) **TAB** [48a,b] :: **bold TAG** [A,—] ; **SIZETY STANDARD** [E].

E) **STANDARD** [D] :: **integral** [94e] ; **real** [94e] ;
boolean [94e] ; **character** [94e] ; **format** [94e] ;
void [94e] ; **complex** [94e] ; **bits** [94e] ; **bytes** [94e] ;
string [94e] ; **sema** [94e] ; **file** [94e] ; **channel** [94e].

F) **TAD** [48a,b] :: **bold TAG** [A,—] ; **DYAD** [G] **BECOMESETY** [J] ;
DYAD [G] **cum NOMAD** [I] **BECOMESETY** [J].

G) **DYAD** [F] :: **MONAD** [H] ; **NOMAD** [I].

H) **MONAD** [G,K] :: **or** [94c] ; **and** [94c] ; **ampersand** [94c] ;
differs from [94c] ; **is at most** [94c] ; **is at least** [94c] ;
over [94c] ; **percent** [94c] ; **window** [94c] ; **floor** [94c] ;
ceiling [94c] ; **plus i times** [94c] ; **not** [94c] ;
tilde [94c] ; **down** [94c] ; **up** [94c] ; **plus** [94c] ;
minus [94c] ; **style TALLY monad** [—].

I) **NOMAD** [F,G,K] :: **is less than** [94c] ;
is greater than [94c] ; **divided by** [94c] ; **equals** [94c] ;
times [94c] ; **asterisk** [94c].

J) **BECOMESETY** [F,K] :: **cum becomes** [94c] ;
cum assigns to [94c] ; **EMPTY.**

K) **TAM** [48a,b] :: **bold TAG** [A,—] ; **MONAD** [H] **BECOMESETY** [J] ;
MONAD [H] **cum** [9422e] **NOMAD** [I] **BECOMESETY** [J].

L) **ABC** [B] :: **a ; b ; c ; d ; e ; f ; g ; h ; i ; j ; k ; l ;**
m ; n ; o ; p ; q ; r ; s ; t ; u ; v ; w ; x ; y ; z.

M) **DOP** :: **DYAD** [G] ; **DYAD** [G] **cum NOMAD** [I].

[Der Metabegriff "**ABC**" ist grundsätzlich zum Metabegriff "**alpha**" vorgesehen worden, um die Definition von Varianten zu ALGOL 68 (1.1.5.b) zu ermöglichen.]

9.4.2.2. Darstellungen

a) Die Darstellung aller nicht in 9.4.1. angegebenen TAG-Symbole (**TAG-symbol**) setzt sich aus Zeichen zusammen, die den '**LETTER**'s oder ('**DIGIT**'s) entsprechen, welche in einem solchen '**TAG**' enthalten sind. Diese Zeichen können durch typographische Darstellungshilfsmittel getrennt sein [9.4.d]. Das Zeichen, das einem '**LETTER**' ('**DIGIT**') entspricht, ist die Darstellung dieses **LETTER-symbol** (**DIGIT-symbol**). [Zum Beispiel ist die Darstellung des Buchstabe-x-Zahl-1-Symbols (**letter-x-digit-1-symbol**) *x1*, die als *x 1* geschrieben werden kann. TAG-Symbole (**TAGL-symbols**) werden für Identifikatoren (**identifiers**) und Feldselektoren (**field-selectors**) benutzt.]

b) Falls es überhaupt eine Darstellung gibt, ist die Darstellung eines **bold-TAG-symbol** zusammengesetzt aus den Zeichen, die der Reihe nach den '**LETTER**'s oder '**DIGIT**'s entsprechen, die in diesem '**TAG**' enthalten sind [aber ohne dazwischen stehende Darstellungshilfsmittel]. Das Zeichen, das jedem '**LETTER**' ('**DIGIT**') entspricht, ist dem Zeichen ähnlich, welches das entsprechende LETTER-Symbol (**DIGIT-Symbol**) darstellt. Es ist gewöhnlich der entsprechend fett gedruckte Buchstabe (Zahl). [Andere Methoden, bei denen die Ähnlichkeit ohne weitere Erläuterungen wiedererkennbar ist, werden ebenso akzeptiert, z. B., ***person*** (fette kursive Buchstaben), person (unterstrichenes Wort), *PERSON*, *'person, 'person'* (Apostroph als Umschaltzeichen) können alles Darstellungen des Fetten-Buchstabe-p-Buchstabe-e-Buchstabe-r-Buchstabe-s-Buchstabe-o-Buchstabe-n-Symbol (**bold-letter-p-letter-e-letter-r-letter-s-letter-o-letter-n-symbol**) sein.]

Jedoch soll die Darstellung von einem **bold-TAG-symbol** nicht die gleiche sein wie irgendeine Darstellung von irgendeinem anderen **Symbol** [; so kann es eine endliche Zahl **bold-TAG-symbols** geben, die keine Darstellung haben; z. B., gibt es keine Darstellung für das Fette-Buchstabe-r-Buchstabe-e-Buchstabe-a- Buchstabe-l-Symbol (**bold-letter-r-letter-e-letter-a-letter-l-symbol**), weil *real* eine Darstellung des real-Symbols (**real-symbol**) ist; man beachte, daß die Anzahl der **bold-TAG-symbols**, die verfügbar sind, dennoch beliebig groß ist]. Falls eine gegebene Folge von Zeichen entweder die Darstellung einer **bold-TAG-symbol** oder die Verkettung der Darstellung von zwei oder mehreren anderen Symbolen sein kann, dann ist es, entsprechend der getroffenen Übereinkunft, stets als das eine **bold-TAG-symbol** anzusehen. [; Die Einfügung eines Leerzeichens kann stets die andere Interpretation erzwingen; z. B., ***refreal*** ist ein Symbol, während ***ref real*** stets zwei sein müssen]. [**Bold-TAG-symbols** werden für Modusindikationen (**mode-indications**) und für Operatoren (**operators**) benutzt.]

c) Die Darstellung von jedem **SIZE-SIZETY-STANDARD-Symbol** ist zusammengesetzt aus der Darstellung des entsprechenden SIZE-Symbol, dem möglicherweise ein typographisches Darstellungshilfsmittel folgt, dem wieder die Darstellung des entsprechenden SIZETY-STANDARD-Symbol folgt. [Zum Beispiel die Darstellung eines **Long-real-Symbols** (**long-real-symbol**) ist ***long real*** (fette kursive Buchstaben) oder vielleicht *long ·real* (aber nicht entsprechend dem Abschnitt b oben, ***longreal*** (fette kursive Buchstaben) oder *longreal*, diese wären Darstellungen des fetten-Buchstabe-l-Buchstabe-o-Buchstabe-n-Buchstabe-g-Buchstabe-r-Buchstabe-e-Buchstabe-a Buchstabe-l-Symbols (**bold-letter-l-letter-o-letter-n-letter-g-letter-r-letter-e-letter-a-letter-l-symbol**). **SIZETY-STANDARD-symbols** werden für Modusindikationen (**mode-indications**) benutzt.]

d) Die Darstellung von jedem **DOP-cum-becomes-symbol** und **DOP-cum-assigns-to-symbol** ist zusammengesetzt aus dem Zeichen oder aus den Zeichen, die das entsprechende **DOP-symbol** darstellen, gefolgt von [ohne dazwischenstehende Darstellungshilfsmittel] den Zeichen, die das Wird-Symbol (**becomes-symbol**) bzw. das Ordne-zu-Symbol (**assigns-to-symbol**) darstellen. [Zum Beispiel die Darstellung des Plus-mit-wird-Symbols (**plus-cum-becomes-symbol**) ist $+:=$. **DOP-cum-becomes-symbols** werden für Operatoren benutzt.]

e) Die Darstellung von jedem **DYAD-cum-NOMAD-symbol** ist zusammengesetzt aus den Zeichen, die das entsprechende **DYAD-symbol** darstellen, gefolgt von [ohne dazwischenstehende typographische Darstellungsmittel] dem Zeichen, das das entsprechende **NOMAD-symbol** darstellt. [Zum Beispiel, die Darstellung eines ganzzahlig dividiert-durch-mit-mal-Symbol (**over-cum-times-symbol**) ist ***over****. **DYAD-cum-NOMAD-symbols** werden für Operatoren (**operators**) benutzt, aber man beachte, daß **NOMAD 1-cum-NOMAD2-symbols** nur dyadische Operatoren (**dyadic-operators**) sein können.]

TEIL V

Rahmen und Beispiele

10. Standardrahmen

[Der "Standardrahmen" (**standard environment**) umfaßt die Bestandteil bildenden **EXTERN**-Vorspiele (**EXTERNAL-preludes**), System-Tasks (**system-tasks**) und speziellen-Nachspiele (**particular-postludes**) eines Programmtextes (**program-text**).]

10.1. Programmtexte

[Der Programmierer hat es zu tun mit speziellen-Programmen (**particular-programs**, 10.1.1.g). Diese sind immer eingeschlossen in einen Programmtext (**program-text**, 10.1.1.a), der auch das Standardvorspiel (**standard-prelude**) enthält. Weiter enthält er ein Bibliotheksvorspiel (**library-prelude**), das von der Implementation abhängt, ein Systemvorspiel (**system-prelude**) und System-Tasks, die zur Umgebung des Betriebssystems gehören, möglicherweise einige andere spezielle-Programme, ein oder mehrere spezielle-Vorspiele (je eins für jedes spezielle-Programm) und ein oder mehrere spezielle-Nachspiele.]

10.1.1. Syntax

A) **EXTERNAL :: standard; library; system; particular.**
B) **STOP :: label letter s letter t letter o letter p.**
a) **program text : STYLE begin [94f] token,**
        new LAYER1 preludes [b], parallel [94f] token,
        new LAYER1 tasks [d] PACK, STYLE end [94f] token.
b) **NEST1 preludes [a] : NEST1 standard prelude with DECS [c],**
        NEST1 library prelude with DECSETY2 [c],
        NEST1 system prelude with DECSETY3 [c],
        where (NEST1) is (new EMPTY new DECS1 DECSETY2 DECSETY3).
c) **NEST1 EXTERNAL prelude with DECSETY1 [b, f] :**
    strong void NEST1 series with DECSETY1 [32b], go on [94f] token;
    where (DECSETY1) is (EMPTY), EMPTY.
d) **NEST1 tasks [a] : NEST1 system task [e] list,**
        and also [94f] token, NEST1 user task [f] PACK list.
e) **NEST1 system task [d] : strong void NEST1 unit [32d].**
f) **NEST1 user task [d] : NEST2 particular prelude with DECS [c],**
    NEST2 particular program [g] PACK, go on [94f] token,
    NEST2 particular postlude [i],
        where (NEST2) is (NEST1 new DECS STOP).

g) **NEST2 particular program** [f] :
NEST2 new LABSETY3 joined label definition of LABSETY3 [h],
strong void NEST2 new LABSETY3
ENCLOSED clause [31a, 33a,c, 34a, 35a].
h) **NEST joined label definition of LABSETY** [g,h] :
where (LABSETY) is EMPTY), (EMPTY;
where (LABSETY) is (LAB1 LABSETY1),
NEST label definition of LAB1 [32c],
NEST joined label definition of LABSETY1 [h].
i) **NEST2 particular postlude** [f] :
strong void NEST2 series with STOP [32b].

[Beispiele:

a) *(C Standardvorspiel C; C Bibliotheksvorspiel C; C Systemvorspiel C;*
par begin *C Systemtask-1 C, C Systemtask-2 C,*
(C spezielles Vorspiel C;
(start: commence: ***begin skip end****);*
C spezielles Nachspiel C),
(C ein anderes Benutzertask C)
end*)*
b) *C Standardvorspiel* (10.2, 10.3.) *C; C Bibliotheksvorspiel C;*
C Systemvorspiel (10.4.1) *C*;
d) *C Systemtask-1* (10.4.2.a) *C, C Systemtask-2 C,*
(C spezielles Vorspiel C;
(start: commence: ***begin skip end****);*
C spezielles Nachspiel C),
(C ein anderes Benutzer Task C)
f) *C spezielles Vorspiel* (10.5.1.) *C;*
(start: commence: ***begin skip end****);*
C spezielles Nachspiel (10.5.2.) *C*
g) *start: commence:* ***begin skip end***
h) *start: commence:*
i) *stop: lock (stand in); lock (stand out); lock (stand back)*]

10.1.2. Die Rahmenbedingung

a) Ein Programm in der Grundsprache muß verwandt sein [1.1.3.2.k] zu einem Programmtext (**program-text**), dessen Bestandteil bildende **EXTERN**-Vorspiele (**EXTERNAL-preludes**) und speziellen-Nachspiele (**particular-postludes**), wie im Rest dieses Abschnittes beschrieben, spezifiziert sind.

[Es ist bequem, von dem Standardvorspiel, dem Bibliotheksvorspiel, den speziellen-Programmen (**particular-programs**) usw. eines Programms zu sprechen, wenn man jene Teile des Programms meint, die dem Bestandteil bildenden Standardvorspiel usw. des entsprechenden Programmtextes entsprechen.]

b) Das Bestandteil bildende Standardvorspiel aller Programmtexte ist dasjenige Standardvorspiel, dessen Darstellung man aus den in den Abschnitten 10.2. und 10.3. gegebenen Formen erhält.

c) Das Bestandteil bildende Bibliotheksvorspiel eines Programmtextes ist, wenn vorhanden, in diesem Bericht nicht spezifiziert. [Es muß aber spezifiziert sein für jede Implementation. Die Syntax von '**program text**' sichert, daß eine im Bibliotheksvorspiel enthaltene Deklaration (**declaration**) nicht irgendeiner Deklaration, die im Standardvorspiel enthalten ist, widersprechen kann.]

d) Das (die) Bestandteil bildende Systemvorspiel (Systemtask-Liste (**system-task-list**)) aller Programmtexte ist das (die) Systemvorspiel (Systemtask-Liste), dessen (deren) Darstellung man aus den im Abschnitt 10.4. gegebenen Formen erhält mit dem möglichen Zusatz anderer Formen, die nicht in diesem Bericht spezifiziert sind [aber spezifiziert sein müssen, um der Umgebung des Betriebssystems jeder Implementation angepaßt zu sein].

e) Jedes Bestandteil bildende spezielle-Vorspiel (spezielle-Nachspiel) aller Programmtexte ist dasjenige spezielle-Vorspiel (spezielle-Nachspiel), dessen Darstellung man aus den im Abschnitt 10.5. gegebenen Formen erhält mit dem möglichen Zusatz von anderen Formen, die nicht in diesem Bericht spezifiziert sind [aber spezifiziert für jede Implementation sein müssen].

10.1.3. Die Methode der Beschreibung für den Standardrahmen

Eine Darstellung eines **EXTERN**-Vorspiels (**EXTERNAL-prelude**), eines Systemtask (**system-task**) oder speziellen-Nachspiels (**particular-postlude**) erhält man durch Verändern jeder der Formen in den entsprechenden Abschnitten dieses Kapitels in den folgenden Schritten:

Schritt 1: Wenn eine gegebene Form F mit ***op*** beginnt [dem Operatorsymbol (**operator-symbol**)], gefolgt von einem der Kennzeichen ***P***, ***Q***, ***R*** oder ***E***, dann wird F durch eine Anzahl von neuen Formen ersetzt. Jede von ihnen ist eine Kopie von F, in der das Kennzeichen [das dem ***op*** folgt] ersetzt wird durch (bzw. alle anderen Auftreten dieses Kennzeichen in F ersetzt werden durch) jeweils eins der nachfolgenden Zeichen:

Fall A: Das Kennzeichen ist ***P***:

- −, +, ≮*, ×≯ oder /
  (−, +, × oder /);

Fall B: Das Kennzeichen ist ***Q***:

- ≮ ***minusab***, − := ≯, ≮ ***plusab***, + := ≯,
  ≮ ***timesab***, × :=, *:= ≯ oder ≮ ***divab***, / := ≯
  (− :=, + :=, × := oder / :=)

Fall C: Das Kennzeichen ist ***R***:

- ≮ <, ***lt*** ≯, ≮≤, <=, ***le*** ≯, ≮=, ***eq*** ≯,
  ≮≠, /=, ***ne*** ≯, ≮≥, >=, ***ge*** ≯ oder ≮>, ***gt*** ≯
  (<, ≤, =, ≠, ≥, oder >);

Fall D: Das Kennzeichen ist ***E***:

- ≮=, ***eq*** ≯ oder ≮≠, /=, ***ne*** ≯
  (= oder ≠);

Schritt 2: Wenn in einer gewissen Form, die möglicherweise in dem obigen Schritt entstanden ist, 𝔍 erscheint, gefolgt von einem **INDIKATOR** (**INDICATOR**) (einem

Feldselektor (**field-selector**)) I, dann wird jenes Auftreten von $\mathcal{S}$ getilgt, und jeder in irgendeiner Form enthaltene **INDIKATOR** (Feldselektor), der verwandt zu I ist [1.1.3.2.k], wird ersetzt durch eine Kopie ein und desselben **INDIKATORS** (Feldselektors), der sonst nirgendwo im Programm erscheint, und Schritt 2 wird wieder angewendet.

Schritt 3: Wenn eine gegebene Form F, die möglicherweise in den obigen Schritten entstanden ist, mit ***op*** [dem Operatorsymbol] beginnt, gefolgt von einer Kette von **TAO**-Symbolen (**TAO-symbols**), die durch und-auch-Symbole (**and-also-symbols**) getrennt sind, und diese Kette ist zwischen ≮ und ≯ eingeschlossen, dann wird F ersetzt durch eine Anzahl von verschiedenen "Versionen" dieser Form. Jede davon ist eine Kopie von F, in der jene Kette zusammen mit den einschließenden ≮ und ≯ ersetzt wurde durch eines jener **TAO**-Symbole. [Jedoch ist eine Implementation nicht verpflichtet, mehr als eine solche Version vorzusehen (9.4.b)].

Schritt 4: Wenn in einer gegebenen Form, die möglicherweise in den obigen Schritten modifiziert oder hergestellt wurde, eine Folge S von in ≮ und ≯ eingeschlossenen Symbolen (**symbols**) auftritt und wenn in jenem S ***L int***, ***L real***, ***L compl***, ***L bits*** oder ***L bytes*** erscheint, dann wird S ersetzt durch eine Kette einer genügenden Anzahl von Folgen, die getrennt sind durch und-auch-Symbole (**and-also-symbols**) und deren n-te eine Kopie von S ist, in der jedes Auftreten von *L* (***L***, ***K***, ***S***) durch (n − 1) mal *long* (***long***, ***leng***, ***shorten***) ersetzt wird, gefolgt von einem und-auch-Symbol und einer weiteren Kette einer genügenden Anzahl von Folgen, die getrennt sind durch und-auch Symbole und deren m-te eine Kopie von S ist, in der jedes Auftreten von *L*(***L***, ***K***, ***S***) ersetzt wurde durch m mal *short* (***short***, ***shorten***, ***leng***). Die S einschließenden Klammern ≮ und ≯ werden dann getilgt.

Schritt 5: Wenn in einer gegebenen Form F, die möglicherweise in den obigen Schritten modifiziert oder hergestellt wurde, ***L int*** (***L real***, ***L compl***, ***L bits***, ***L bytes***) auftritt, dann wird F ersetzt durch eine Folge einer genügenden Anzahl neuer Formen, deren n-te eine Kopie von F ist, in der jedes Auftreten von *L* (***L***, ***K***, ***S***) ersetzt wird durch (n − 1) mal *long* (***long***, ***leng***, ***shorten***) und jedes Auftreten von ***long L*** (*long L*) durch n mal ***long*** (*long*), gefolgt von einer weiteren Folge einer genügenden Anzahl neuer Formen, deren m-te eine Kopie von F ist, in der jedes Auftreten von *L*(***L***, ***K***, ***S***) ersetzt wird durch m mal *short* (***short***, ***shorten***, ***leng***) und jedes Auftreten von ***long L*** (*long L*) durch (m − 1) mal ***short*** (*short*).

Schritt 6: Jedes Auftreten von ***F*** (***PRIM***) in irgendeiner Form, die möglicherweise in den obigen Schritten modifiziert oder hergestellt wurde, wird ersetzt durch eine Darstellung von **letter-aleph-symbol** (**primal-symbol**) [9.4.a].

Schritt 7: Wenn eine Folge von Darstellungen, die mit ***C*** beginnt und endet, in irgendeiner Form auftritt, die möglicherweise in den obigen Schritten modifiziert oder hergestellt wurde, dann wird diese Folge, die man eine "Pseudobemerkung" nennt, ersetzt durch eine Darstellung eines Deklarierers (**declarer**) oder einer abgeschlossenen-Klausel (**closed-clause**), wie es durch die Folge suggeriert wird.

Schritt 8: Wenn in irgendeiner Form, die möglicherweise in den obigen Schritten modifiziert oder hergestellt wurde, ein Routine-Text (**routine-text**) auftritt, dessen

Aufruf die Behandlung von Realzahlen einschließt, dann kann dieser Routine-Text ersetzt werden durch irgendeinen anderen Routine-Text, dessen Aufruf annähernd die gleiche Wirkung hat. [Der Grad dieser Annäherung wird in diesem Bericht undefiniert gelassen (siehe auch 2.1.3.1.e).]

Schritt 9: Im Fall eines **EXTERN**-Vorspiels (**EXTERNAL-prelude**) wird eine Form, die aus einem Lücke-Symbol (**skip-symbol**), gefolgt von einem weiter-Symbol (**go-on-symbol**) [***skip***;], besteht, am Ende hinzugefügt.

[Der Begriff "genügende Anzahl", der in den Schritten 4 und 5 benutzt wurde, hat zur Folge, daß kein beabsichtigtes spezielles-Programm (**particular-program**) allein wegen einer Unzulänglichkeit jener Anzahl eine von der Absicht verschiedene Bedeutung haben kann oder aber etwa aus diesem Grund von der Syntax nicht erzeugt werden kann.]

Wo immer [in den Transgabedeklarationen] die Darstellung $_{10}$(E, $\perp$) innerhalb einer Zeichengestalt (**character-denotation**) oder Zeichenkettengestalt (**string-denotation**) erscheint, ist sie zu interpretieren als die Darstellung des Zeichenkettenpostens (**string-item**) [8.1.4.1.b], der benutzt wird, um "mal zehn hoch" (eine Alternativform [, falls vorhanden,] von "mal zehn hoch", "plus i mal") auf externen Medien anzuzeigen. [Es ist klar, daß diese Darstellungen wegen ihrer Ähnlichkeit zu denen des mal-zehn-hoch-Symbols (**times-ten-to-the-power-symbol**, 9.4.1.b) und des plus-i-mal-Symbols (**plus-i-times-symbol**, 9.4.1.c) ausgewählt wurden, aber auf Medien, auf denen diese Zeichen nicht verfügbar sind, müssen andere Zeichenkettenposten ausgewählt werden (und dabei kommen in erster Linie in Frage das Buchstabe-e-Symbol (**letter-e-symbol**) und das Buchstabe-i-Symbol (**letter-i-symbol**)).]

[Die Deklarationen in diesem Kapitel dienen lediglich dazu, ihre Wirkung genau zu beschreiben. Die Wirkung kann ebenso gut durch eine leistungsfähigere Methode erhalten werden.]

10.2. Das Standardvorspiel

[Die Deklarationen (**declarations**) des Standardvorspiels (**standard-prelude**) schließen "Rahmenkenngrößen" ein, die Informationen über die spezifische Eigenart der Implementation (2.2.2.c) liefern, "Standardmodi", "Standardoperatoren und -funktionen", "Synchronisierungsoperationen" und "Transgabe Deklarationen" (die in Abschnitt 10.3. gegeben werden).]

10.2.1. Rahmenkenngrößen

a) ***int*** *int lengths* = ***C*** *1 plus Anzahl der zusätzlichen Längen von ganzen Zahlen* [2.1.3.1.d] ***C***;

b) ***int*** *int shorths* = ***C*** *1 plus Anzahl der zusätzlichen Verkürzungen von ganzen Zahlen* [2.1.3.1.d] ***C***;

c) ***L int*** *L max int* = ***C*** *der größte L Ganzzahlwert* [2.2.2.b] ***C***;

d) ***int*** *real lengths* = ***C*** *1 plus Anzahl der zusätzlichen Längen von Realzahlen* [2.1.3.1.d] ***C***;

e) **int** *real shorths* = **C** *1 plus Anzahl der zusätzlichen Verkürzungen von Realzahlen* [2.1.3.1.d] **C**;
f) **L real** *L max real* = **C** *der größte L Realwert* [2.2.2.b] **C**;
g) **L real** *L small real* = **C** *der kleinste L Realwert, so daß sowohl* **L** *1 + L small real* > **L** *1 als auch* **L** *1 − L small real* < **L** *1* [2.2.2.b] **C**;
h) **int** *bits lengths* = **C** *1 plus Anzahl der zusätzlichen Weiten* [j] *von Bits* **C**;
i) **int** *bits shorts* = **C** *1 plus Anzahl der zusätzlichen Verkürzungen* [j] *von Bits* **C**;
j) **int** *L bits width* = **C** *die Zahl der Elemente in L bits; siehe* **L bits** [10.2.2.g]. *Diese Zahl wächst (fällt) mit dem "Umfang", d. h. der Zahl von 'long' (minus die Zahl von 'short') in L, bis ein gewisser Umfang erreicht ist, nämlich die "Anzahl der zusätzlichen Weiten" (minus die "Anzahl der zusätzlichen Verkürzungen") von Bits, nach welchem sie konstant ist* **C**;
k) **int** *bytes lengths* = **C** *1 plus Anzahl der zusätzlichen Weiten* [m] *von Bytes* **C**;
l) **int** *bytes shorths* = **C** *1 plus Anzahl der zusätzlichen Verkürzungen* [m] *von Bytes* **C**;
m) **int** *L bytes width* = **C** *die Zahl der Elemente in L bytes; siehe* **L bytes** [10.2.2.h]. *Diese Zahl wächst (fällt) mit dem "Umfang", d. h. der Zahl von 'long' (minus die Zahl von 'short') in L, bis ein gewisser Umfang erreicht ist, nämlich die "Anzahl der zusätzlichen Weiten" (minus die "Anzahl der zusätzlichen Verkürzungen") von Bytes, nach welchem sie konstant ist* **C**;
n) **op abs** = **(char** *a)* **int**: **C** *das ganzzahlige Äquivalent* [2.1.3.1.g] *des Zeichens 'a'* **C**;
o) **op repr** = **(int** *a)* **char**: **C** *das Zeichen 'x', wenn es existiert, für das* **abs** *x = a* **C**;
p) **int** *max abs char* = **C** *das größte ganzzahlige Äquivalent* [2.1.3.1.g] *eines Zeichens* **C**;
q) **char** *null character* = **C** *ein gewisses Zeichen* **C**;
r) **char** *flip* = **C** *das Zeichen, das benutzt wird, um 'true' während der Transgabe darzustellen* [10.3.3.1.a, 10.3.3.2.a] **C**;
s) **char** *flop* = **C** *das Zeichen, das benutzt wird, um 'false' während der Transgabe darzustellen* **C**;
t) **char** *errorchar* = **C** *das Zeichen, das benutzt wird, um unkonvertierbare arithmetische Werte* [10.3.2.1.b,e,f] *während der Transgabe darzustellen* **C**;
u) **char** *blank* = *"␣"*;

10.2.2. Standardmodi

a) **mode void** = **C** *ein aktueller Deklarierer, der den Modus 'void' (Loesch) spezifiziert* **C**;
b) **mode bool** = **C** *ein aktueller Deklarierer, der den Modus 'boolean' (Boolesch) spezifiziert* **C**;
c) **mode L int** = **C** *ein aktueller Deklarierer, der den Modus 'L integral' (L ganzzahlig) spezifiziert* **C**;
d) **mode L real** = **C** *ein aktueller Deklarierer, der den Modus 'L real' spezifiziert* **C**;
e) **mode char** = **C** *ein aktueller Deklarierer, der den Modus 'character' (Zeichen) spezifiziert* **C**;
f) **mode L compl** = **struct (L real** *re, im)*;
g) **mode L bits** = **struct** *([1 : L bits width]* **bool** *LF)*;
[siehe 10.2.1.j]

[Der Feldselektor (**field-selector**) ist dem Benutzer nicht zugänglich, um zu sichern, daß er nicht die Struktur aufbrechen kann, insbesondere kann er nicht das Feld indizieren.]

h) ***mode L bytes = struct** ([1 : L bytes width]* ***char** LF);*
   [siehe 10.2.1.m]

i) ***mode string = flex** [1 : 0]* ***char;***

10.2.3. Standardoperatoren und -funktionen

10.2.3.0. Standardprioritäten

a) ***prio minusab** = 1,* ***plusab** = 1,* ***timesab** = 1,* ***divab** = 1,* ***overab** = 1,*
   ***modab** = 1,* ***plusto** = 1,*
   −:= = 1, +:= = *1,* ×:= = *1,* *:= = *1,* /:= = *1,* ÷:= = *1,* %:= = *1,*
   ÷×:= = *1,* ÷*:= = *1,* %×:= = *1,* %*:= = *1,* +=: = *1,*
   ∨ = *2,* ***or** = 2,*
   ∧ = *3,* & = *3,* ***and** = 3,*
   = = *4,* ***eq** = 4,* ≠ = *4,* /= = *4,* ***ne** = 4,*
   < = *5,* ≤ = *5,* <= = *5,* ≥ = *5,* >= = 5, > = 5,
   ***lt** = 5,* ***le** = 5,* ***ge** = 5,* ***gt** = 5,*
   − = *6,* + = *6,*
   × = 7, * = 7, / = 7, ÷ = 7, % = 7, ***over** = 7,*
   ÷× = 7, ÷* = 7., %× = 7, %* = 7, ***mod** = 7,*
   □ = 7, ***elem** = 7,*
   ↑ = *8,* ** = *8,* ↓ = *8,* ***up** = 8,* ***down** = 8,* ***shl** = 8,*
   ***shr** = 8,* ***lwb** = 8,* ***upb** = 8,* _ = *8,* /‾ = *8,*
   ⊥ = *9,* +× = *9,* +* = *9,* ***i** = 9,*

10.2.3.1. Reihen und zugeordnete Operationen

a) ***mode** 𝔖 **rows** = C ein aktueller Deklarierer, der einen Modus spezifiziert, der aus einer genügenden Menge von Modi vereint ist* [2.1.3.6.a], *deren jeder mit 'row' beginnt C;*

b) ***op** ≮ **lwb**, _ ≯ = (**int** n, **rows** a) **int**: C die untere Grenze in dem n-ten Grenzenpaar des Deskriptors des Wertes von 'a', wenn dieses Grenzenpaar existiert C;*

c) ***op** ≮ **upb**, /‾ ≯ = (**int** n, **rows** a) **int** : C die obere Grenze in dem n-ten Grenzenpaar des Deskriptors des Wertes von 'a', wenn dieses Grenzenpaar existiert C;*

d) ***op** ≮ **lwb**, _ ≯ = (**rows** a) **int** : 1 **lwb** a;*

e) ***op** ≮ **upb**, /‾ ≯ = (**rows** a) **int** : 1 **upb** a;*

[Der Begriff "genügende Menge", der in a benutzt wurde und auch in 10.3.2.2.b und d auftritt, hat zur Folge, daß kein beabsichtigtes spezielles-Programm (**particular-program**) allein wegen einer Unzulänglichkeit von Modi in jener Menge von der Syntax nicht erzeugt (bzw. ein nicht beabsichtigtes spezielles-Programm erzeugt) werden kann.]

10.2.3.2. Operationen mit Booleschen Operanden

a) ***op** ≮ ∨, **or** ≯ = (**bool** a, b) **bool** : (a | **true** | b);*

b) ***op** ≮ ∧, &, **and** ≯ = (**bool** a, b) **bool** : (a | b | **false**);*

c) **op** ≮ ¬, ~, **not** ≯ = (**bool** a) **bool** : (a | **false** | **true**);
d) **op** ≮ =, **eq** ≯ = (**bool** a, b) **bool** : (a ∧ b) ∨ (¬a ∧ ¬b);
e) **op** ≮ ≠, /=, **ne** ≯ = (**bool** a, b) **bool** : ¬(a = b);
f) **op abs** = (**bool** a) **int** : (a | 1 | 0);

10.2.3.3. Operationen mit ganzzahligen Operanden

a) **op** ≮<, **lt** ≯= (**L int** a, b) **bool** : **C** *wahr, wenn der Wert von 'a' kleiner ist* [2.1.3.1.e] *als der von 'b', anderenfalls falsch* **C**;
b) **op** ≮≤, <=, **le** ≯= (**L int** a, b) **bool** : ¬(b < a);
c) **op** ≮=, **eq** ≯= (**L int** a, b) **bool** : a ≤ b ∧ b ≤ a;
d) **op** ≮≠, /=, **ne** ≯= (**L int** a, b) **bool** : ¬(a = b);
e) **op** ≮≥, >=, **ge** ≯= (**L int** a, b) **bool** : b ≤ a;
f) **op** ≮>, **gt** ≯= (**L int** a, b) **bool** : b < a;
g) **op** −= (**L int** a, b) **L int** : **C** *Wert von 'a' minus* [2.1.3.1.e] *Wert von 'b'* **C**;
h) **op** −= (**L int** a) **L int** : **L** 0 − a;
i) **op** += (**L int** a, b) **L int** : a − − b;
j) **op** += (**L int** a) **L int** : a;
k) **op abs** = (**L int** a) **L int** : (a < **L** 0 | −a | a);
l) **op** ≮×, *≯= (**L int** a, b) **L int** :
    begin L int s := **L** 0, i := **abs** b;
      while i ≥ **L** 1
      do s := s + a; i := i − **L** 1 **od**; (b < **L** 0 | −s | s) .
    end;
m) **op** ≮÷, %, **over** ≯= (**L int** a, b) **L int** :
    if b ≠ **L** 0
      then L int q := **L** 0, r := **abs** a;
        while (r := r − **abs** b) ≥ **L** 0 **do** q := q + **L**1 **od**;
          (a < **L** 0 ∧ b ≥ **L** 0 ∨ a ≥ **L** 0 ∧ b < **L** 0 | −q | q)
    fi;
n) **op** ≮÷×, ÷*, %×, %*, **mod** ≯= (**L int** a, b) **L int** :
    (**L int** r = a − a ÷ b * b; (r < 0 | r + **abs** b | r));
c) **op** /= (**L int** a, b) **L real** : **L real** (a) / **L real** (b);
p) **op** ≮ ↑, **, **up** ≯= (**L int** a, **int** b) **L int** :
    (b ≥ 0 | **L int** p := **L** 1; **to** b **do** p := p * a **od**; p);
q) **op leng** = (**L int** a) **long L int** : **C** *der lange L Ganzzahlwert, der verlängert ist* [2.1.3.1.e] *aus dem Wert von 'a'* **C**;
r) **op shorten** = (**long L int** a) **L int** : **C** *der L Ganzzahlwert, falls er existiert, der verlängert werden kann* [2.1.3.1.e] *zu dem Wert von 'a'* **C**;
s) **op odd** = (**L int** a) **bool** : **abs** a ÷× **L** 2 = **L** 1;
t) **op sign** = (**L int** a) **int** :
  (a > **L** 0 | 1 |: a < **L** 0 | − 1 | 0);
u) **op** ≮⊥, +×, +*, **i** ≯= (**L int** a, b) **L compl** : (a, b);

10.2.3.4. Operationen mit reellen Operanden

a) **op** ≮<, **lt** ≯= (**L real** a, b) **bool** : **C** *wahr, wenn der Wert von 'a' kleiner ist* [2.1.3.1.e] *als der von 'b', anderenfalls falsch* **C**;
b) **op** ≮≤, <=, **le** ≯= (**L real** a, b) **bool** : ¬(b < a);

c) **op** ≮=, **eq** ≯= *(**L real** a, b) **bool** : a ≤ b ∧ b ≤ a;*
d) **op** ≮≠, /=, **ne**, ≯= *(**L real** a, b) **bool** : ¬(a = b);*
e) **op** ≮≥, >=, **ge** ≯= *(**L real** a, b) **bool** : b ≤ a;*
f) **op** ≮>, **gt** ≯= *(**L real** a, b) **bool** : b < a;*
g) **op** − = *(**L real** a, b) **L real** : **C** der Wert von 'a' minus* [2.1.3.1.e] *dem von 'b' **C**;*
h) **op** − = *(**L real** a) **L real** : **L 0** − a;*
i) **op** + = *(**L real** a, b) **L real** : a − − b;*
j) **op** + = *(**L real** a) **L real** : a;*
k) **op abs** = *(**L real** a) **L real** : (a < **L 0** | − a | a);*
l) **op** ≮×, *≯= *(**L real** a, b) **L real** : **C** Wert von 'a' mal* [2.3.1.1.e] *dem von 'b' **C**;*
m) **op** / = *(**L real** a, b) **L real** : **C** Wert von 'a' dividiert durch* [2.1.3.1.e] *den von 'b' **C**;*
n) **op leng** = *(**L real** a) **long L real** : **C** der lange L Realwert, der verlängert ist* [2.1.3.1.e] *aus dem Wert von 'a' **C**;*
o) **op shorten** = *(**long L real** a) **L real** : **C** wenn **abs** a ≤ **leng** L max real, dann ist es ein L Realwert 'v' so, daß für einen beliebigen L Realwert 'w' die Beziehung **abs** (**leng** v − a) ≤ **abs** (**leng** w − a) gilt **C**;*
p) **op round** = *(**L real** a) **L int** : **C** ein L Ganzzahlwert, wenn einer existiert, der erweitert werden kann* [2.1.3.1.e] *zu einem L Realwert, der sich vom Wert von 'a' um nicht mehr als ein halb unterscheidet **C**;*
q) **op sign** = *(**L real** a) **int** : (a > **L 0** | 1 |: a < **L 0** | − 1 | 0);*
r) **op** ≮ **entier**, _≯= *(**L real** a) **L int** :*
   begin L int *j* := **L 0**;
      while *j* < *a* **do** *j* := *j* + **L 1 od**;
      while *j* > *a* **do** *j* := *j* − **L 1 od**;
      j
   end;
s) **op** ≮⊥, +×, +*, **i** ≯= *(**L real** a, b) **L compl** : (a, b);*

10.2.3.5. Operationen mit arithmetischen Operanden

a) **op P** = *(**L real** a, **L int** b) **L real** : a **P L real** (b);*
b) **op P** = *(**L int** a, **L real** b) **L real** : **L real** (a) **P** b;*
c) **op R** = *(**L real** a, **L int** b) **bool** : a **R L real** (b);*
d) **op R** = *(**L int** a, **L real** b) **bool** : **L real** (a) **R** b;*
e) **op** ≮⊥, +×, +*, **i** ≯= *(**L real** a, **L int** b) **L compl** : (a, b);*
f) **op** ≮⊥, +×, +*, **i** ≯= *(**L int** a, **L real** b) **L compl** : (a, b);*
g) **op** ≮↑, **, **up** ≯= *(**L real** a, **L int** b) **L real** :*
   *(**L real** p := **L 1**; **to abs** b **do** p := p * a **od**;*
   *(b ≥ 0 | p | **L 1** / p));*

10.2.3.6. Operationen mit Zeichen als Operanden

a) **op R** = *(**char** a, b) **bool** : **abs** a **R abs** b;* [10.2.1.n]
b) **op** + = *(**char** a, b) **string** : (a, b);*

10.2.3.7. Operationen mit komplexen Operanden

a) **op re** = *(**L compl** a) **L real** : re **of** a;*
b) **op im** = *(**L compl** a) **L real** : im **of** a;*

```
c) op abs = (L compl a) L real
      L sqrt (re a ↑ 2 + im a ↑ 2);
d) op arg = (L compl a) L real :
      if L real re = re a, im = im a;
         re ≠ L 0 ∨ im ≠ L 0
      then if abs re > abs im
         then L arctan (im / re) + L pi / L 2 *
            (im < L 0 | sign re − 1 | 1 − sign re)
         else − L arctan (re / im) + L pi / L 2 * sign im
         fi
      fi;
e) op conj = (L compl a) L compl : re a ⊥ − im a;
f) op ≮=, eq ≯= (L compl a, b) bool :
      re a = re b ∧ im a = im b;
g) op ≮≠, /=, ne ≯= (L compl a, b) bool : not (a = b);
h) op − = (L compl a, b) L compl :
      (re a − re b) ⊥ (im a − im b);
i) op − = (L compl a) L compl :− re a ⊥ − im a;
j) op + = (L compl a, b) L compl :
      (re a + re b) ⊥ (im a + im b);
k) op + = (L compl a) L compl : a;
l) op ≮*, ×≯= (L compl a, b) L compl :
      (re a * re b − im a * im b) ⊥
      (re a * im b + im a * re b);
m) op / = (L compl a, b) L compl :
      (L real d = re (b * conj b); L compl n = a * conj b;
      (re n / d) ⊥ (im n / d));
n) op leng = (L compl a) long L compl :
      leng re a ⊥ leng im a;
o) op shorten = (long L compl a) L compl :
      shorten re a ⊥ shorten im a;
p) op P = (L compl a, L int b) L compl :
      a P L compl (b);
q) op P = (L compl a, L real b) L compl :
      a P L compl (b);
r) op P = (L int a, L compl b) L compl :
      L compl (a) P b;
s) op P = (L real a, L compl b) L compl :
      L compl (a) P b;
t) op ≮↑, **, up ≯= (L compl a, int b) L compl :
      (L compl p := L 1; to abs b do p := p * a od;
      (b ≥ 0 | p | L 1 / p));
u) op E = (L compl a, L int b) bool : a E L compl (b);
v) op E = (L compl a, L real b) bool :
      a E L compl (b);
w) op E = (L int a, L compl b) bool : b E a;
x) op E = (L real a, L compl b) bool : b E a;
```

10.2.3.8. Bits und zugeordnete Operationen

```
a) op ∢=, eq ∢= (L bits a, b) bool :
      begin bool c;
        for i to L bits width
        while c := (L F of a) [i] = (L F of b) [i]
        do skip od ;
        c
      end;
b) op ∢≠, /=, ne ∢= (L bits a, b) bool : ¬ (a = b);
c) op ∢∨, or ∢= (L bits a, b) L bits :
      begin L bits c;
        for i to L bits width
        do (L F of c) [i] := (L F of a) [i] or
                             (L F of b) [i]
        od;
        c
      end;
d) op ∢∧, &, and ∢= (L bits a, b) L bits :
      begin L bits c;
        for i to L bits width
        do (L F of c) [i] := (L F of a) [i] and
                             (L F of b) [i]
        od;
        c
      end;
e) op ∢≤, <=, le ∢= (L bits a, b) bool : (a ∨ b) = b;
f) op ∢≥, >=, ge ∢= (L bits a, b) bool : b ≤ a;
g) op ∢↑, up, shl ∢= (L bits a, int b) L bits :
      if abs b ≤ L bits width
      then L bits c := a;
        to abs b
        do if b > 0 then
          for i from 2 to L bits width do (L F of c) [i − 1] :=
            (L F of c) [i] od;
            (L F of c) [L bits width] := false
        else for i from L bits width by − 1 to 2
          do (L F of c) [i] := (L F of c) [i − 1] od;
          (L F of c) [1] := false
        fi od;
        c
    fi;
h) op ∢↓, down, shr ∢= (L bits x, int n)
      L bits : x ↑ − n;
i) op abs = (L bits a) L int :
      begin L int c := L 0;
        for i to L bits width
        do c := L 2 * c + K abs (L F of a) [i] od;
```

```
      c
      end;
j) op bin = (L int a) L bits :
      if a ≥ L 0
         then L int b := a; L bits c;
         for i from L bits width by − 1 to 1
         do (L F of c) [i] := odd b; b := b ÷ L 2 od;
         c
      fi;
k) op ⊀ elem, □ ⊁= (int a, L bits b) bool :
      (L F of b) [a];
l) proc L bits pack = ([ ] bool a) L bits :
      if int n = ⌈ a [at 1];
         n ≤ L bits width
      then L bits c;
         for i to L bits width
         do (L F of c) [i] :=
          (i ≤ L bits width − n | false |
               a [at 1] [i − L bits width + n])
         od;
         c
      fi;
m) op ⊀¬, ~, not ⊁= (L bits a) L bits :
      begin L bits c;
         for i to L bits width
         do (L F of c) [i] := not (L F of a) [i] od;
         c
     end;
n) op leng = (L bits a) long L bits :
      long L bits pack (a);
o) op shorten = (long L bits a) L bits :
      L bits pack ([ ] bool (a)
      [long L bits width − L bits width + 1 : ]);
```

10.2.3.9. Bytes und zugeordnete Operationen

```
a) op R = (L bytes a, b) bool : string (a) R string (b);
b) op ⊀ elem, □ ⊁= (int a, L bytes b) char :
      (L F of b) [a];
c) proc L bytes pack = (string a) L bytes :
      if int n = ⌈ a [at 1];
         n ≤ L bytes width
      then L bytes c;
         for i to L bytes width
         do (L F of c) [i] :=
            (i ≤ n | a [at 1] [i] | null charakter)
```

```
          od;
          c
        fi;
d) op leng = (L bytes a) long L bytes :
        long L bytes pack (a);
e) op shorten = (long L bytes a) L bytes :
        L bytes pack (string (a) [: L bytes width]);
```

10.2.3.10. Zeichenketten und zugeordnete Operationen

```
a) op ≮<, lt ≯= (string a, b) bool :
        begin int m = ⌈ a [at 1], n = ⌈ b [at 1];
          int c := 0;
          for i to (m < n | m | n)
          while (c := abs a [at 1] [i] − abs b [at 1] [i]) = 0
          do skip od;
          (c = 0 | m < n and n > 0 | c < 0)
        end;
b) op ≮≤, <=, le ≯= (string a, b) bool : ¬ (b < a);
c) op ≮=, eq ≯= (string a, b) bool : a ≤ b ∧ b ≤ a;
d) op ≮≠, /=, ne ≯= (string a, b) bool : ¬ (a = b);
e) op ≮≥, >=, ge ≯= (string a, b) bool : b ≤ a;
f) op ≮ >, gt ≯= (string a, b) bool : b < a;
g) op R = (string a, char b) bool : a R string (b);
h) op R = (char a, string b) bool : string (a) R b;
i) op += (string a, b) string :
        (int m = (int la = ⌈ a [at 1]; la < 0 | 0 | la),
         n = (int lb = ⌈ b [at 1]; lb < 0 | 0 | lb);
         [1 : m + n] char c;
         c [1 : m] := a [at 1]; c [m + 1 : m + n] := b [at 1]; c);
j) op += (string a, char b) string : a + string (b);
k) op += (char a, string b) string : string (a) + b;
l) op ≮*, ×≯= (string a, int b) string : (string c; to b
        do c := c + a od; c);
m) op ≮*, ×≯= (int a, string b) string : b * a;
n) op ≮*, ×≯= (char a, int b) string : string (a) * b;
o) op ≮*, ×≯= (int a, char b) string : b * a;
```

[Die in a, g h definierten Operationen implizieren, daß wenn **abs** "a" < **abs** "b" gilt, auch die Beziehungen "" < "a"; "a" < "b"; "aa" < "ab"; "aa" < "ba"; "ab" < "b" und "ab" < "ba" gelten.]

10.2.3.11. Operationen kombiniert mit Zuordnungen

```
a) op ≮ minusab, −:=≯= (ref L int a, L int b)
      ref L int :
        a := a − b;
b) op ≮ minusab, −:=≯= (ref L real a, L real b)
      ref L real : a := a − b;
```

c) op ≮ minusab, −:=≯ =
(ref L compl a, L compl b) ref L compl : a := a − b;

d) op ≮ plusab, +:=≯ = (ref L int a, L int b)
ref L int : a := a + b;

e) op ≮ plusab, +:=≯ = (ref L real a, L real b)
ref L real : a := a + b;

f) op ≮ plusab, +:=≯ = (ref L compl a, L compl b)
ref L compl : a := a + b;

g) op ≮ timesab, *:=, ×:=≯ =
(ref L int a, L int b) ref L int : a := a * b;

h) op ≮ timesab, *:=, ×:=≯ = (ref L real a, L real b)
ref L real : a := a * b;

i) op ≮ timesab, *:=, ×:=≯ =
(ref L compl a, L compl b) ref L compl : a := a * b;

j) op ≮ overab, ÷:=, %:=≯ =
(ref L int a, L int b) ref L int : a := a ÷ b;

k) op ≮ modab, ÷×:=, ÷*:=, %×:=, %*:=≯ =
(ref L int a, L int b) ref L int : a := a ÷ *b;

l) op ≮ divab, /:=≯ = (ref L real a, L real b)
ref L real : a := a / b;

m) op ≮ divab, /:=≯ = (ref L compl a, L compl b)
ref L compl : a := a / b;

n) op Q = (ref L real a, L int b) ref L real :
a Q L real (b);

o) op Q = (ref L compl a, L int b) ref L compl :
a Q L compl (b);

p) op Q = (ref L compl a, L real b) ref L compl :
a Q L compl (b);

q) op ≮ plusab, +:=≯ = (ref string a, string b)
ref string : a := a + b;

r) op ≮ plusto, +=:≯ = (string a, ref string b)
ref string : b := a + b;

s) op ≮ plusab, +:=≯ = (ref string a, char b)
ref string : a +:= string (b);

t) op ≮ plusto, +=:≯ = (char a, ref string b)
ref string : string (a) +=: b;

u) op ≮ timesab, *:=, ×:=≯ = (ref string a, int b)
ref string : a := a * b;

10.2.3.12. Mathematische Standardkonstanten und -funktionen

a) L real L pi = C ein L Realwert, der möglichst nahe π ist; siehe Math. of Comp. Band 16, 1962, Seiten 80−99 C;

b) proc L sqrt = (L real x) L real : C wenn x ≥ L 0, ein L Realwert möglichst nahe der Quadratwurzel von 'x' C;

c) proc L exp = (L real x) L real : C ein L Realwert, wenn einer existiert, möglichst nahe der Exponentialfunktion von 'x' C;

d) ***proc** L ln* = *(**L real** x) **L real** : **C** ein L Realwert, wenn einer existiert, möglichst nahe dem natürlichen Logarithmus von 'x' **C**;*

e) ***proc** L cos* = *(**L real** x) **L real** : **C** ein L Realwert, möglichst nahe dem Kosinus von 'x' **C**;*

f) ***proc** L arccos* = *(**L real** x) **L real** : **C** wenn* **abs** *x* ≤ ***L 1**, ein L Realwert, möglichst nahe zum Arkuskosinus von 'x', **L 0** ≤ L arccos (x) ≤ L pi **C**;*

g) ***proc** L sin* = *(**L real** x) **L real** : **C** ein L Realwert, möglichst nahe dem Sinus von 'x' **C**;*

h) ***proc** L arcsin* = *(**L real** x) **L real** : **C** wenn* **abs** *x* ≤ ***L 1**, ein L Realwert, möglichst nahe dem Arkussinus von 'x', mit* **abs** *L arcsin (x)* ≤ *L pi / **L 2 C**;*

i) ***proc** L tan* = *(**L real** x) **L real** : **C** ein L Realwert, wenn einer existiert, möglichst nahe dem Tangens von 'x' **C**;*

j) ***proc** L arctan* = *(**L real** x) **L real** : **C** ein L Realwert, möglichst nahe dem Arkustangens von 'x', mit* **abs** *L arctan (x)* ≤ *L pi / **L 2 C**;*

k) ***proc** L next random* = *(**ref L int** a) **L real** :*

*(a := **C** der nächste Pseudozufall L Ganzzahlwert nach 'a' aus einer gleichmäßig verteilten Folge in dem Intervall [**L** 0, L max int] **C**;*

***C** der Realwert, der 'a' bei einer gewissen Abbildung der Ganzzahlwerte von [**L** 0, L max int] in Realwerte von [**L** 0, **L** 1),* [d. h. so daß $0 \leq x < 1$ gilt] *entspricht, derart, daß die so produzierte Folge von Realwerten die Eigenschaften pseudozufällig und gleichmäßig verteilt der Folge der Ganzzahlwerte bewahrt **C**);*

10.2.4. Synchronisierungsoperationen

Die Abarbeitung einer Parallelklausel (**parallel-clause**) P [3.3.1.c] in einer Umgebung U wird eine "parallele Aktion" genannt. Die Abarbeitung einer Bestandteil bildenden Einheit (**unit**) von P in U wird ein "Prozeß" dieser parallelen Aktion genannt.

Irgendeine Abarbeitung A [in einer gewissen Umgebung] von einer der beiden **ENCLOSED**-Klauseln (**ENCLOSED-clauses**), die durch die Pragmate (**pragmats**, 9.2.1.b) ***pr** Start des nicht kompatiblen Teils **pr*** und ***pr** Ende des nicht kompatiblen Teils **pr*** in den Formen 10.2.4.d und 10.2.4.e beschrieben sind, ist nicht kompatibel [2.1.4.2.e] mit irgendeiner Abarbeitung B von einer der beiden **ENCLOSED**-Klauseln, wenn A und B abgeleitete Aktionen [2.1.4.2.b] von verschiedenen Prozessen ein und derselben parallelen Aktion sind.

a) ***mode sema** = **struct** (**ref int** F);*

b) ***op level** = (**int** a) **sema** :*
   *(**sema** s; F **of** s := **heap int** := a; s);*

c) ***op level** = (**sema** a) **int** : F **of** a;*

d) ***op down** = (**sema** edsger) **void** :*
   ***begin ref int** dijkstra = F **of** edsger;*
   while
   pr** Start des nicht kompatiblen Teils **pr
   if** dijkstra **ge 1 then** dijkstra −:= 1; **false
   else
   ***C** Es sei P der Prozeß, so daß die Abarbeitung dieser Pseudobemerkung* [10.1.3. Schritt 7] *eine abgeleitete Aktion von P ist, aber nicht von irgend-*

```
            einem anderen Prozeß, der von P abgeleitet ist. Der-Prozeß P wird ange-
            halten [2.1.4.3.f] C; true
            fi
         pr Ende des nicht kompatiblen Teils pr
      do skip od
   end;
e) op up = (sema edsger) void :
   pr Start des nicht kompatiblen Teils pr
      if ref int dijskstra = F of edsger; (dijkstra +:= 1) ≥ 1
      then
         C alle Prozesse werden wieder aufgenommen [2.1.4.3.g], die angehalten wur-
         den, weil die ganze Zahl, zu der der Name referiert, der von 'dijkstra' geliefert
         wird, kleiner als eins war C
      fi
   pr Ende des nicht kompatiblen Teils pr;
```

[Für den Gebrauch von ***down*** und ***up*** siehe E. W. DIJKSTRA Cooperating Sequential Processes, enthalten in Programming Languages, GENUYS, F. (Herausgeber), London etc., Academic Press, 1968; siehe auch 11.12.]

10.3. Transgabe Deklarationen

["So it does!" said Pooh. "It goes in!"
"So it does!" said Piglet. "And it comes out!"
"Doesn't it?" said Eeyore. "It goes
in and out like anything."
Winnie - the - Pooh, A. A. Milne

"So geht es!" sagte Pu. "Es geht hinein!"
"So geht es!" sagte Ferkel. "Und es kommt heraus!"
"Warum auch nicht?" sagte I-Aah.
"Es geht hinein und heraus wie alles."
Pu der Bär, A. A. Milne]

[Drei Arten der "Transgabe" (d. h. Eingabe und Ausgabe) sind durch das Standardvorspiel (**standard-prelude**) vorgesehen, nämlich die formatlose Transgabe (10.3.3), die formatierte Transgabe (10.3.5) und die binäre Transgabe (10.3.6).]

10.3.1. Bücher, Kanäle und Dateien

["Bücher", "Kanäle" und "Dateien" bilden die Transgabeausrüstungen der realen Maschine ab, die für die Implementation benutzt wird.]

10.3.1.1. Bücher und Dateibereiche

[aa) Die gesamte Information innerhalb des Systems ist in einer Anzahl von "Büchern" zu finden. Ein Buch (book) (a) ist ein strukturierter Wert, der ein Feld *text* von einem durch ***flextext*** (b) spezifizierten Modus einschließt, das zu Information in Form von Zeichen referiert. *Text* hat eine variable Anzahl von Seiten, jede davon kann eine variable Anzahl von Zeilen und jede von denen eine variable Anzahl von Zeichen haben. Positionen innerhalb von *text* werden durch eine Seitennummer, eine Zeilennummer und eine Zeichennummer angezeigt. Das Buch schließt ein Feld *lpos* ein, das das "logische Ende" des Buches anzeigt, d. h. die Position, bis zu der es mit Information gefüllt wurde, weiter eine Zeichenkette *idf* zur Identifikation des Buches, die möglicherweise eine andere Information, z. B. über den Eigentümer, einschließt, und Felder *putting* und *users*, die nur dann gestatten, das Buch für mehr als eine Datei gleichzeitig zu öffnen (10.3.1.4.d), wenn Ausgabe auf keiner von ihnen möglich ist.

bb) Zu den Büchern in dem System hat man Zugriff über eine Kette von Dateibereichen. Auf die Kette der Bücher, die für das Eröffnen (10.3.1.4.dd) verfügbar sind, wird durch *chainbfile* Bezug genommen. Auf ein gegebenes Buch kann durch mehr als einen Dateibereich in dieser Kette Bezug genommen werden. Das erlaubt den gleichzeitigen Zugriff zu einem einzelnen Buch durch mehr als einen Prozeß (10.2.4.). Jedoch kann solch gleichzeitiger Zugriff nur das Lesen eines Buches betreffen, während nur ein einziger schreibender Prozeß zu einem Buch Zugriff haben darf (aa). Auf die Kette der Bücher, die gesperrt sind (10.3.1.4.o), wird durch *lockedbfile* Bezug genommen.

cc) Einem gleichzeitigen Zugriff auf die Kette der Dateibereiche durch mehr als einen Prozeß wird durch den Gebrauch des Signals *bfileprotect* vorgebeugt, das gegenseitige Ausschließung zwischen solchen Prozessen schafft.

dd) Bücher können durch Tasks (z. B. das Operationssystem) in der System-Task-Liste (10.4.2) geschaffen (z. B. durch Eingabe) oder zerstört (z. B. nach Ausgabe) werden. Solche Bücher werden der Kette der Dateibereiche hinzugefügt oder aus ihr entfernt.]

```
a) mode 𝔖 book = struct (flextext text,
     pos lpos c logisches Ende des Buches c,
     string idf c Identifikation c,
     bool putting c wahr, wenn das Buch beschrieben werden darf c,
     int users c die Zahl, wie oft das Buch eröffnet ist c);
b) mode 𝔖 text = ref [ ] [ ] [ ] char,
     mode 𝔖 flextext = ref flex [ ] flex [ ] flex [ ] char;
c) mode 𝔖 pos = struct (int p, l, c);
d) prio 𝔖 beyond = 5,
     op beyond = (pos a, b) bool :
       if p of a < p of b then false
       elif p of a > p of b then true
       elif l of a < l of b then false
       elif l of a > l of b then true
       else c of a > c of b
       fi;
e) mode 𝔖 bfile = struct (ref book book,
     ref bfile next);
f) ref bfile 𝔖 chainbfile := nil;
g) ref bfile 𝔖 lockedbfile := nil;
h) sema 𝔖 bfileprotect = (sema s;
       F of s := PRIM int := 1; s);
```

10.3.1.2. Kanäle

[aa) Ein Kanal entspricht einer der oder mehreren physikalischen Ausrüstungen (z. B. einem Kartenleser, Kartenstanzer oder Zeilendrucker oder sogar einem Überwachungssystem in der Kernphysik, dessen Ergebnisse in dem Computer gesammelt werden) oder einem Dateispeicher, der durch das Operationssystem verwaltet wird. Ein Kanal ist ein strukturierter Wert, dessen Felder Routinen sind, die Wahrheitswerte liefern, welche die verfügbaren Zugriffsmethoden zu dem über diesen Kanal erreichbaren Buch charakterisieren. Weil die Zugriffsmethoden zu einem Buch sowohl von dem Buch als auch in gleicher Weise von dem Kanal abhängen können (z. B. kann ein gewisses Buch gegriffen worden sein, das gelesen, aber nicht beschrieben werden darf), hängen die meisten dieser Eigenschaften vom Kanal und dem Buch ab. Diese Eigenschaften können geprüft werden mit Hilfe der für Dateien geschaffenen Abfragen der Rahmenkenngrößen. Zwei Rahmenabfragen sind für Kanäle geschaffen. Diese sind:

- *estab possible*, das true liefert, wenn eine weitere Datei auf dem Kanal "eingerichtet" (10.3.1.4.cc) werden kann;
- *standconv*, das benutzt werden kann, um bei Fehlern den standardmäßigen "Konvertierungsschlüssel" (bb) für den Kanal zu erhalten.

bb) Ein "Konvertierungsschlüssel" ist ein Wert von einem durch ***conv*** spezifizierten Modus, der benutzt wird, um Zeichen in die Werte oder von den Werten zu konvertieren, die in "interner" in der Anlage und in "externer" Form im Buch gespeichert sind. Er ist ein strukturierter Wert, der eine Reihe von Strukturen einschließt. Jede von ihnen enthält einen Wert in interner Form und seinen entsprechenden externen Wert. Die Implementation kann zusätzliche Konvertierungsschlüssel in ihrem Bibliotheksvorspiel (**library-prelude**) bereitstellen.

cc) Drei Standardkanäle sind mit unten (e, f, g) definierten Eigenschaften vorgesehen. Die Implementation kann zusätzliche Kanäle in ihrem Bibliotheksvorspiel liefern. Das Feld *channel number* dient dazu, Kanäle mit andernfalls identischen Möglichkeiten zu unterscheiden.]

a) ***mode channel*** =
  struct (proc (ref book) bool *𝔖 reset, 𝔖 set, 𝔖 get,*
  𝔖 put, 𝔖 bin, 𝔖 compress, 𝔖 reidf,
  prof bool *𝔖 estab,* ***proc pos*** *𝔖 max pos,*
  proc (ref book) conv *𝔖 standconv,* ***int***
  𝔖 channel number);

b) ***mode*** *𝔖* ***conv*** = ***struct*** *([1:* ***int*** *(* ***skip****)]*
  struct (char *internal, external) F);*

c) ***proc*** *estab possible* = ***(channel*** *chan)* ***bool*** : *estab* ***of*** *chan;*

d) ***proc*** *standconv* =
  (channel *chan)* ***proc (ref book) conv*** :
  standconv ***of*** *chan;*

e) ***channel*** *stand in channel = **C** ein Kanalwert (d. h. ein Wert vom Modus* ***channel****), dessen Feld, das durch 'get' selektiert wird, eine Routine ist, die immer mit* true *antwortet, und dessen andere Felder gewisse passende Werte sind **C**;*

f) ***channel*** *stand out channel = **C** ein Kanalwert, dessen Feld, das durch 'put' selektiert wird, eine Routine ist, die immer mit* true *antwortet, und dessen andere Felder gewisse passende Werte sind **C**;*

g) ***channel*** *stand back channel = **C** ein Kanalwert, dessen Felder, die durch 'set', 'reset', 'get', 'put' und 'bin' selektiert werden, Routinen sind, die immer mit* true *antworten, und dessen andere Felder gewisse passende Werte sind **C**;*

10.3.1.3. Dateien

[aa) Eine "Datei" ("file") ist das Kommunikationsmittel zwischen einem speziellen Programm (**particular-program**) und einem Buch, das auf dieser Datei über einen gewissen Kanal eröffnet wurde. Sie ist ein strukturierter Wert, der eine Referenz zu dem Buch, mit dem sie verbunden ("linked") wurde (10.3.1.4.bb), und eine andere Referenz zu dem *text* des Buches einschließt. Die Datei enthält auch die Information, die für die Transgaberoutinen notwendig ist, um mit dem Buch zu arbeiten, eingeschlossen die laufende Position *cpos* in *text*, den laufenden "Status" (bb), das laufende "Format" (10.3.4) und den Kanal, auf dem sie eröffnet wurde.

bb) Der "Status" einer Datei wird bestimmt durch fünf Felder:

- *read mood* liefert **true**, wenn die Datei für Eingabe benutzt wird;
- *write mood* liefert **true**, wenn die Datei für Ausgabe benutzt wird;
- *char mood* liefert **true**, wenn die Datei für Zeichentransgabe benutzt wird;
- *bin mood* liefert **true**, wenn die Datei für binäre Transgabe benutzt wird;
- *opened* liefert **true**, wenn die Datei mit einem Buch verbunden wurde.

cc) Eine Datei schließt einige "Maßnahmeroutinen" ("event routine") ein, die aufgerufen werden, wenn gewisse Bedingungen während der Transgabe eintreten. Nach dem Eröffnen der Datei antworten die (normalen) Maßnahmeroutinen, Mängel vorausgesetzt, mit **false**, wenn sie aufgerufen werden. Aber der Programmierer kann auch andere Maßnahmeroutinen vorsehen. Weil die Felder einer Datei dem Benutzer nicht direkt zugreifbar sind, können die Maßnahmeroutinen nur ausgewechselt werden durch Gebrauch der "on-Routinen" (l,m,n,o,p,q,r). Den Maßnahmeroutinen wird immer eine Referenz zu der Datei als Parameter gegeben. Wenn die Abarbeitung einer Maßnahmeroutine beendet ist, kann die Transgaberoutine, die sie aufrief, keine weitere Aktion vollziehen. Jedoch wenn sie mit **true** antwortet, wird angenommen, daß die Bedingung in irgendeiner Weise behoben werden konnte und wenn möglich geht die Transgabe weiter. Wenn sie aber mit **false** antwortet, arbeitet das System weiter mit der angegebenen Fehleraktion. Die on-Routinen sind:

- *on logical file end.* Die entsprechende Maßnahmeroutine wird aufgerufen, wenn während der Eingabe vom Buch oder als Resultat des Aufrufes von *set* das logische Ende der Datei erreicht ist (siehe 10.3.1.6.dd).

Beispiel:

Der Programmierer wünscht die Anzahl der ganzen Zahlen auf seinem Eingabeband zu zählen. Die Datei *intape* ist in einem umliegenden Bereich (**range**) bereits eröffnet. Wenn er schreibt

```
begin int n := 0;
   on logical file end (intape, (ref file file) bool : goto f);
     do get (intape, loc int); n +:= 1 od; f : print (n)
   end
```

dann verletzt die Zuweisung zu dem Feld von *intape* die Gültigkeitsbereichsbeschränkung, weil der Gültigkeitsbereich der Routine *(**ref file** file) **bool** : **goto** f* kleiner ist als der Gültigkeitsbereich von *intape*, deshalb muß er schreiben

```
begin int n := 0; file auxin := intape;
on logical file end (auxin, (ref file file) bool : goto f);
   do get (auxin, loc int); n +:= 1 od; f : print (n)
end
```

• *on physical file end.* Die entsprechende Maßnahmeroutine wird aufgerufen, wenn die laufende Seitennummer der Datei die Zahl der Seiten im Buch überschreitet und weitere Transgabe versucht wird (siehe 10.3.1.6.dd).
• *on page end.* Die entsprechende Maßnahmeroutine wird aufgerufen, wenn die laufende Zeilennummer die Anzahl der Zeilen in der laufenden Seite überschreitet und weitere Transgabe versucht wird (siehe 10.3.1.6.dd).
• *on line end.* Die entsprechende Maßnahmeroutine wird aufgerufen, wenn die laufende Zeichennummer der Datei die Zahl der Zeichen in der laufenden Zeile überschreitet und weitere Transgabe versucht wird (siehe 10.3.1.6.dd).

Beispiel:

Der Programmierer wünscht ein automatisches Einsetzen einer Kopfzeile am Beginn jeder Seite seiner Datei *f*:

```
on page end (f, (ref file file) bool :
(put (file, (newpage, "seitennummer", whole (i +:= 1, 0), newline));
true)
c es ist angenommen, daß i irgendwo deklariert wurde c)
```

• *on char error.* Die entsprechende Maßnahmeroutine wird aufgerufen, wenn eine Zeichenkonvertierung erfolglos war oder wenn während der Eingabe ein Zeichen gelesen wurde, das nicht "erwartet" (10.3.4.1.1l) wurde.

Die Maßnahmeroutine wird aufgerufen mit einer Referenz zu einem Zeichen, das als Ersatz vorgeschlagen wird. Die durch den Programmierer vorgesehene Maßnahmeroutine kann ein anderes als das vorgeschlagene Zeichen zuweisen. Wenn die Maßnahmeroutine mit **true** antwortet, dann wird jenes vorgeschlagene Zeichen, das möglicherweise modifiziert wurde, benutzt.

Beispiel: Der Programmierer wünscht Geldsummen zu lesen, die als "$123.45", "␣ $23.45", "␣␣ $3.45" usw. gestanzt sind:

```
  on char error (stand in, (ref file f, ref char sugg) bool :
if sugg = "0" then char c; backspace (f); get (f, c);
  (c = "$" | get (f, sugg); true | false) else false
fi); int cents; readf (($ 3z"."dd $, cents))
```

• *on value error.* Die entsprechende Maßnahmeroutine wird aufgerufen,
(i) wenn während formatierter Transgabe ein Versuch gemacht wird, einen Wert unter der Steuerung eines "Bildes", mit welchem er nicht kompatibel ist, zu transgeben, oder wenn die Zahl der "Vorlagen" nicht ausreicht. Wenn die Routine mit **true** antwortet, werden der laufende Wert und das Bild übersprungen, und die Transgabe wird fortgesetzt. Wenn die Routine mit **false** antwortet, wird zunächst — bei der Ausgabe — der Wert durch *put* ausgegeben und dann *undefined* aufgerufen.
(ii) wenn es während der Eingabe unmöglich ist, eine Zeichenkette in einen Wert von gegebenem Modus zu konvertieren. (Dies würde z. B. eintreten, wenn ein Versuch gemacht wird, eine ganze Zahl größer als *max int* (10.3.1.c) zu lesen.)
• *on format end.* Die entsprechende Maßnahmeroutine wird aufgerufen, wenn während formatierter Transgabe das Format ausgeschöpft ist, obwohl noch ein gewisser Wert für die Transgabe übrig bleibt. Wenn die Maßnahmeroutine mit **true** antwortet, wird *undefined* aufgerufen, wenn kein neues Format für die Datei durch die Routine vorgesehen wurde. Andernfalls wird das laufende Format wiederholt.

dd) Das Feld *ccnv* einer Datei ist der laufende Konvertierungsschlüssel (10.3.1.2.bb). Nach dem Eröffnen einer Datei wird zunächst der standardmäßige Konvertierungsschlüssel vorgesehen. Irgendein anderer Konvertierungsschlüssel kann durch den Programmierer mittels eines Aufrufes von *make conv* (j) dafür eingesetzt werden, vorausgesetzt, daß solch ein Schlüssel im Bibliotheksvorspiel vorgesehen ist.

ee) Die Routine *make term* wird benutzt, um eine Zeichenkette einer Datei zuzuordnen. Diese Zeichenkette wird beim Eingeben einer variablen Anzahl von Zeichen benutzt, indem irgendeins ihrer Zeichen als Begrenzer (terminator) dient. (Die Eingabe wird beim Auftreten eines Zeichens aus der Begrenzerkette abgebrochen.)

ff) Die verfügbaren Zugriffsmethoden zu einem Buch, das auf einer Datei eröffnet wurde, können festgestellt werden durch Aufrufe der folgenden Routinen (beachte, daß das Ergebnis solch eines Aufrufes sowohl eine Funktion des Buches als auch des Kanals und anderer nicht durch diesen Bericht definierten Rahmenfaktoren sein kann):

- *get possible* antwortet mit true, wenn die Datei für Eingabe benutzt werden kann;
- *put possible* antwortet mit true, wenn die Datei für Ausgabe benutzt werden kann;
- *bin possible* antwortet mit true, wenn die Datei für binäre Transgabe benutzt werden kann;
- *compressible* antwortet mit true, wenn Zeilen und Seiten während der Ausgabe verdichtet werden (10.3.1.6.aa), in diesem Fall heißt das Buch "komprimierbar";
- *reset possible* antwortet mit true, wenn die Datei zurückgesetzt werden kann, d. h. ihre laufende Position auf (1,1,1) gesetzt werden kann;
- *set possible* antwortet mit true, wenn die Datei gesetzt werden kann, d. h. die laufende Position zu einem spezifizierten Wert gewechselt werden kann, das Buch heißt dann ein "wahlfrei zugreifbares" Buch, andernfalls ein "sequentiell zugreifbares" Buch;
- *reidf possible* antwortet mit true, wenn das Feld *idf* des Buches gewechselt werden kann;
- *chan* liefert den Kanal, auf dem die Datei eröffnet wurde. Dies kann z. B. durch eine *on physical file end* zugeordnete Routine benutzt werden, um eine andere Datei auf demselben Kanal zu eröffnen.

gg) Bei sequentiell zugreifbaren Büchern wird *undefined* (10.3.1.4.a) aufgerufen, wenn sich binäre und Zeichentransgabe abwechseln, d. h., nach dem Eröffnen oder Zurücksetzen (10.3.1.6.j) ist beides möglich, jedoch wenn eins stattgefunden hat, kann das andere nicht stattfinden bis nach einer anderen Zurücksetzung.

hh) Bei sequentiell zugreifbaren Büchern verursacht die Ausgabe unmittelbar, daß das logische Ende des Buches auf die laufende Position gesetzt wird (außer beide sind in derselben Zeile). So kann eine Eingabe der Ausgabe nicht folgen ohne ein vorhergehendes Zurücksetzen (10.3.1.6.j).

Beispiel:

begin file *f1, f2; [1 : 10000]* ***int*** *x;* ***int*** *n := 0;*
open (f1, "", channel 2);
f2 := f1; **c** *nun können f1 und f2 austauschbar benutzt werden* **c** *make conv (f1, flexocode); make conv (f2, telexcode);* **c** *nun benutzen f1 und f2 verschiedene Kodes; flexocode und telexcode sind im Bibliotheksvorspiel für diese Implementation definiert* **c** *reset (f1);* **c** *als Konsequenz davon ist auch f2 zurückgesetzt* **c** *on logical file end (f1, (****ref file*** *f)* ***bool*** *:* ***goto*** *done);*

for *i* ***do*** *get (f1, x[i]); n := i* ***od;*** **c** *geht schief, wenn es mehr als 10000 ganze Zahlen bei der Eingabe gibt* **c** *done : reset (f1);* ***for*** *i* ***to*** *n* ***do*** *put (f2, x[i])* ***od;***
close (f2) **c** *f1 ist nun ebenfalls geschlossen* **c**
end]

a) ***mode file*** =

struct (ref book 𝔖 *book,* ***union (flextext, text)***
𝔖 *text,* ***channel*** 𝔖 *chan,* ***ref format*** 𝔖 *format,*
ref int 𝔖 *forp,* ***ref bool*** 𝔖 *read mood,* 𝔖 *write mood,*
𝔖 *char mood,* 𝔖 *bin mood,* 𝔖 *opened,*
ref pos 𝔖 *cpos* **c** *laufende Position* **c**,
string 𝔖 *term* **c** *Zeichenkettenbegrenzer* **c**,
conv 𝔖 *conv* **c** *Zeichenkonvertierungsschlüssel* **c**,
proc (ref file) bool 𝔖 *logical file mended,*
𝔖 *physical file mended,* 𝔖 *page mended,* 𝔖 *line mended,*
𝔖 *format mended,* 𝔖 *value error mended,*
proc (ref file, ref char) bool 𝔖 *char error mended);*

b) ***proc*** *get possible* = ***(ref file*** *f****) bool*** :
(opened ***of*** *f | (get* ***of*** *chan* ***of*** *f) (book* ***of*** *f) | undefined;* ***skip****);*

c) ***proc*** *put possible* = ***(ref file*** *f****) bool*** :
(opened ***of*** *f | (put* ***of*** *chan* ***of*** *f) (book* ***of*** *f) | undefined;* ***skip****);*

d) ***proc*** *bin possible* = ***(ref file*** *f****) bool*** :
(opened ***of*** *f | (bin* ***of*** *chan* ***of*** *f) (book* ***of*** *f) | undefined; skip);*

e) ***proc*** *compressible* = ***(ref file*** *f****) bool*** :
(opened ***of*** *f | (compress* ***of*** *chan* ***of*** *f) (book* ***of*** *f) | undefined;* ***skip****);*

f) ***proc*** *reset possible* = ***(ref file*** *f****) bool*** :
(opened ***of*** *f | (reset* ***of*** *chan* ***of*** *f) (book* ***of*** *f) | undefined;* ***skip****);*

g) ***proc*** *set possible* = ***(ref file*** *f****) bool*** :
(opened ***of*** *f | (set* ***of*** *chan* ***of*** *f) (book* ***of*** *f) | undefined;* ***skip****);*

h) ***proc*** *reidf possible* = ***(ref file*** *f****) bool*** :
(opened ***of*** *f | (reidf* ***of*** *chan* ***of*** *f) (book* ***of*** *f) | undefined;* ***skip****);*

i) ***proc*** *chan* = ***(ref file*** *f****) channel*** :
(opened ***of*** *f | chan* ***of*** *f | undefined;* ***skip****);*

j) ***proc*** *make conv* = ***(ref file*** *f,* ***proc (ref book) conv*** *c)*
void : *(opened* ***of*** *f | conv* ***of*** *f := c (book* ***of*** *f) | undefined);*

k) ***proc*** *make term* = ***(ref file*** *f,* ***string*** *t)* ***void*** :
term ***of*** *f := t;*

l) ***proc*** *on logical file end* =
(ref file *f,* ***proc (ref file) bool*** *p)* ***void*** :
logical file mended ***of*** *f := p;*

m) ***proc*** *on physical file end* =
(ref file *f,* ***proc (ref file) bool*** *p)* ***void*** : *physical file mended* ***of*** *f := p;*

n) ***proc*** *on page end* =
(ref file *f,* ***proc (ref file) bool*** *p)* ***void*** : *page mended* ***of*** *f := p;*

o) ***proc** on line end =*
***(ref file** f, **proc (ref file) bool** p) **void** : line mended **of** f := p;*

p) ***proc** on format end =*
***(ref file** f, **proc (ref file) bool** p) **void** : format mended **of** f := p;*

q) ***proc** on value error =*
***(ref file** f, **proc (ref file) bool** p) **void** : value error mended **of** f := p;*

r) ***proc** on char error =*
***(ref file** f, **proc (ref file, ref char) bool** p) **void** : char error mended **of** f := p;*

s) ***proc** reidf = (**ref file** f, **string** idf) **void** :*
***if** opened **of** f ∧ reidf possible (f) ∧ idf ok (idf)*
***then** idf **of** book **of** f := idf*
***fi**;*

10.3.1.4. Eröffnen und Schließen von Dateien

[aa) Wenn bei der Transgabe etwas geschieht, das undefiniert gelassen wurde, z. B. bei einem expliziten Aufruf von *undefined* (a), dann folgt daraus nicht, daß die Abarbeitung außer Kontrolle gerät und sofort unterbrochen (2.1.4.3.h) wird, sondern nur, daß eine gewisse spezifische Aktion aufgenommen wird, die nicht allein durch diesen Bericht beschrieben ist oder nicht beschrieben werden kann und die im allgemeinen von der Implementation abhängt.

bb) Ein Buch wird mit einer Datei (file) mit Hilfe von *establish* (b), *create* (c) oder *open* (d) verbunden (linked). Die Verbindung kann mit Hilfe von *close* (n), *lock* (o) oder *scratch* (p) gelöst werden.

cc) Wenn eine Datei auf einem Kanal "eingerichtet" wird (durch Aufruf von *establish*), dann wird ein Buch erzeugt (5.2.3.) mit einem *text* gegebenen Umfangs, der gegebenen Identifikationszeichenkette, mit einem auf true gesetzten *putting* und einem logischen Ende des Buches bei (1,1,1). Eine Implementation kann erfordern (g), daß die Zeichen, die die Identifikationskette bilden, aus einer begrenzten Menge genommen werden und daß die Zeichenkette in der Länge begrenzt ist. Es muß auch verhindert werden, daß zwei Bücher dieselbe solche Zeichenkette haben. Wenn das Einrichten erfolgreich vollständig abgearbeitet ist, wird der Wert 0 geliefert. Andernfalls wird eine gewisse ganze Zahl ungleich Null geliefert (ihr Wert könnte anzeigen, aus welchem Grund die Datei nicht erfolgreich eingerichtet werden konnte).

Wenn eine Datei auf einem Kanal "gebildet" wird (durch Aufruf von *create*), dann wird eine Datei eingerichtet mit einem Buch, dessen Feld *text* die Standardgröße (Maximalumfang) für diesen Kanal hat und dessen Identifikationszeichenkette undefiniert ist.

dd) Wenn eine Datei "eröffnet" wird (durch Aufruf von *open*), dann wird die Kette der Dateibereiche abgesucht nach dem ersten Buch, welches beim Aufruf von *match* (h) mit true antwortet. (Die genaue Arbeitsmethode für *match* ist nicht in diesem Bericht definiert und wird im allgemeinen von der Implementation abhängen. Zum Beispiel kann die an *open* als Parameter gelieferte Zeichenkette einen Kennwert einer gewissen Form einschließen). Wenn das Ende der Kette von Dateibereichen erreicht ist oder wenn ein

Buch ausgewählt wurde, so daß das Feld *putting* dieses Buches **true** liefert, oder wenn Ausgabe zu dem Buch über den Kanal möglich ist und das Buch schon eröffnet ist, dann ist die weitere Abarbeitung undefiniert. Wenn die Datei schon eröffnet ist, schafft ein ***up*** *gremlins* eine Gelegenheit für eine passende Systemaktion mit dem vorher verbundenen Buch (im Fall, daß keine andere Kopie der Datei verbleibt, um diese Verbindung zu bewahren).

ee) Die Routine *associate* kann benutzt werden, um einer Datei einen Wert von einem Modus, der durch ***ref [ ] char***, ***ref [ ] [ ] char*** oder ***ref [ ] [ ] [ ] char*** spezifiziert wird, zuzuordnen, wodurch solche Variablen befähigt werden, als Buch einer Datei benutzbar zu sein.

ff) Wenn eine Datei "geschlossen" wird (durch einen Aufruf von *close*), wird ihr Buch an die Kette der Dateibereiche angehängt, auf die durch *chainbfile* Bezug genommen wird. Ein gewisses System-Task wird dann aktiviert mit Hilfe eines ***up*** *gremlins*. (Dies kann die Kette der Dateibereiche umgestalten, indem das Buch entfernt wird oder weitere Kopien davon hinzugefügt werden. Es kann auch veranlassen, das Buch auf einem gewissen externen Gerät auszugeben.)

gg) Wenn eine Datei "gesperrt" wird (durch einen Aufruf von *lock*), wird ihr Buch an die Kette von Dateibereichen angehängt, auf die durch *lockedbfile* Bezug genommen wird. Ein gewisses System-Task wird dann mit Hilfe eines ***up*** *gremlins* aktiviert. Ein Buch, das gesperrt wurde, kann nicht wieder eröffnet werden, bis ein gewisses folgendes System-Task das Buch an die Kette der Dateibereiche, die für das Eröffnen verfügbar sind, wieder anhängt.

hh) Wenn eine Datei "getilgt" wird (durch einen Aufruf von *scratch*), dann wird ein gewisses System-Task mit Hilfe eines ***up*** *gremlins* aktiviert. (Dieses kann veranlassen, daß über das mit der Datei verbundene Buch in irgendeiner Weise verfügt wird.)]

a) ***proc*** *𝔖 undefined* = ***int*** : ***C*** *eine gewisse spezifische Systemaktion, die eine ganze Zahl liefert, um anzuzeigen, was getan wurde. Es wird angenommen, daß die Systemaktion abhängen darf von der Kenntnis irgendwelcher aufgreifbarer Werte* [2.1.2.c] *innerhalb des Lokalen irgendeiner Umgebung, die älter ist als die, in der diese Pseudobemerkung abgearbeitet wird* [obgleich keine hier geschriebene ALGOL 68 Konstruktion diese Werte aufgreifen könnte] ***C;***

b) ***proc*** *establish* =

```
    (ref file file, string idf, channel chan, int p, l, c) int :
    begin
      down bfileprotect;
      PRIM book book :=
        (PRIM flex [1 : p] flex [1 : l] flex [1 : c] char, (1, 1, 1), idf, true, 1);
      if file available (chan) and (put of chan) (book)
        and estab of chan and
        not (pos (p, l, c) beyond max pos of chan)
        and not (pos (1, 1, 1) beyond pos (p, l, c)) and idf ok (idf)
      then
          (opened of file | up gremlins | up bfileprotect);
          file :=
            (book, text of book, chan, skip, skip,
```

```
        c Status: c heap bool := false, heap bool := true,
          heap bool := false, heap bool := false, heap bool := true,
        heap pos := (1, 1, 1); "", (standconv of chan).(book),
        c Maßnahmeroutinen: c false, false, false, false, false, false,
          (ref file f, ref char a) bool : false);
        (not bin possible (file) | set char mood (file));
        0
    else up bfileprotect; undefined
    fi
  end;
```

c)
```
proc create = (ref file file, channel chan) int :
  begin pos max pos = max pos of chan;
    establish (file, skip, chan, p of max pos, l of max pos, c of max pos)
  end;
```

d)
```
proc open = (ref file file, string idf, channel chan)
int :
  begin
    down bfileprotect;
    if file available (chan)
    then ref ref bfile bf := chainbfile; bool found := false;
      while (ref bfile (bf) :≠: nil) and not found
      do
        if match (idf, chan, book of bf)
        then found := true
        else bf := next of bf
        fi
      od;
      if not found
      then up bfileprotect; undefined
      else ref book book := book of bf;
        if putting of book
          or (put of chan) (book) and users of book > 0
        then
          up bfileprotect; undefined c In diesem Fall ist ein Eröffnen verhindert
            durch andere Benutzer, das System kann entweder warten oder sofort
            eine ganze Zahl ungleich Null liefern (die ein erfolgloses Eröffnen
            anzeigt) c
        else
          users of book +:= 1;
          ((put of chan) (book) | putting of book := true);
          ref ref bfile (bf) := next of bf;
          c entfernt bfile von der Kette c
          (opened of file | up gremlins | up bfiloprotect);
          file :=
            (book, text of book, chan, skip, skip,
            c Status: c heap bool := false, heap bool := false,
```

```
                heap bool := false, heap bool := false, heap bool := true,
                heap pos := (1, 1, 1), "",
                (standconv of chan) (book),
                c Maßnahmeroutinen: c false, false, false, false, false, false,
                (ref file f, ref char a) bool : false);
              (not bin possible (file) | set char mood (file));
              (not get possible (file) | set write mood (file));
              (not put possible (file) | set read mood (file));
              0
            fi
          fi
        else up bfileprotect; undefined
        fi
      end;
```

```
e) proc associate = (ref file file, ref [ ] [ ] [ ] char sss) void :
     if int p = lwb sss; int l = lwb sss [p]; int c = lwb sss [p] [l];
       p = 1 and l = 1 and c = 1
     then
       proc t = (ref book a) bool : true;
       proc f = (ref book a) bool : false;
       channel chan = (t, t, t, t, f, f, f, bool : false,
         pos : (max int, max int, max int), skip, skip);
       (opened of file | down bfileprotect; up gremlins);
         file :=
           (heap book := (skip, (upb sss + 1, 1, 1), skip, true, 1),
           sss, chan, skip, skip,
           c Status: c heap bool := false, heap bool := false,
           heap bool := true, heap bool := false, heap bool := true,
         heap pos := (1, 1, 1), "", skip,
         c Maßnahmeroutinen: c false, false, false, false, false,
           false, (ref file f, ref char a) bool : false)
     else undefined
     fi;
```

f) **proc** ⅁ *file available* = (**channel** *chan*) **bool** :
C wahr, wenn eine andere Datei in diesem Zeitpunkt auf 'chan' eröffnet werden kann, andernfalls falsch C;

g) **proc** ⅁ *idf ok* = (**string** *idf*) **bool** :
C wahr, wenn 'idf' für die Implementation als Identifikation eines neuen Buches annehmbar ist, sonst falsch C;

h) **proc** ⅁ *match* = (**string** *idf*, **channel** *chan*, **ref book** *bookname*) **bool** :
C wahr, wenn das Buch, das durch 'bookname' referiert wird, durch 'idf' identifi iert werden kann, und wenn zu diesem Buch durch 'chan' rechtmäßig zugegriffen werden kann, sonst falsch C;

```
i) proc ℌ false = (ref file file) bool : false
   c die Routine wird der Kürze wegen in 'establish', 'open' und 'associate' verwendet
   c;

j) proc ℌ set write mood = (ref file f) void :
     if ¬ put possible (f) or
        ¬ set possible (f) and bin mood of f and read mood of f
     then undefined
     else ref bool (read mood of f) := false;
        ref bool (write mood of f) := true
     fi;

k) proc ℌ set read mood = (ref file f) void :
     if ¬ get possible (f) or
        ¬ set possible (f) and bin mood of f and write mood of f
     then undefined
     else ref bool (read mood of f) := true;
        ref bool (write mood of f) := false
     fi;

l) proc ℌ set char mood = (ref file f) void :
     if ¬ set possible (f) and bin mood of f
     then undefined
     else ref bool (char mood of f) := true;
        ref bool (bin mood of f) := false
     fi;

m) proc ℌ set bin mood = (ref file f) void :
     if ¬ bin possible (f) or ¬ set possible (f) and char mood of f
     then undefined
     else ref bool (char mood of f) := false;
        ref bool (bin mood of f) := true
     fi;

n) proc close = (ref file file) void :
     if opened of file
     then
        down bfileprotect;
           ref bool (opened of file) := false;
           ref book book = book of file;
              putting of book := false; users of book −:= 1;
              (text of file | (flextext) : chainbfile :=
                 PRIM bfile := (book, chainbfile));
        up gremlins
     fi;

o) proc lock = (ref file file) void :
     if opened of file
     then
```

```
          down bfileprotect;
            ref bool (opened of file) := false;
            ref book book = book of file;
              putting of book := false; users of book -:= 1;
              (text of file | (flextext) : lockedbfile :=
                PRIM bfile := (book, lockedbfile));
          up gremlins
        fi;

p) proc scratch = (ref file file) void :
        if opened of file
        then
          down bfileprotect;
            ref bool (opened of file) := false;
              putting of book of file := false;
              users of book of file -:= 1;
          up gremlins
        fi;
```

10.3.1.5. Positionskenngrößen

[aa) Die "laufende Position" eines auf einer gegebenen Datei eröffneten Buches ist der Wert, der von dem Feld *cpos* jener Datei referiert wird. Sie wird durch jede Transgabeoperation vorwärtsgeschoben in Übereinstimmung mit der Anzahl der geschriebenen oder gelesenen Zeichen.

Ist c die laufende Zeichenzahl und lb die Länge der laufenden Zeile, dann ist stets $1 \leq c \leq lb + 1$. Aus $c = 1$ folgt, daß die nächste Transgabeoperation an der ersten Zeichenstelle der Zeile stattfindet und $c = lb + 1$ bedeutet, daß die Zeilenlänge überschritten wurde und daß die nächste Transgabeoperation eine Maßnahmeroutine aufrufen wird. Ist $lb = 0$, dann ist die Zeile leer und befindet sich daher stets im Überlaufzustand. Entsprechende Einschränkungen gelten für die laufenden Zeilen- und Seitenzahlen. Man beachte, hat die Seite Überlauf, so ist die laufende Zeile leer, wenn sogar das Buch Überlauf hat, sind sowohl laufende Seite als auch laufende Zeile leer (e).

bb) Der Benutzer kann die laufende Position mit Hilfe der Routinen *char number, line number* und *page number* (a,b,c) bestimmen.

cc) Wenn die laufende Position die Zeile, Seite oder das Buch überschreitet, sagt man, sie ist außerhalb der "realen Datei" ("physical file") (f,g,h).

dd) Wenn beim Lesen die laufende Position bei dem logischen Ende ist, dann sagt man, sie ist außerhalb der "logischen Datei" ("logical file") (i).]

[Jede Routine in diesem Abschnitt ruft *undefined* auf, wenn die Datei nicht beim Eintritt eröffnet ist.]

```
a) proc char number = (ref file f) int :
        (opened of f | c of cpos of f | undefined);
```

```
b) proc line number = (ref file f) int :
       (opened of f | l of cpos of f | undefined);

c) proc page number = (ref file f) int :
       (opened of f | p of cpos of f | undefined);

d) proc ℌ current pos = (ref file f) pos :
       (opened of f | cpos of f | undefined; skip);

e) proc ℌ book bounds = (ref file f) pos :
       begin pos cpos = current pos (f);
         int p = p of cpos, l = l of cpos;
         case text of f in
           (text t1) : (int pb = upb t1;
                        int lb = (p le 0 or p > pb | 0 | upb t1[p]);
                        int cb = (l le 0 or l > lb | 0 | upb t1[p][l]);
                        (pb, lb, cb) ),
          (flextext t2) : (int pb = upb t2;
                        int lb = (p le 0 or p > pb | 0 | upb t2[p]);
                        int cb = (l le 0 or l > lb | 0 | upb t2[p][l]);
                        (pb, lb, cb) )
         esac
       end;

f) proc ℌ line ended = (ref file f) bool :
       (int c = c of current pos (f); c > c of book bounds (f));

g) proc ℌ page ended = (ref file f) bool :
       (int l = l of current pos (f); l > l of book bounds (f));

h) proc ℌ physical file ended = (ref file f) bool :
       (int p = p of current pos (f); p > p of book bounds (f));

i) proc ℌ logical file ended = (ref file f) bool :
       not (lpos of book of f beyond current pos (f));
```

10.3.1.6. Anordnungsroutinen

[aa) Ein Buch, eingegeben von einem externen Medium durch ein gewisses System-Task, kann Zeilen und Seiten enthalten, die nicht alle dieselbe Länge haben. Im Gegensatz dazu sind die Zeilen und Seiten eines Buches, das eingerichtet wurde (10.3.1.4.cc), alle anfänglich von der Größe, die durch den Benutzer spezifiziert ist. Jedoch wenn während der Ausgabe zu einem komprimierbaren Buch (10.3.1.3.ff) *newline* (*newpage*) aufgerufen wird mit der laufenden Position in derselben Zeile (Seite) wie das logische Ende des Buches, wird diese Zeile (die Seite, die jene Zeile enthält) verkürzt zu der Zeichenzahl (Zeilenzahl) des logischen Endes. So könnte *print (("abcde", newline))* verursachen, daß die laufende Zeile auf eine Länge von 5 Zeichen reduziert wird. Man beachte, daß sinnvoll für eine Zeile ist, keine Zeichen zu enthalten, und für eine Seite keine Zeilen.

Obwohl die Wirkung eines Kanals, dessen Bücher sowohl komprimierbar als auch von wahlfreiem Zugriff (10.3.1.3.ff) sind, wohl definiert ist, ist es nicht zu empfehlen, daß solch eine Kombination in tatsächlichen Implementationen verwendet wird.

bb) Die Routinen *space* (a), *newline* (c) und *newpage* (d) dienen dazu, die laufende Position auf das nächste Zeichen bzw. die nächste Zeile oder Seite vorzurücken. Sie ändern jedoch nicht (außer wie in cc vorausgesetzt wird) den Inhalt der Positionen, die übersprungen werden. So hat *print (("a", backspace, space))* eine von *print (("a", backspace, blank))* verschiedene Wirkung.

Die laufende Position kann auch durch Aufrufe von *backspace* (b), *set char number* (k) und bei geeigneten Kanälen von *set* (i) und *reset* (j) verändert werden.

cc) Der Inhalt eines neu eingerichteten Buches ist undefiniert und sowohl seine laufende Position als auch das logische Ende sind bei (1,1,1). Sowie die Ausgabe vorangeht, wird es mit Zeichen gefüllt, und das logische Ende bewegt sich entsprechend vorwärts. Wenn während der Zeichenausgabe mit der laufenden Position am logischen Ende des Buches *space* aufgerufen wird, dann wird ein Zwischenraumzeichen geschrieben (eine ähnliche Aktion findet statt im Fall von *newline* und *newpage*, wenn das Buch nicht komprimierbar ist).

Ein Aufruf von *set*, der versucht, die laufende Position hinter das logische Ende (10.3.1.5.dd) zu legen, resultiert in einem Aufruf von *undefined* (eine spezifische Systemaktion könnte das logische Ende auf die laufende Position oder sogar auf das reale Ende des Buches voransetzen). Es gibt somit weder einen bestimmten Weg, nach dem die laufende Position hinter das logische Ende gestellt werden kann, noch einen, nach dem irgendein Zeichen innerhalb der logischen Datei in seinem anfänglichen undefinierten Status bleibt.

dd) Eine Lese- oder Schreiboperation oder ein Aufruf von *space, newline, newpage, set* oder *set char number* kann die laufende Position außerhalb der realen oder logischen Datei (10.3.1.5.cc,dd) bringen, aber das hat keine unmittelbaren Konsequenzen. Jedoch, bevor eine weitere Transgabe versucht wird oder ein weiterer Aufruf von *space, newline* oder *newpage* (aber nicht von *set* oder *set char number*) gemacht wird, muß die laufende Position in eine "gute" Position gebracht werden. Die Datei ist "gut", wenn beim Schreiben (Lesen) die laufende Position nicht außerhalb der realen (logischen) Datei ist (10.3.1.5.cc,dd). Eine Seite (Zeile) ist "gut", wenn die Zeilenzahl (Zeichenzahl) nicht überschritten wurde. Die *on logical file end, on physical file end, on page end* oder *on line end* entsprechende Maßnahmeroutine (10.3.1.3.cc) wird daher, wenn erforderlich, aufgerufen. Mit Ausnahme der formatierten Transgabe (welche die Routine *check pos* von 10.3.3.2.c benutzt) ist die Standardaktion bei Fehlern, wenn die Maßnahmeroutine mit **false** antwortet, ein Aufruf von *undefined* bzw. *undefined newpage* oder *newline*. Danach (oder wenn mit **true** geantwortet wird) wird, wenn die Position noch nicht gut ist, wieder eine Maßnahmeroutine (die nicht notwendig dieselbe ist) aufgerufen.

ee) Der Status der Datei (10.3.1.3.bb) steuert gewisse Effekte der Anordnungsroutinen. Wenn der Lies/Schreibmodus "lesend" ist, ist der Effekt von *space, newline* und *newpage* bei einem Versuch, das logische Ende zu passieren, ein Aufruf der *on logical file end* entsprechenden Maßnahmeroutine mit der Standardaktion bei Fehlern *undefined*. Wenn er "schreibend", ist der Effekt, Zwischenräume auszugeben (oder bei Binärmodus irgendein undefiniertes Zeichen zu schreiben) oder die laufende Zeile oder Seite zu komprimieren (siehe cc). Wenn der Lies/Schreibmodus nicht beim Eintritt in eine Anordnungsroutine bestimmt ist, wird *undefined* aufgerufen. Beim Ausgang wird der beim Eintritt vorhandene Lies/Schreibmodus wiederhergestellt.]

```
a) proc space = (ref file f) void :
     if ¬ opened of f then undefined
     else
       bool reading =
         (read mood of f | true |: write mood of f | false
         | undefined; skip);
       (¬ get good line (f, reading) | undefined);
       ref pos cpos = cpos of f;
       if reading then c of cpos +:= 1
       else
         if logical file ended (f) then
           if bin mood of f then
             (text of f | (flextext t2) :
               t2 [p of cpos] [l of cpos] [c of cpos] := skip);
             c of cpos +:= 1; lpos of book of f := cpos
           else put char (f, "␣")
           fi
         else c of cpos +:= 1
         fi
       fi
     fi;

b) proc backspace = (ref file f) void :
     if ¬ opened of f then undefined
     else ref int c = c of cpos of f;
       (c > 1 | c -:=1 | undefined)
     fi;

c) proc newline = (ref file f) void :
     if ¬ opened of f then undefined
     else
       bool reading =
           (read mood of f | true |: write mood of f |
           false | undefined; skip);
         (¬ get good page (f, reading) | undefined);
         ref pos cpos = cpos of f, lpos = lpos of book of f;
         if p of cpos = p of lpos and l of cpos = l of lpos
         then c of cpos := c of lpos;
           if reading then newline (f)
           else
             if compressible (f)
             then ref int pl = p of lpos, ll = l of lpos;
           flextext text = (text of f | (flextext t2) : t2);
            text [pl] [ll] := text [pl] [ll] [: c of lpos − 1]
```

```
          else while ¬ line ended (f) do space (f) od
          fi;
          cpos := lpos := (p of cpos, l of cpos + 1, 1)
        fi
      else cpos := (p of cpos, l of cpos + 1, 1)
      fi
   fi;
```

d)
```
proc newpage = (ref file f) void :
   if ¬ opened of f then undefined
   else
     bool reading =
          (read mood of f | true |: write mood of f |
          false | undefined; skip);
        (¬ get good file (f, reading) | undefined);
        ref pos cpos = cpos of f, lpos = lpos of book of f;
        if p of cpos = p of lpos
        then cpos := lpos;
          if reading then newpage (f)
          else
            if compressible (f) and l of lpos le l of book bounds (f)
            then ref int pl = p of lpos, ll = l of lpos;
              flextext text = (text of f | (flextext t2) : t2);
              text [pl] [ll] := text[pl][ll][: c of lpos − 1];
              text [pl] :=
                text [pl] [: (c of lpos > 1 | ll | ll − 1)]
          else while ¬ page ended (f) do newline (f) od
          fi;
          cpos := lpos := (p of cpos + 1, 1, 1)
        fi
     else cpos := (p of cpos + 1, 1, 1)
     fi
   fi;
```

[Jede der 3 folgenden Routinen antwortet entweder mit true, in diesem Fall ist die Zeile, Seite oder die Datei gut (dd), oder mit false, wobei die laufende Position außerhalb der logischen Datei sein kann oder die Seitenzahl überschritten worden sein kann, oder sie bleibt in einer Schleife, bis die Ursache beseitigt ist, oder sie wird durch einen Sprung (**jump**) beendet. Beim Ausgang wird der Lies/Schreibmodus durch ihren Parameter *reading* bestimmt.]

e)
```
proc 𝔖 get good line = (ref file f, bool reading) bool :
   begin bool not ended;
     while not ended := get good page (f, reading);
       line ended (f) and not ended
     do (¬ (line mended of f) (f) | set mood (f, reading);
       newline (f))
```

```
        od;
        not ended
    end;
f) proc 𝔖 got good page = (ref file f, bool reading) bool :
    begin bool not ended;
        while not ended := get good file (f, reading);
            page ended (f) and not ended
        do (¬ (page mended of f) (f) | set mood (f, reading);
            newpage (f))
        od;
        not ended
    end;
g) proc 𝔖 get good file = (ref file f, bool reading) bool :
    begin bool not ended := true;
        while set mood (f, reading);
            not ended and
            (reading | logical file ended | physical file ended) (f)
        do not ended := (reading | logical file mended of f
            | physical file mended of f) (f)
        od;
        not ended
    end;
h) proc 𝔖 set mood = (ref file f, bool reading) void :
    (reading | set read mood (f) | set write mood (f));
i) proc set = (ref file f, int p, l, c) void :
    if ¬ opened of f or ¬ set possible (f) then undefined
    else
        bool reading =
            (read mood of f | true |: write mood of f | false | undefined; skip);
        ref pos cpos = cpos of f, lpos = lpos of book of f;
        pos ccpos = cpos;
        if (cpos := (p, l, c)) beyond lpos
        then cpos := lpos;
            (¬ (logical file mended of f) (f) | undefined);
            set mood (f, reading)
        elif pos bounds = book bounds (f);
            p < 1 or p > p of bounds + 1
            or l < 1 or l > l of bounds + 1
            or c < 1 or c > c of bounds + 1
        then cpos := ccpos; undefined
        fi
    fi;
j) proc reset = (ref file f) void :
    if ¬ opened of f or ¬ reset possible (f)
    then undefined
    else
```

```
        ref bool (read mood of f) := ¬ put possible (f);
        ref bool (write mood of f) := ¬ get possible (f);
        ref bool (char mood of f) := ¬ bin possible (f);
        ref bool (bin mood of f) := false
        ref pos (cpos of f) := (1, 1, 1)
    fi;

k) proc set char number = (ref file f, int c) void :
    if ¬ opened of f then undefined
    else ref ref pos cpos = cpos of f;
      while c of cpos ne c
      do
        if c < 1 or c > c of book bounds (f) + 1
        then undefined
        elif c > c of cpos then space (f)
        else backspace (f)
        fi
      od
    fi;
```

10.3.2. Transgabe Werte

10.3.2.1. Konvertierungsroutinen

[Die Routinen *whole, fixed* und *float* werden zusammen mit den Routinen *put, print* und *write* zur formatlosen Ausgabe benutzt, um bei Bedarf wenigstens eine geringe zusätzliche Steuerung über die erzeugte Anordnung zu haben. Jede dieser Routinen hat einen Parameter *width* (Weite), dessen absoluter Wert die Länge der Zeichenkette spezifiziert, die durch Konvertierung des vorgesehenen arithmetischen Wertes V erzeugt wird. Die Prozeduren *fixed* und *float* besitzen einen Parameter *after,* der die erforderliche Anzahl der Ziffern nach dem Dezimalpunkt spezifiziert. Der Parameter *exp* in *float* spezifiziert die für den Exponenten erlaubte Weite. Wenn V nicht als Zeichenkette mit gegebenem *width* ausgedrückt werden kann, sogar wenn der Wert von *after,* wenn vorhanden, reduziert wurde, wird eine Zeichenkette, die mit *errorchar* (10.2.1.t) gefüllt ist, geliefert.

Führende Nullen werden durch Zwischenräume ersetzt, und ein Vorzeichen wird normalerweise angegeben. Der Benutzer kann jedoch verlangen, daß ein Vorzeichen nur bei negativen Werten angegeben wird, indem er eine negative Weite spezifiziert. Wenn die spezifizierte Weite Null ist, wird die kürzest mögliche Zeichenkette, in die V konvertiert werden kann, passend zu den anderen Parametern geliefert.
Die folgenden Beispiele illustrieren einige der Möglichkeiten:

print (whole(i,−4))
  könnte drucken *"∸∸∸0"*, *"∸∸99"*, *"∸−99"*, *"9999"* oder wenn $i > 9999$ *"****"*,
  wenn *"*"* das Ergebnis von *errorchar* ist;

print (whole(i,4))
  würde anstelle von *"∸∸99"* *"∸+99"* drucken

print (whole(i,0))

könnte drucken "0", "99", "−99", "9999" oder "99999"

print (fixed(x,−6,3))

könnte drucken "∸2.718", "27.183" oder "271.83" (in diesem Fall wurde eine Stelle nach dem Dezimalpunkt geopfert, um die Zahl anzupassen)

print (fixed(x,0,3))

könnte drucken "2.718", "27.183" oder "271.828"

print (float(x,9,3,2))

könnte drucken "$-2.718_{10}+0$", "$+2.718_{10}-1$" oder "$+2.72_{10}+11$" (in diesem Fall wurde eine Stelle nach dem Dezimalpunkt geopfert, um Platz zu machen für den unerwartet großen Exponenten).]

```
a) mode 𝔖 number = union (⋠ L real ⋡, ⋠ L int ⋡);

b) proc whole = (number v, int width) string :
     case v in
       ⋠ (L int x) :
         (int length :=
            abs width − (x < L 0 or width > 0 | 1 | 0),
            L int n := abs x;
            if width = 0 then
                  L int m := n; length := 0;
               while m overab L 10; length +:= 1; m ne L 0
               do skip od
            fi;
            string s := subwhole (n, length);
            if length = 0 or char in string (errorchar, loc int, s)
            then abs width * errorchar
            else
                  (x < L 0 | "−" |: width > 0 | "+" | "") plusto s;
                  (width ne 0 | (abs width − upb s)* "∸" plusto s);
                s
            fi) ⋡,
       ⋠ (L real x) : fixed (x, width, 0) ⋡
     esac;

c) proc fixed = (number v, int width, after) string :
     case v in
       ⋠ (L real x) :
         if int length :=
            abs width − (x < L 0 or width > 0 | 1 | 0);
              after ge 0 and (length > after or width = 0)
         then L real y = abs x;
            if width = 0
               then length := (after = 0 | 1 | 0)
               while y + L.5 * L.1 ↑ after ge L 10 ↑ length
               do length +:= 1 od;
                  length +:= (after = 0 | 0 | after + 1)
            fi;
```

```
            string s := subfixed (y, length, after);
            if ¬ char in string (errorchar, loc int, s)
            then (length > upb s and y < L 1.0 | "0" plusto s);
              (x < L 0 | "−" |: width > 0 | "+" | "") plusto s;
              (width ne 0 | (abs width − upb s) * "␣" plusto s);
              s
            elif after > 0 then fixed (v, width, after − 1)
            else abs width * errorchar
          else undefined; abs width * errorchar fi
          fi ⊁ ,
        ⊀ (L int x) : fixed (L real (x), width, after) ⊁
      esac;
```

d)
```
proc float = (number v, int width, after, exp) string :
    case v in
      ⊀ (L real x) :
        if int before =
            abs width − abs exp − (after ne 0 | after + 1 | 0) − 2;
            sign before + sign after > 0
        then string s, L real y := abs x, int p := 0;
            L standardize (y, before, after, p);
            s :=
              fixed (sign x * y, sign width * (abs width − abs exp − 1),
                    after) + "₁₀" + whole (p, exp);
            if exp = 0 or char in string (errorchar, loc int, s)
            then
              float (x, width, (after ne 0 | after − 1 | 0),
                (exp > 0 | exp + 1 | exp − 1))
            else s
            fi
        else undefined; abs width * errorchar
        fi ⊁,
      ⊀ (L int x) : float (L real (x), width, after, exp) ⊁
    esac;
```

e)
```
proc ⅁ subwhole = (number v, int width) string :
    c liefert als Ergebnis eine Zeichenkette der maximalen Länge 'width', die eine
      Dezimaldarstellung der positiven Ganzzahl 'v' enthält c
    case v in
      ⊀ (L int x) :
        begin string s, L int n := x;
          while dig char (S (n mod L 10)) plusto s;
            n overab L 10; n ne L 0
          do skip od;
            (upb s > width | width * errorchar | s)
      end ⊁
    esac;
```

```
f) proc ⅁ subfixed = (number v, int width, after) string :
     c liefert als Ergebnis eine Zeichenkette der maximalen Länge 'width', die eine ge-
       rundete Dezimaldarstellung der positiven Realzahl 'v' enthält; wenn 'after' größer
       als Null ist, enthält diese Zeichenkette einen Dezimalpunkt gefolgt von 'after'
       Ziffern c
   case v in
       ⊀ (L real x) :
       begin string s, int before := 0;
         L real y := x + L .5 * L .1 ↑ after;
          proc choosedig = (ref L real y) char :
             dig char ((int c := S entier (y *:= L 10.0);
               (c > 9 | c := 9); y −:= K c; c));
          while y ge L 10.0 ↑ before do before +:= 1 od;
             y /:= L 10.0 ↑ before;
             to before do s plusab choosedig (y) od;
               (after > 0 | s plusab ".");
             to after do s plusab choosedig (y) od;
               (upb s > width | width * errorchar | s)
       end ⊁
   esac;

g) proc ⅁ L standardize = (ref L real y, int before, after, ref int p) void :
       c justiert den Wert von 'y', so daß er gemäß dem Format
          $ n(before) d.n(after) d $ transgegeben werden kann;
         'p' wird so gesetzt, daß y * 10 ↑p gleich dem Originalwert von 'y' ist c
   begin
       L real g = L 10.0 ↑ before;
       L real h = g * L .1;
       while y ge g do y *:= L .1; p +:= 1 od;
       (y ne L 0.0 | while y < h do y *:= L 10.0; p −*= 1 od);
       (y + L .5 * L .1 ↑ after ge g | y := h; p +:= 1)
   end;

h) proc ⅁ dig char = (int x) char : "0123456789abcdef" [x + 1];

i) proc ⅁ string to L int =
     (string s, int radix, ref L int i) bool :
       c antwortet mit true, wenn der absolute Wert des Resultates kleiner oder gleich
          L max int ist c
   begin
       L int lr = K radix; bool safe := true;
       L int n := L 0, L int m = L max int over lr;
       L int m1 = L max int − m * lr;
       for i from 2 to upb s
       while L int dig = K char dig (s[i]);
          safe := n < m or n = m and dig le m1
       do n := n * lr + dig od;
       if safe
```

```
    then i := (s[1] = "+" | n | -n); true
    else false
    fi
  end;

j) proc ℌ string to L real = (string s, ref L real r) bool :
  c antwortet mit true, wenn der absolute Wert des Resultates kleiner oder gleich
    L max real ist c
  begin
    int e := upb s + 1;
      char in string ("₁₀", e, s);
      int p := e; char in string (".", p, s);
      int j := 1, length := 0, L real x := L 0.0;
      c übergeht führende Nullen: c
      for i from 2 to e - 1
      while s [i] = "0" or s [i] = "." or s [i] = "∸"
      do j := i od;
      for i from j + 1 to e - 1 while length < L real width
      do
        if s[i] ne "."
        then x := x * L 10.0 + K char dig (s[j := i]); length +:= 1
        fi c alle signifikanten Ziffern sind konvertiert c
      od;
      c setzt den vorläufigen Exponenten : c
      int exp := (p > j | p - j - 1 | p - j). expart := 0;
      c konvertiert den Exponententeil : c
      bool safe :=
        if e < upb s
        then string to L int (s[e + 1 :], 10, expart)
        else true
        fi;
      c bereitet eine Darstellung von L max real zum Vergleich mit dem zu liefern-
        den L real Wert vor : c
        L real max stag := L max real; int max exp := 0;
        L standardize (max stag, length, 0, max exp);
        exp +:= expart;
        if not safe or (exp > max exp or exp = max exp and x > max stag)
        then false
        else r := (s[1] = "+" | x | -x) * L 10.0 ↑ exp; true
        fi
  end;

k) proc ℌ char dig = (char x) int :
  (x = "∸" | 0 | int i;
  char in string (x, i, "0123456789abcdef"); i - 1);

l) proc char in string = (char c, ref int i, string s) bool :
  (bool found := false;
```

for k from lwb s to upb s while not found
do (c = s [k] | i := k; found := true) od;
found);

m) ***int** L int width =*
c der kleinste Ganzzahlwert, so daß 'L max int' ohne Fehler konvertiert werden kann, wobei das Muster n (L int width) d benutzt wird c
*(**int** c := 1;*
***while** L 10 ↑ (c − 1) < L .1 * L max int **do** c +:= 1 **od**; c);*

n) ***int** L real width =*
c der kleinste Ganzzahlwert, so daß verschiedene Zeichenketten durch Konvertierung von '1.0' und von '1.0 + L small real' erzeugt werden, wobei das Muster d. n (L real width −1) d benutzt wird c
*1 − S **entier** (L ln (L small real) / L ln (L 10));*

o) ***int** L exp width =*
c der kleinste Ganzzahlwert, so daß 'L max real' ohne Fehler konvertiert werden kann, wobei das Muster d. n (L real width −1) d e n (L exp width) d benutzt wird c
1 + *S **entier** (L ln (L max real) / L ln (L 10)) / L ln (L 10));*

10.3.2.2. Transgabemodi

a) ***mode** ⅁ **simplout** = **union** (≮ **L int** ≯, ≮ **L real** ≯,*
*≮ **L compl** ≯, **bool**, ≮ **L bits** ≯, **char**, [ ] **char**);*

b) ***mode** ⅁ **outtype** = C ein aktueller Deklarierer, der einen Modus spezifiziert, der vereint ist* [2.1.3.6.a] *aus einer genügenden Menge von Modi, von denen keiner* 'void' *ist, oder* 'flexible', 'reference to', 'procedure' *oder* 'union of' *enthält C;*

c) ***mode** ⅁ **simplin** = **union** (≮ **ref L int** ≯, ≮ **ref L real** ≯, ≮ **ref L compl** ≯, **ref bool**,*
*≮ **ref L bits** ≯, **ref char**, **ref** [ ] **char**, **ref string**);*

d) ***mode** ⅁ **intype** = C ein aktueller Deklarierer, der einen Modus spezifiziert, der vereint ist* [2.1.3.6.a] *aus* 'reference to flexible row of character' *und einer genügenden Menge von Modi, von denen jeder die Gestalt* 'reference to', *gefolgt von einem Modus, der nicht* 'flexible', 'reference to', 'procedure' *oder* 'union of' *enthält, hat C;*

[Vergleiche die Bemerkungen nach 10.2.3.1 bezüglich des Terminus "genügende Menge".]

10.3.2.3. Streckung

a) ***op** ⅁ **straightout** = (**outtype** x) [ ] **simplout** : C das Resultat der "Streckung" von 'x' C;*

b) ***op** ⅁ **straightin** = (**intype** x) [ ] **simplin** : C das Resultat der Streckung von 'x' C;*

c) Das Resultat der "Streckung" eines gegebenen Wertes V ist ein mehrfacher Wert W [mit der Dimension 1 (Vektor)], der wie folgt erhalten wird:

- es ist erforderlich, daß V [wenn es ein Name ist] nicht nil ist;
- ein Zähler i wird auf 0 gesetzt;
- V wird "durchlaufen" [d], indem i benutzt wird;
- W wird zusammengesetzt aus einem Deskriptor ((1, i)) und den Elementen, die durch das Durchlaufen von V erhalten werden;
- wenn V kein (ein) Name ist, dann ist der Modus des Resultates der durch *[ ] **simplout** ([ ] **simplin**)* spezifizierte.

d) Ein Wert V wird wie folgt "durchlaufen", indem ein Zähler i benutzt wird:
Wenn V ein Wert ist (zu einem Wert referiert) von einem solchen Modus, aus dem der durch ***simplout*** spezifizierte Modus vereint ist, dann gilt
- i wird um eins erhöht;
- das durch (i) selektierte Element von W ist V;

andernfalls,

Fall A: V ist ein mehrfacher (referiert zu einem mehrfachen) Wert [von der Dimension 1], der einen Deskriptor ((u, o)) hat:
- für j = u, ... , o wird das Element (der Komponentenname) von V, das durch (j) selektiert wird, durchlaufen, indem i benutzt wird;

Fall B: V ist ein mehrfacher (referiert zu einem mehrfachen) Wert [von n Dimensionen, n > 1], dessen Deskriptor $((u_1, o_1), (u_2, o_2), \dots, (u_n, o_n))$ ist mit n > 1:
- für $j = u_1, \dots, o_1$ wird der mehrfache Wert, der selektiert wird [2.1.3.4.i] (der Name, der erzeugt wird [2.1.3.4.j]) durch den Trim $(j, (u_2, o_2, 0), \dots, (u_n, o_n, 0))$ durchlaufen, indem i benutzt wird;

Fall C: V ist ein strukturierter Wert (referiert zu einem strukturierten Wert) V1:
- die Felder (die Komponentennamen von V, die zu den Feldern referieren) von V1, genommen in der Reihenfolge, werden durchlaufen, indem i benutzt wird.

10.3.3. Formatlose Transgabe

[Bei der formatlosen Transgabe werden die Elemente einer "Datenliste" eines nach dem anderen über eine spezifizierte Datei transgegeben (d. h. ein- oder ausgegeben). Jedes Element der Datenliste ist entweder eine Anordnungsroutine von einem durch ***proc (ref file) void*** spezifizierten Modus (10.3.1.6) oder ein Wert, dessen Modus durch ***outtype*** (bei Ausgabe) oder ***intype*** (bei Eingabe) spezifiziert ist. Beim Antreffen einer Anordnungsroutine in der Datenliste wird jene Routine aufgerufen mit der spezifizierten Datei als Parameter. Andere Werte der Datenliste werden erst gestreckt (10.3.2.3), und die sich ergebenden Werte werden dann über die gegebene Datei einer nach dem anderen transgegeben.

Die Transgabe findet normalerweise an der laufenden Position statt. Wenn es aber (bei Ausgabe) auf der laufenden Zeile keinen Platz gibt, oder wenn (bei Eingabe) kein lesbarer Wert bereit steht, wird zuerst die Maßnahmeroutine, die *on line end* (oder entsprechend *on page end, on physical file end* bzw. *on logical file end*) entspricht, aufgerufen und danach, wenn sie mit false antwortet, die nächste "gute" Zeichenposition des Buches gefunden, d. h. die erste Zeichenposition der nächsten nichtleeren Zeile.]

10.3.3.1. Formatlose Ausgabe

[Für die formatlose Ausgabe können *put* (a) und *print* (oder *write*) (10.5.1.d) benutzt werden. Jeder gestreckte Wert V aus der Datenliste wird wie folgt ausgegeben:

aa) Wenn der Modus von V durch ***L int*** spezifiziert ist, dann wird zuerst, wenn es auf dem Rest der laufenden Zeile nicht genug Platz für *L int width + 2* Zeichen gibt, eine gute Position auf einer nachfolgenden Zeile gefunden (siehe 10.3.3.). Danach wird, wenn man sich nicht am Anfang einer Zeile befindet, ein Zwischenraum gegeben, und dann wird V ausgegeben, als ob es unter der Steuerung des Bildes *n (L int width − 1) z + d* stünde.

bb) Wenn der Modus von V durch ***L real*** spezifiziert ist, dann wird zuerst, wenn es auf der laufenden Zeile nicht genug Platz für *L real width + L exp width + 5* Zeichen gibt, eine gute Position auf einer nachfolgenden Zeile gefunden. Danach wird, wenn man sich nicht am Anfang einer Zeile befindet, ein Zwischenraum gegeben, und dann wird V ausgegeben, als ob es unter der Steuerung des Bildes
+ d. n (L real width − 1) d e n (L exp width − 1) z + d stünde.

cc) Wenn der Modus von V durch ***L compl*** spezifiziert ist, dann wird zuerst, wenn es auf der laufenden Zeile nicht genug Platz für 2 * *(L real width + L exp width) + 11* Zeichen gibt, eine gute Position auf einer nachfolgenden Zeile gefunden. Danach wird, wenn man sich nicht am Anfang einer Zeile befindet, ein Zwischenraum gegeben, und dann wird V ausgegeben, als ob es unter der Steuerung des Bildes
+ d. n (L real width − 1) d e n (L exp width − 1) z + d "⊥" i
+ d. n (L realwidth − 1) d e n (L exp width − 1) z + d stünde.

dd) Wenn der Modus von V durch ***bool*** spezifiziert ist, dann wird zuerst, wenn die laufende Zeile voll ist, eine gute Position auf einer nachfolgenden Zeile gefunden und dann, wenn V wahr (falsch) ist, das durch *flip* (*flop*) belegte Zeichen (ohne Zwischenraum zuvor) ausgegeben.

ee) Wenn der Modus von V durch ***L bits*** spezifiziert ist, dann werden die Elemente des einzigen Feldes von V ausgegeben (wie in dd) und zwar eins nach dem anderen (ohne Zwischenraum und auf neuen Zeilen, wenn erforderlich).

ff) Wenn der Modus von V durch ***char*** spezifiziert ist, dann wird zuerst, wenn die laufende Zeile voll ist, eine gute Position auf einer nachfolgenden Zeile gefunden und dann V ausgegeben (ohne Zwischenraum zuvor).

gg) Wenn der Modus von V durch *[ ]* ***char*** spezifiziert ist, dann werden die Elemente von V ausgegeben (wie in ff) und zwar eins nach dem anderen (ohne Zwischenraum und auf neuen Zeilen, wenn erforderlich).]

```
a) proc put =
     (ref file f, [ ] union (outtype, proc (ref file) void) x) void :
         if opened of f then
           for i to upb x
           do case
             set write mood (f); set char mood (f); x [i]
             in
             (proc (ref file) void pf) : pf (f),
             (outtype ot) :
             begin
               [ ] simplout y = straightout ot;
               ¢ proc L real conv = (L real r) string :
```

```
                float (r, L real width + L exp width + 4,
                L real width − 1, L exp width + 1) ⊁;
            for j to upb y
            do case y [j] in
                (union (number, ⊀ L compl ⊁) nc) :
                begin string s :=
                  case nc in
                    ⊀(L int k) : whole (k, L int width + 1) ⊁,
                    ⊀(L real r) : L real conv (r) ⊁,
                    ⊀(L compl z) : L real conv (re z) + "⊥"
                      + L real conv (im z)⊁
                  esac;
                  ref ref pos cpos = cpos of f,
                  int n = upb s;
                  while
                    next pos (f);
                    (n > c of book bounds (f) | undefined);
                    c of cpos + (c of cpos = 1 | n | n + 1) >
                    c of book bounds (f) + 1
                  do (not (line mended of f) (f) | put (f, newline));
                       set write mood (f)
                  od;
                    (c of cpos ne 1 | "" plusto s);
                  for k to upb s do put char (f, s [k]) od
                end c numerisch c,
                (bool b) :
                  (next pos (f); put char (f, (b | flip | flop))),
                ⊀ (L bits lb) :
                       for k to L bits width
                       do put (f, (L F of lb) [k]) od ⊁
                (char k) : (next pos (f); put char (f, k)),
                ([ ] char ss) :
                       for k from lwb ss to upb ss
                       do next pos (f); put char (f, ss [k]) od
                esac od
              end
            esac od
          else undefined
        fi;
```

b) **proc** ℌ *put char* = (**ref file** *f*, **char** *char*) **void** :

```
    if opened of f and not line ended (f)
    then ref pos cpos = cpos of f, lpos = lpos of book of f;
      set char mood (f); set write mood (f);
      ref int p = p of cpos, l = l of cpos, c = c of cpos;
      char k, bool found := false;
```

```
    case text of f in
      (text) : (k := char; found := true),
      (flextext) :
        for i to upb F of conv of f while not found
        do struct (char internal, external) key =
          (F of conv of f) [i];
          (internal of key = char | k := external of key;
            found := true)
        od
    esac;
    if found then
      case text of f in
        (text t1) : t1 [p] [l] [c] := k,
        (flextext t2) : t2 [p] [l] [c] := k
      esac;
        c +:= 1;
      if cpos beyond lpos then lpos := cpos
      elif not set possible (f)
        and pos (p of lpos, l of lpos, 1) beyond cpos
      then lpos := cpos;
        (compressible (f) |
          C Die Größe der Zeile und Seite, die das logische Ende des Buches ent-
            halten, und die aller nachfolgenden Zeilen und Seiten kann erhöht
            werden [d. h. bis zu den Größen mit denen das Buch ursprünglich
            eingerichtet (10.3.1.4.cc) war oder den Größen, die durch max pos of
            chan of f bestimmt sind] C
    fi
  else k := "⩲";
    if not (char error mended of f) (f, k)
    then undefined; k := "⩲"
    fi;
      check pos (f); put char (f, k)
    fi
  else undefined
  fi c write mood is noch gesetzt c;
c) proc 𝔖 next pos = (ref file f) void :
    (not get good line (f, read mood of f) | undefined)
      c die Zeile ist nun gut [10.3.1.6.d.d] und read/write mood ist wie am Eingang c;
```

10.3.3.2. Formatlose Eingabe

[Für formatlose Eingabe können *get* (a) und *read* (10.5.1.e) benutzt werden. Werte aus dem Buch werden jedem gestreckten Namen N der Datenliste wie folgt zugewiesen:

aa) Wenn der Modus von N durch ***ref L int*** spezifiziert ist, dann wird zunächst das Buch nach dem ersten Zeichen, das kein Zwischenraum ist, durchsucht (indem gute Positionen auf nachfolgenden Zeilen, wenn nötig, gefunden werden), und danach wird die größte Zeichenkette vom Buch gelesen, die unter der Steuerung von einem

gewissen Bild der Form $+n(k1)$ "$\dot{-}$" $n(k2)$ *dd* oder $n(k2)$ *dd* (wobei *k1* und *k2* willkürliche nichtnegative ganze Zahlen bedeuten) "indiert" werden könnte (10.3.4.1.1.kk). Diese Zeichenkette wird in eine Ganzzahl konvertiert und N zugewiesen. Wenn die Konvertierung erfolglos ist, wird die *on value error* entsprechende Maßnahmeroutine aufgerufen.
bb) Wenn der Modus von N durch ***ref L real*** spezifiziert ist, dann wird zunächst das Buch nach dem ersten Zeichen, das kein Zwischenraum ist, durchsucht (indem gute Positionen auf nachfolgenden Zeilen, wenn nötig, gefunden werden), und danach wird die größte Zeichenkette vom Buch gelesen, die unter der Steuerung von einem gewissen Bild der Form $+n(k1)$ "$\dot{-}$" $n(k2)$ *d* oder $n(k2)$ *d* gefolgt von $.n(k3)$ *dd* oder von *ds*., möglicherweise wieder gefolgt von $en(k4)$ "$\dot{-}$" $+n(k5)$ "$\dot{-}$" $n(k6)$ *dd* oder von $en(k5)$ "$\dot{-}$" $n(k6)$ *dd*, indiert werden könnte. Diese Zeichenkette wird zu einer Realzahl konvertiert, und diese wird N zugewiesen. Falls die Konvertierung erfolglos ist, wird die *on value error* entsprechende Maßnahmeroutine aufgerufen.
cc) Wenn der Modus von N durch ***ref L compl*** spezifiziert ist, dann wird zunächst eine Realzahl (wie in bb) eingegeben und dem ersten Komponentennamen von N zugewiesen. Danach wird das Buch nach dem ersten Zeichen, das kein Zwischenraum ist, abgesucht. Dann wird ein Zeichen eingegeben. Wenn es nicht "$\perp$" oder "*i*" ist, wird die *on char error* entsprechende Maßnahmeroutine (10.3.1.3.cc) aufgerufen, wobei das vorgeschlagene Zeichen "$\perp$" ist. Schließlich wird eine Realzahl eingegeben und dem zweiten Komponentennamen von N zugewiesen.
dd) Wenn der Modus von N durch ***ref bool*** spezifiziert ist, dann wird zunächst das Buch nach dem ersten Zeichen abgesucht, das kein Zwischenraum ist (indem gute Positionen auf nachfolgenden Zeilen, wenn nötig, gefunden werden). Danach wird ein Zeichen gelesen. Wenn dieses Zeichen mit dem von *flip* (*flop*) belegten Zeichen übereinstimmt, wird N **true** (**false**) zugewiesen, andernfalls wird die *on char error* entsprechende Maßnahmeroutine aufgerufen, wobei das vorgeschlagene Zeichen *flop* ist.

ee) Wenn der Modus von N durch ***ref L bits*** spezifiziert ist, findet nacheinander eine Eingabe zu den aufeinanderfolgenden Komponentennamen von N statt (wie in dd, wobei, wenn erforderlich, neue Zeilen genommen werden).
ff) Wenn der Modus von N durch ***ref char*** spezifiziert ist, wird zunächst, wenn die laufende Zeile ausgeschöpft ist, eine gute Position auf einer nachfolgenden Zeile gefunden und danach ein Zeichen gelesen und N zugewiesen.
gg) Wenn der Modus von N durch ***ref [ ] char*** spezifiziert ist, dann findet nacheinander eine Eingabe zu den Komponentennamen von N statt (wie in ff, wobei, wenn erforderlich, neue Zeilen genommen werden).
hh) Wenn der Modus von N durch ***ref string*** spezifiziert ist, dann werden Zeichen gelesen bis entweder

(i) ein Zeichen eintrifft, das in der Zeichenkette enthalten ist, die der Datei durch einen Aufruf der Routine *make term* zugeordnet wurde, oder

(ii) die laufende Zeile ausgeschöpft ist, worauf die Maßnahmeroutine, die *on line end* (bzw. *on page end*, *on physical file end* oder *on logical file end*) entspricht, aufgerufen wird. Wenn die Maßnahmeroutine die laufende Position auf eine gute Position bewegt (siehe 10.3.3.), wird die Zeicheneingabe wieder aufgenommen.

Die aus den gelesenen Zeichen bestehende Zeichenkette wird N zugewiesen. (Beachte, daß N eine leere Zeichenkette zugewiesen wird, wenn die laufende Zeile schon ausgeschöpft ist oder wenn die laufende Position am Beginn einer leeren Zeile oder außerhalb der logischen Datei ist.)]

```
a) proc get =
     (ref file f, [ ] union (intype, proc (ref file) void) x) void :
     if opened of f then
     for i to upb x
     do case
        set read mood (f); set char mood (f);
        x [i]
        in
        (proc (ref file) void pf) : pf (f),
        (intype it) :
        begin
          [ ] simplin y = straightin it; char k; bool k empty;
          op ?= (string s) bool :
            c wahr, wenn das nächste Zeichen der laufenden Zeile, falls vorhanden, in
              's' enthalten ist (das Zeichen wird 'k' zugewiesen) und andernfalls falsch c
            if k empty and (line ended (f) or logical file ended (f))
            then false
            else (k empty | get char (f, k));
              k empty := char in string (k, loc int, s)
            fi;
          op ?= (char c) bool :? string (c);
          prio != 8;
          op != (string s, char c) char :
            c erwartet ein in 's' enthaltenes Zeichen; wenn das gelesene Zeichen nicht in
              's' ist, wird die 'on char error' entsprechende Maßnahmeroutine aufgerufen
              mit c als Vorschlag c
            if (k empty | check pos (f); get char (f, k));
              k empty := true;
              char in string (k, loc int, s)
            then k
            else char sugg := c;
              if (char error mended of f) (f, sugg) then
                (char in string (sugg, loc int, s)
                | sugg | undefined; c)
        else undefined; c
        fi;
          set read mood (f)
     fi;
   op != (char s, c) char : string (s) ! c;
   proc skip initial spaces = void :
          while (k empty | next pos (f)); ? "␣"
          do skip od;
```

```
proc skip spaces = void :
  while ? "␣" do skip od;
proc read dig = string :
  (string t := "0123456789" ! "0";
  while ? "0123456789" do t plusab k od; t);
proc read sign = char :
  (char t = (skip spaces; ? "+ −" | k | "+");
  skip spaces : t);
proc read num = string :
  (char t = read sign; t + read dig);
proc read real = string :
  (string t := read sign;
  (not ? "." | t plusab read dig | k empty := false);
  (? "." | t plusab "." + read dig);
  (? "₁₀Ee\" | t plusab "₁₀" + read num); t);
for j to upb y
do bool incomp := false; k empty := true;
  case y [j] in
    ⊀ (ref L int ii) :
                (skip initial spaces;
                  incomp := not string to L int (read num, 10, ii)) ⊁ ,
             ⊀ (ref L real rr) :
               (skip initial spaces;
                  incomp := not string to L real (read real, rr)) ⊁ ,
             ⊀ (ref L compl zz) :
               (skip initial spaces;
                  incomp := not string to L real (read real, re of zz);
                  skip spaces; "i ⊥" ! " ⊥";
                  incomp := incomp or
                    not string to L real (read real, im of zz)) ⊁ ,
             (ref bool bb) :
               (skip initial spaces;
               bb := (flip + flop) ! flop = flip),
             ⊀ (ref L bits lb) :
               for i to L bits width
             do get (f, (LF of lb) [i]) od ⊁ ,
             (ref char cc) :
               (next pos (f); get char (f, cc)),
             (ref [ ] char ss) :
               for i from lwb ss to upb ss
               do next pos (f); get char (f, ss [i]) od,
             (ref string ss) :
               begin string t;
               while check pos (f);
```

```
                    if line ended (f) or logical file ended (f)
                    then false
                    else get char (f, k);
                       k empty :=
                          not char in string (k, loc int, term of f)
                    fi
                 do t plusab k od;
                    ss := t
                 end
              esac;
              (not k empty | backspace (f));
           if incomp
           then (not (value error mended of f) (f) | undefined);
              set read mood (f)
           fi
         od
       end
     esac od
     else undefined
     fi;

b) proc ℌ get char = (ref file f, ref char char) void :
     if opened of f and not line ended (f) and not logical file ended (f)
     then ref pos cpos = cpos of f;
       set char mood (f); set read mood (f);
       int p = p of cpos, l = l of cpos, c = c of cpos;
         c of cpos +:= 1;
         char := case text of f in
           (text t1) : t1 [p] [l] [c],
           (flextext t2) :
             (char k := t2 [p] [l] [c];
             bool found := false;
             for i to upb F of conv of f while not found
             do struct (char internal, external) key = (F of conv of f) [i];
             (external of key = k | k := internal of key;
               found := true)
             od;
             if found then k
             else k := "∸";
               if (char error mended of f) (f, k)
               then k
               else undefined; "∸"
               fi;
                 set read mood (f)
             fi)
           esac
```

```
          else undefined
          fi c read mood ist noch gesetzt c;
c) proc 𝔖 check pos = (ref file f) void :
     begin bool reading = read mood of f;
       bool not ended := true;
       while not ended := not ended and get good page (f, reading);
             line ended (f) and not ended
       do not ended := (line mended of f) (f) od
     end;
```

[Die Routine *check pos* wird in der formatierten Transgabe vor jedem Aufruf von *put char* oder *get char* benutzt. Wenn die Position nicht gut ist (10.3.1.6.dd), ruft sie die entsprechende Maßnahmeroutine auf und kann weitere Maßnahmeroutinen aufrufen, wenn mit **true** geantwortet wurde. Wenn die *on page end* entsprechende Maßnahmeroutine mit **false** antwortet, wird *newpage* aufgerufen. Wenn aber irgendeine andere Maßnahmeroutine mit **false** antwortet, wird keine Standardaktion ausgeführt und keine weitere Maßnahmeroutine aufgerufen. Am Ausgang ist der Lies/Schreibmodus wie am Eingang, aber die laufende Position braucht nicht gut zu sein. In diesem Fall wird in den folgenden Aufrufen von *put char* bzw. *get char undefined* aufgerufen. Jedoch wird *check pos* auch aufgerufen, wenn Zeichenketten eingegeben werden (hh). In diesem Fall wird die Zeichenkette dann beendet, wenn die laufende Position nicht gut ist.]

10.3.4. Formattexte

[Bei der formatierten Transgabe wird jeder gestreckte Wert einer Datenliste (10.3.3.) einem Bestandteil bildenden Bild (**picture**) eines durch den Benutzer vorgesehenen Formattextes (**format-text**) gegenübergestellt. Ein Bild spezifiziert, wie ein Wert in eine oder aus einer Folge von Zeichen zu konvertieren ist und beschreibt die Anordnung dieser Zeichen im Buch. Grundeigenschaften, die spezifiziert werden können, sind die Zahl der Ziffern, die Position des Dezimalpunktes und des Vorzeichens, wenn vorhanden, die Unterdrückung von Nullen und der Einschub von beliebigen Zeichenketten. Zum Beispiel würde der Wert **1234.567** unter Benutzung des Bildes *−d.3d* "∸" 3*d* "∸" *ez* + *d* als die Zeichenkette "∸ *1.234*∸*567*∸$_{10}$∸+*3*" transgegeben werden.

Ein "Format" ist ein strukturierter Wert (d. h. ein internes Objekt) vom Modus '**FORMAT**', der die hierarchische Struktur des Formattextes (der ein externes Objekt ist) widerspiegelt. In diesem Abschnitt wird die Syntax der Formattexte und die Semantik für das Erhalten der entsprechenden Formate gegeben. Die tatsächliche formatierte Transgabe wird durch die Routinen in Abschnitt 10.3.5. ausgeführt. Wegen der besseren Übersicht wird aber hier eine Beschreibung ihres Ablaufes in Verbindung mit der entsprechenden Syntax gegeben.]

10.3.4.1. Kollektionen und Bilder

10.3.4.1.1. Syntax

[Die folgenden Modusdeklarationen (**mode-declaration**) (entnommen aus 10.3.5.a) werden in den Metaproduktionsregeln A bis K unten widergespiegelt.

A) ***mode format** = **struct** (**flex** [1 : 0] **piece** F);*
B) ***mode piece** = **struct** (**int** cp, count, bp, **flex** [1 : 0] **collection** c);*
C) ***mode collection** = **union** (**picture**, **collitem**);*
D) ***mode collitem** = **struct** (**insertion** i1, **proc int** rep, **int** p, **insertion** i2);*
E) ***mode insertion** =*
* **flex** [1 : 0] **struct** (**proc int** rep, **union** (**string**, **char**) sa);*
F) ***mode picture** = **struct***
* (**union** (**pattern**, **cpattern**, **fpattern**, **gpattern**, **void**) p, **insertion** i);*
G) ***mode pattern** = **struct** (**int** type, **flex** [1 : 0] **frame** frames);*
H) ***mode frame** =*
* **struct** (**insertion** i, **proc int** rep, **bool** supp, **char** marker);*
I) ***mode cpattern** =*
* **struct** (**insertion** i, **int** type, **flex** [1 : 0] **insertion** c);*
J) ***mode fpattern** = **struct** (**insertion** i, **proc format** pf);*
K) ***mode gpattern** =*
* **struct** (**insertion** i, **flex** [1 : 0] **proc int** spec);*]

A) **FORMAT :: structured with**
row of PIECE field letter aleph mode.

B) **PIECE :: structured with integral field letter c letter p**
integral field letter c letter o letter u letter n letter t
integral fied letter b letter p
row of COLLECTION field letter c mode.

C) **COLLECTION :: union of PICTURE COLLITEM mode.**

D) **COLLITEM :: structured with INSERTION field letter i digit one**
procedure yielding integral field
letter r letter e letter p integral field letter p
INSERTION field letter i digit two mode.

E) **INSERTION ::**
row of structured with procedure yielding intégral field
letter r letter e letter p
union of row of character character mode field
letter s letter a mode.

F) **PICTURE :: structured with**
union of PATTERN CPATTERN FPATTERN GPATTERN void mode
field letter p INSERTION field letter i mode.

G) **PATTERN :: structured with**
integral field letter t letter y letter p letter e
row of FRAME field letter f letter r letter a letter m
letter e letter s mode.

H) **FRAME :: structured with INSERTION field letter i**
procedure yielding integral field letter r letter e letter p
boolean field letter s letter u letter p letter p
character field letter m letter a letter r letter k letter e letter r mode.

I) **CPATTERN :: structured with INSERTION field letter i**
integral field letter t letter y letter p letter e
row of INSERTION field letter c mode.

J) **FPATTERN :: structured with INSERTION field letter i**
procedure yielding FIVMAT field letter p letter f mode.

K) **GPATTERN :: structured with INSERTION field letter i**
row of procedure yielding integral field
letter s letter p letter e letter c mode.

L) **FIVMAT ::**
mui definition of structured with
row of structured with integral field letter c letter p
integral field letter c letter o letter u letter n letter t
integral field letter b letter p
row of union of
structured with
union of PATTERN CPATTERN
structured with INSERTION field letter i
procedure yielding mui application field
letter p letter f
mode
GPATTERN void
mode field letter p
INSERTION field letter i
mode
COLLITEM
mode field letter c
mode field letter aleph
mode.
['**FIVMAT**' ist äquivalent (2.1.1.2.a) zu '**FORMAT**'.]

M) **MARK :: sign ; point ; exponent; complex ; boolean.**

N) **COMARK :: zero ; digit; character.**

O) **UNSUPPRESSETY :: unsuppressible ; EMPTY.**

P) **TYPE :: integral ; real ; boolean ; complex ; string ; bits ;**
integral choice ; boolean choice ; format ; general.

a) **FORMAT NEST format text** [5D] **: STYLE formatter** [94f] **token,**
NEST collection [b] **list, STYLE formatter** [94f] **token.**

b) **NEST collection** [a,b] **: pragment** [92a] **sequence option,**
NEST picture [c] **; pragment** [92a] **sequence option,**
NEST insertion [d], **NEST replicator** [g],
NEST collection [b] **list brief pack,**
pragment [92a] **sequence option, NEST insertion** [d].

c) **NEST picture** [b] **: NEST TYPE pattern** [A342a, A343a, A344a, A345a, A346a, A347a, A348a,b, A349a, A34Aa] **option,**
NEST insertion [d].

d) **NEST insertion** [b,c,j,k, A347b, A348a,b, A349a, A34Aa] **:**
NEST literal [i] **option, NEST alignment** [e] **sequence option.**

e) **NEST alignment** [d] **: NEST replicator** [g],
alignment code [f], **NEST literal** [i] **option.**

f) **alignment code** [e] **: letter k** [94a] **symbol :**
letter x [94a] **symbol ; letter y** [94a] **symbol;**
letter l [94a] **symbol ; letter p** [94a] **symbol ; letter q** [94a] **symbol.**

g) **NEST replicator** [b,e,i,k] **:**
NEST unsuppressible replicator [h] **option.**

h) **NEST unsuppressible replicator** [g,i] **:**
fixed point numeral [811b] **; letter n** [94a] **symbol,**
meek integral NEST ENCLOSED clause [31a, 34a,—],
pragment [92a] **sequence option.**

i) **NEST UNSUPPRESSETY literal** [d,e,i, A348c] **:**
NEST UNSUPPRESSETY replicator [g,h],
strong row of character NEST denoter [80a] **coercee** [61a],
NEST unsuppressible literal [i] **option.**

j) **NEST UNSUPPRESSETY MARK frame** [A342c, A343b,c, A344a, A345a] **:**
NEST insertion [d], **UNSUPPRESSETY suppression** [l],
MARK marker [A342e, A343d,e, A344b, A345b].

k) **NEST UNSUPPRESSETY COMARK frame** [A342b,c, A346a] **:**
NEST insertion [d], **NEST replicator** [g],
UNSUPPRESSETY suppression [l],
COMARK marker [A342d,f, A346b].

l) **UNSUPPRESSETY suppression** [j,k, A347b] **:**
where (UNSUPPRESSETY) is (unsuppressible), EMPTY ;
where (UNSUPPRESSETY) is (EMPTY),
letter s [94a] **symbol option.**

m) ***frame : NEST UNSUPPRESSETY MARK frame** [j] **;**
NEST UNSUPPRESSETY COMARK frame [k] **;**
NEST RADIX frame [A347b].

n) ***marker : MARK marker** [A342e, A343d,e, A344b, A345b] **;**
COMARK marker [A342d,f, A346b] **; radix marker** [347c].

o) ***pattern : NEST TYPE pattern** [A342a, A343a, A344a, A345a, A346a,
A347a, A348a,b, A349a, A34Aa].

[Beispiele:

a) $ "table of" x 10a, l n (lim − 1) ("x =" 12 z + d 2x,
+. 12de + 2d 3q "+j*" 3 "∸" si +. 10de + 2d l) p $

b) p "table of" x 10a und l n (lim − 1) ("x =" 12z + d 2x,
+. 12de + 2d 3q "+j*" 3 "∸" si +. 10de + 2d l) p

c) l 20k c ("mon", "tues", "wednes", "thurs", "fri", "satur", "sun") "day"

d) p "table of" x

e) p "table of"

h) *10* und *n (lim − 1)*
i) *"+j*" 3"∸"*
j) *si*
k) *"x =" 12z*
l) *s*]

[Die Stellen, wo Pragmente (**pragments**, 9.2.1.a) in Formattexten (**format-texts**) vorkommen können, sind eingeschränkt. Im allgemeinen (wie auch sonst in der Sprache) kann ein Pragment nicht zwischen zwei **DIGIT**- oder **LETTER**-Symbolen (**DIGIT**- or **LETTER-symbols**) vorkommen.]

[aa) Für die formatierte Ausgabe können *putf* (10.3.5.1.a) und *printf* (oder *writef*, 10.5.1.f) benutzt werden und für die formatierte Eingabe *getf* (10.3.5.2.a) und *readf* (10.5.1.g). Jedes Element in der Datenliste (10.3.3.) ist entweder ein Format, das mit der Datei zu verbinden ist, oder ein transzugebender Wert. (So kann ein Format unmittelbar vor den Werten, die transzugeben sind und die dieses Format benutzen, in der Datenliste enthalten sein.)

bb) Während eines Aufrufes von *putf* oder *getf* verläuft die Transgabe wie folgt:
Jedes Element der Datenliste wird in der Reihenfolge untersucht.

Wenn es ein Format ist, wird es durch *associate format* (10.3.5.k) zum laufenden Format der Datei gemacht;

andernfalls wird das Element gestreckt (10.3.2.3.c), und jedes Element des sich ergebenden mehrfachen Wertes wird unter Benutzung des nächsten "Bildes" (cc, gg) ausgegeben (hh) oder eingegeben (ii).

cc) Ein "Bild" ist das Ergebnis eines **picture**. Es ist zusammengesetzt aus einem "Muster" ("pattern") eines gewissen spezifischen Typs (übereinstimmend mit der Syntax von **TYPE-pattern** jenes **picture**), gefolgt von einem "Einschub" (ee). Muster, abgesehen von 'Auswahl'- ('**choice**'-), '**Format**'- ('**format**'-) und 'Allgemeinen'- ('**general**'-)Mustern, sind zusammengesetzt aus "Vorlagen" ("frame"), die möglicherweise "unterdrückt" sind. Jede von ihnen hat einen Einschub, einen "Wiederholer" (dd) und einen "Anzeiger" ("marker"), der anzeigt, ob es eine "*d*", "*z*", "*i*" usw. Vorlage ist. Die Vorlagen jedes Musters können gruppiert werden in "Vorzeichenschablonen", "Ganzzahlschablonen" ("mould") usw. in Übereinstimmung mit der Syntax des entsprechenden Musters (**pattern**).

dd) Ein "Wiederholer" ist eine Routine, die eine ganze Zahl liefert und aus einem Wiederholer (**replicator**, 10.3.4.1.2.c) konstruiert ist. Zum Beispiel führt der Wiederholer *10* zu einer Routine ***int*** : *10*, während *n(lim — 1)* ein "dynamischer" Wiederholer ist und zur Routine ***int*** : *(lim — 1)* führt. Beachte, daß die Lage eines Wiederholers die Lage eines ihn enthaltenen Formats beschränkt. Daher kann es nötig sein, eine lokale Kopie einer Datei zu nehmen, bevor das Format mit ihr verbunden wird (siehe z. B. 11.13). Ein Wiederholer, der einen negativen Wert liefert, wird wie einer behandelt, der Null ergibt (ausgenommen "*k*"-Ausrichtungen).

Wenn ein Bild "statisch gemacht" ("staticized") ist, werden alle seine Wiederholer und die anderen Routinen (einschließlich der in seinen Einschüben enthaltenen) kollateral aufgerufen. Man kann sagen, ein statisch gemachtes Muster "steuert" eine Zeichenkette. Es gibt dann eine Zuordnung zwischen den in der Reihenfolge genommenen Vorlagen jenes Musters und den Zeichen der Zeichenkette. Jede Vorlage steuert n aufeinanderfolgende Zeichen der Zeichenkette, wobei n Null ist für eine "*r*"-Vorlage und andernfalls die ganze Zahl, die durch den Wiederholer der Vorlage geliefert wird (der immer den Wert 1 hat für eine "+", "—", ".", "*e*", "*i*" oder "*b*" Vorlage). Jedes gesteuerte Zeichen muß aus der begrenzten Menge sein, die zu jener Vorlage paßt.

ee) Ein "Einschub", der das Ergebnis von **insertion** (10.3.4.1.2.d) ist, ist eine Folge von wiederholten "Ausrichtungen" und Zeichenketten. Ein Einschub, der keine Ausrichtungen enthält, heißt ein "Literal". Ein Einschub wird "ausgeführt", indem seine Ausrichtungen (ff) ausgeführt werden und bei Ausgabe (Eingabe) jedes Zeichen seiner wiederholten Zeichenketten geschrieben ("erwartet" (ll)) wird (eine Zeichenkette heißt wiederholt, wenn sie so oft wiederholt ist, wie die Zahl angibt, die durch den Wiederholer geliefert wird).

ff) Eine "Ausrichtung" ist das Zeichen, das durch einen Ausrichtungskode (**alignment-code**, 10.3.4.1.2.d) geliefert wird. Eine Ausrichtung, die n mal wiederholt wird, wird wie folgt ausgeführt:

- "*k*" verursacht, daß *set char number* aufgerufen wird mit n als zweitem Parameter;
- "*x*" verursacht, daß *space* n mal aufgerufen wird;
- "*y*" verursacht, daß *backspace* n mal aufgerufen wird;
- "*l*" verursacht, daß *newline* n mal aufgerufen wird;
- "*p*" verursacht, daß *newpage* n mal aufgerufen wird;
- "*q*" verursacht, daß bei Ausgabe (Eingabe) das Zeichen *blank* n mal geschrieben (erwartet) wird.

gg) Ein Format kann aus einer Folge von Bildern bestehen, von denen jedes in der Reihenfolge durch *get next picture* (10.3.5.b) ausgewählt wird. Zusätzlich kann eine Menge von Bildern zu einer wiederholten "Kollektion" zusammengefaßt werden (die weitere solche Kollektionen enthalten kann). Wenn das letzte Bild einer Kollektion ausgewählt wurde, wird ihr erstes Bild wieder ausgewählt usw., bis die ganze Kollektion n mal wiederholt ist, wobei n die vom zugehörigen Wiederholer gelieferte ganze Zahl ist. Eine Kollektion kann mit zwei Einschüben versehen sein, der erste wird vor der Kollektion ausgeführt, der zweite danach.

Ein Format kann auch andere Formate mit Hilfe von '**format**'-Mustern (10.3.4.9.1) abrufen.

Wenn ein Format ausgeschöpft ist, dann wird die *on format end* entsprechende Maßnahmeroutine aufgerufen. Wenn diese mit false antwortet, wird das Format wiederholt, anderenfalls wird, wenn es die Maßnahmeroutine unterlassen hat, ein neues Format anzugeben, *undefined* aufgerufen.

hh) Ein Wert W wird wie folgt unter Benutzung eines Bildes B ausgegeben:

Wenn das Muster Q von B ein 'Auswahl'- ('**choice**') oder 'Allgemeines' ('**general**') Muster ist, dann wird W unter Benutzung von B ausgegeben (siehe 10.3.4.8.1.aa,dd, 10.3.4.10.1.aa); andernfalls wird W wie folgt ausgegeben:

- B wird statisch gemacht.

  Wenn der Modus von W "ausgabekompatibel" mit Q ist (siehe den getrennten Abschnitt, der sich mit jedem Mustertyp befaßt), dann wird

  - W konvertiert in eine Zeichenkette, die durch Q gesteuert (dd) wird (siehe den passenden Abschnitt).

  Wenn der Modus nicht ausgabekompatibel ist oder wenn die Konvertierung erfolglos ist, dann wird

  - die *on value error* entsprechende Maßnahmeroutine aufgerufen;

• wenn diese mit **false** antwortet, wird W unter Benutzung von *put* ausgegeben und *undefined* aufgerufen;
andernfalls wird die Zeichenkette "ediert" (jj), indem Q benutzt wird.
• der Einschub von B wird ausgeführt.

ii) Ein Wert wird wie folgt unter Benutzung eines Bildes B zu einem Namen N eingegeben:

Wenn das Muster Q von B ein 'Auswahl'- ('**choice**') oder 'Allgemeines' ('**general**') Muster ist, dann wird unter Benutzung von B ein Wert zu N eingegeben (siehe 10.3.4.8.1.bb,ee, 10.3.4.10.1.bb); andernfalls
• wird B statisch gemacht;
• eine durch Q gesteuerte Zeichenkette wird "indiert" (kk).
Wenn der Modus von N "eingabekompatibel" mit Q ist (siehe den passenden Abschnitt), dann wird
• die Zeichenkette unter Benutzung von Q in einen geeigneten Wert, der für N passend ist, konvertiert (siehe den passenden Abschnitt);
• wenn die Konvertierung erfolgreich ist, der Wert N zugewiesen.
Wenn der Modus nicht eingabekompatibel ist, oder wenn die Konvertierung erfolglos ist, dann wird
• die *on value error* entsprechende Maßnahmeroutine aufgerufen;
• wenn diese mit **false** antwortet, *undefined* aufgerufen.
• Der Einschub von P wird ausgeführt.

jj) Eine Zeichenkette wird unter Benutzung eines Musters M wie folgt "ediert":
In jedem durch eine Vorzeichenschablone gesteuerten Teil der Zeichenkette wird
• wenn das erste Zeichen der Zeichenkette (das das Vorzeichen anzeigt) "+" ist und die Vorzeichenschablone eine "—" Vorlage enthält, dieses Zeichen durch "␣" ersetzt;
• das erste Zeichen (d. h. das Vorzeichen) nach rechts über alle führenden Nullen dieses Teils der Zeichenkette verschoben, und diese Nullen werden durch Zwischenräume ersetzt (z. B. wird aus der Zeichenkette "*+0003*" unter Benutzung der Vorzeichenschablone *4z+* die Zeichenkette "*␣␣␣+3*").
In jedem durch eine Ganzzahlschablone gesteuerten Teil der Zeichenkette
• werden die durch "*z*" Vorlagen gesteuerten Nullen wie folgt durch Zwischenräume ersetzt:
  • zwischen dem Zeichenkettenbeginn und der ersten Ziffer ungleich Null
  • zwischen jeder "*d*", "*e*" oder "*i*" Vorlage und der nächsten Ziffer ungleich Null.
(Z. B. wird aus der Zeichenkette "*180168*" unter Benutzung des Musters *zdzd2d* die Zeichenkette "*18␣168*".)
Für jede Vorlage V von M
• wird der Einschub von V ausgeführt;
• werden, wenn V nicht unterdrückt ist, die durch V gesteuerten Zeichen geschrieben.

(Z. B. verursacht die Zeichenkette "*+0003.5*", wenn sie unter Benutzung des Musters *4z+s.","d* ediert wird, daß die Zeichenkette "*␣␣␣+3,5*" geschrieben wird, und die Zeichenkette "*180168*" wird zu "*18—␣1—1968*", wenn das Muster *zd"—"zd"—19"2d* benutzt wird.)

kk) Eine Zeichenkette wird unter Benutzung eines Musters M wie folgt "indiert":

Für jede Vorlage V von M wird
- der Einschub von V ausgeführt;

für jedes Element der durch V gesteuerten Zeichenkette wird ein Zeichen wie folgt erhalten:

Wenn V in einer Vorzeichenschablone enthalten ist, dann wird
- wenn ein Vorzeichen gefunden wurde, eine Ziffer mit "*0*" als Vorschlag erwartet;
- andernfalls entweder ein "+" oder ein "−" mit "+" als Vorschlag erwartet, und zusätzlich wird, wenn die Vorzeichenschablone eine "−" Vorlage enthält, ein der ersten Ziffer vorausgehender Zwischenraum als das Vorzeichen akzeptiert (und durch "+" ersetzt).

Andernfalls, wenn V in einer Ganzzahlschablone enthalten ist, wird,
wenn V unterdrückt ist, "*0*" geliefert, andernfalls

Fall A: V ist eine "*d*" Vorlage:
- wird eine Ziffer erwartet mit "*0*" als Vorschlag;

Fall B: V ist eine "*z*" Vorlage:
- wird eine Ziffer oder ein Zwischenraum erwartet mit "*0*" als Vorschlag,

aber ein Zwischenraum ist nur wie folgt akzeptierbar:
- zwischen dem Beginn einer Zeichenkette und der ersten Ziffer ungleich Null;
- zwischen jeder "*d*", "*e*" oder "*i*" Vorlage und der nächsten Ziffer ungleich Null;

- werden diese Zwischenräume durch Nullen ersetzt;

andernfalls, wenn V eine "*a*" Vorlage ist,
dann wird, wenn V nicht unterdrückt ist, ein Zeichen gelesen und geliefert, andernfalls wird "␣" geliefert;

andernfalls, wenn V nicht unterdrückt ist und eine "." ("*e*", "*i*", "*b*") Vorlage ist, wird ein "." ("$_{10}$" oder "*E*" oder "\" oder "*e*", "⊥" oder "*i*", *flip* oder *flop*) erwartet mit "." ("$_{10}$", "⊥", *flop*) als Vorschlag;

andernfalls, wenn V eine unterdrückte "." ("*e*", "*i*") Vorlage ist, wird das Zeichen "." ("$_{10}$", "⊥") geliefert.

ll) Ein Element einer Zeichenmenge S wird wie folgt mit dem Zeichen C als Vorschlag "erwartet":
- ein Zeichen wird gelesen;

Wenn dieses Zeichen ein erwartetes Zeichen ist (d. h. ein Element von S), wird es geliefert,

andernfalls wird die *on char error* entsprechende Maßnahmeroutine aufgerufen mit C als Vorschlag. Wenn sie mit **true** antwortet und das möglicherweise ersetzte C eins der erwarteten Zeichen ist, wird dieses Zeichen geliefert, andernfalls wird *undefined* aufgerufen.]

10.3.4.1.2. Semantik

[Ein Format wird intern gemäß einem externen Formattext (**format-text**) gestaltet. Ein Format wird am besten als ein Baum angesehen mit einer Kollektion an jedem Knoten und einem Bild an jedem Zweigende. Um eine Verletzung der Lage- oder Gültigkeitsbereichsbedingungen zu vermeiden, wird jeder Knoten dieses Baumes in diesem Bericht in einen Wert vom Modus '**PIECE**' gepackt. Ein Format ist zusammengesetzt aus einer Reihe solcher Stücke, und diese Stücke enthalten Zeiger zu jedem anderen in Form von Indizierungen, die aus jener Reihe selektieren. Ein Implementator wird zweifelsohne den Baum in effektiverer Weise speichern. Dies ist möglich, weil der Feldselektor (**field-selector**) des Formats dem Benutzer unzugänglich bleibt, damit er es nicht aufbrechen kann.

Obwohl ein Formattext **ENCLOSED**-Klauseln (in Wiederholern (**replicators**) und Formatmustern (**format-patterns**)) oder Einheiten (**units**) (in allgemeinen Mustern (**general-patterns**)) enthalten kann, werden sie in dieser Stufe nicht abgearbeitet, sondern werden vielmehr als Routinen für nachfolgende Aufrufe eingebaut, die stattfinden, sowie man auf sie während der formatierten Transgabe trifft. In der Tat ergibt die Abarbeitung eines Formattextes für den Benutzer keinerlei bedeutungsvolle Aktionen.]

a) Das Ergebnis eines Formattextes (**format-text**) F in einer Umgebung U ist ein strukturierter Wert, dessen einziges Feld ein mehrfacher Wert W vom Modus '**row of PIECE**' ist, der zusammengesetzt ist aus einem Deskriptor ((1, n)) und n wie folgt bestimmten Elementen:

- ein Zähler i wird auf 1 gesetzt;
- F wird innerhalb U in W "transformiert" [b], indem i benutzt wird.

b) Ein Formattext oder ein Kollektionslistenpacken (**collection-list-pack**) C wird innerhalb einer Umgebung U in einen mehrfachen Wert W vom Modus '**row of PIECE**' wie folgt "transformiert", indem ein Zähler i benutzt wird:

- Das Element von W, das durch (i) selektiert wird, ist ein strukturierter Wert vom Modus '**PIECE**', dessen Felder der Reihe nach sind:
  - [*cp*] undefiniert;
  - [*count*] undefiniert;
  - [*bp*] undefiniert;
  - [*c*] ein mehrfacher Wert V vom Modus '**row of COLLECTION**' mit einem Deskriptor ((1, m)), wo m die Anzahl der Bestandteil bildenden Kollektionen (**collections**) von C ist, und Elementen, die wie folgt bestimmt werden:

Für j = 1, ..., m sei C_j die j-te Bestandteil bildende Kollektion von C,

Fall A: Die direkten Nachkommen von C_j schließen ein Bild B ein:

- das Bestandteil bildende Muster T, falls vorhanden, und der Einschub E von B werden kollateral abgearbeitet;
- das j-te Element von V ist ein strukturierter Wert vom Modus '**PICTURE**', dessen Felder der Reihe nach sind:
  - [*p*] das Ergebnis von T, falls vorhanden [e, 10.3.4.8.2, 10.3.4.9.2, 10.3.4.10.2] und andernfalls leer (**empty**);
  - [*i*] das Ergebnis von E [d];

Fall B: Die direkten Nachkommen von C_j schließen einen ersten Einschub (**insertion**) E1, einen Wiederholer (**replicator**) Rep, einen Kollektionslistenpacken (**collection-list-pack**) P und einen zweiten Einschub E2 ein:

- i wird um 1 erhöht;
- E1, REP und E2 werden kollateral abgearbeitet;
- das j-te Element von V ist ein strukturierter Wert vom Modus '**COLLITEM**', dessen Felder der Reihe nach sind:

- [*i1*] das Ergebnis von E1 [d];
- [*rep*] das Ergebnis von REP [c];
- [*p*] i;
- [*i2*] das Ergebnis von E2;
- B wird innerhalb von U in W transformiert, indem i benutzt wird.

c) Das Ergebnis eines **NEST-UNSUPPRESSETY**-Wiederholers (**-replicator**) R [10.3.4.1.1.g,h] in einer Umgebung U ist eine Routine vom Modus '**procedure yielding integral**', die zusammengesetzt ist aus einem Prozedur-Ganzzahl-liefernd-**NEST**-Routinetext (**procedure-yielding-integral-NEST-routine-text**), dessen Einheit (**unit**) E ist, und der Umgebung, die notwendig [7.2.2.c] für E in U ist, wobei E wie folgt bestimmt wird:

Fall A: R enthält eine milde-Ganzzahl-**ENCLOSED**-Klausel (**meek-integral-ENCLOSED-clause**) C:

- E ist eine neue Einheit verwandt [1.1.3.2.k] zu C;

Fall B: R enthält ein Festpunktnumeral (**fixed-point-numeral**) D, aber keine **ENCLOSED**-Klausel:

- E ist eine neue Einheit verwandt zu D;

Fall C: R ist nicht sichtbar:

- E ist eine neue Einheit verwandt zu einem Festpunktnumeral, das einen wirklichen Wert [8.1.1.2] von 1 hat.

d) Das Ergebnis eines Einschubs (**insertion**) E [10.3.4.1.1.d] ist ein mehrfacher Wert W vom Modus '**INSERTION**', der wie folgt bestimmt wird:

- Es seien $U_1, \dots, U_n$ die Bestandteil bildenden **UNSUPPRESSETY**-Wiederholer von E und seien A_i mit $i = 1, \dots, n$ die Gestalter-Anzupassende (**denoter-coercee**) oder Ausrichtungskode (**alignment-code**), die [unmittelbar] U_i folgen;
- es seien $R_1, \dots, R_n$ und $D_1, \dots, D_n$ die [kollateralen] Ergebnisse von $U_1, \dots, U_n$ und $A_1, \dots, A_n$, wobei das Ergebnis eines Ausrichtungskodes (**alignment-code**) der wirkliche Wert [das Zeichen, das der wirkliche Wert ist] [8.1.4.2.b] seines **LETTER**-Symbols ist.
- der Deskriptor von W ist ((1, n));
- das durch (i) $i = 1, \dots, n$ selektierte Element von W ist ein strukturierter Wert [von einem durch ***struct (proc int*** *rep*, ***union (string, char)*** *sa*) spezifiziertem Modus], dessen Felder der Reihe nach sind
  - [*rep*] R_i;
  - [*sa*] D_i.

e) Das Ergebnis eines Ganzzahl (**integral**)-[10.3.4.2.1.a], **real**-[10.3.4.3.1.a], Boolesch (**boolean**)-[10.3.4.4.1.a], Komplex-[10.3.4.5.1.a], Zeichenkette (**string**)-[10.3.4.6.1.a] oder Bits-[10.3.4.7.1.a] Musters (**pattern**) M ist ein strukturierter Wert W vom Modus '**PATTERN**', der wie folgt bestimmt wird:

- Es seien $V_1, \dots, V_n$ die [kollateralen] Ergebnisse der Bestandteil bildenden Vorlagen (**frames**) von M [f];
- die Felder von W der Reihe nach sind:
  - [*type*] 1 (2, 3, 4, 5), wenn M ein Ganzzahl- (real-, Boolesch-, Komplex-, Zeichenketten-) Muster ist, und 6 (8, 12, 20), wenn M ein Bitsmuster ist, dessen Bestandteil bildender **RADIX** ist **radix-two** (**-four, -eight, -sixteen**);

- [*frames*] ein mehrfacher Wert vom Modus '**row of FRAME**' mit einem Deskriptor ((1, n)) und n Elementen, wobei das durch (i) selektierte V_i ist.

f) Das Ergebnis einer Vorlage (**frame**) V [10.3.4.1.1.m] ist ein strukturierter Wert W vom Modus '**FRAME**', der wie folgt bestimmt wird:
- Der Einschub (**insertion**) und der Wiederholer (**replicator**), falls vorhanden, von V werden kollateral abgearbeitet;
- die Felder von W sind der Reihe nach
  - [*i*] das Ergebnis des Einschubs von V;
  - [*rep*] das Ergebnis des Wiederholers [c], falls vorhanden, sonst das Ergebnis eines nicht sichtbaren Wiederholers;
  - [*supp*] true, wenn ihre **UNSUPPRESSETY**-Unterdrückung (**-suppression**) ein Buchstabe-s-Symbol (**letter-s-symbol**) enthält, sonst false;
  - [*marker*] der wirkliche Wert [8.1.4.2.b] [das Zeichen, das der wirkliche Wert ist] von einem Symbol S, das wie folgt bestimmt wird:

Fall A: F ist eine Bestandteil bildende nicht-unterdrückbare-Nullvorlage (**unsuppressible-zero-frame**) einer Vorzeichenschablone (**sign-mould**) [wie z. B. *3z+*], deren Bestandteil bildender Vorzeichenanzeiger (**sign-marker**) ein Plus-Symbol enthält:
- S ist ein Buchstabe-u-Symbol;

Fall B: F ist eine Bestandteil bildende nicht-unterdrückbare-Nullvorlage einer Vorzeichenschablone [wie z. B. *3z−*], deren Bestandteil bildender Vorzeichenanzeiger ein Minus-Symbol enthält:
- S ist ein Buchstabe-v-Symbol;

andere Fälle:
- S ist das Bestandteil bildende Symbol des Anzeigers (**marker**) von F.

[Daher kann der Nullanzeiger (**zero-marker**) *z* übergehen in das Zeichen "*u*", "*v*" oder "*z*" in Übereinstimmung damit, ob er einen Teil einer Vorzeichenschablone (**sign-mould**) (mit den Nachkommen Plus-Symbol oder Minus-Symbol) oder einer Ganzzahlschablone (**integral-mould**) bildet.]

10.3.4.2. Ganzzahlmuster

10.3.4.2.1. Syntax

a) **NEST integral pattern** [A341c, A343c] :
   NEST sign mould [c] **option, NEST integral mould** [b].
b) **NEST integral mould** [a, A343b,c, A347a] :
   NEST digit frame [A341k] **sequence.**
c) **NEST sign mould** [a, A343a] :
   NEST unsuppressible zero frame [A341k] **sequence option,**
   NEST unsuppressible sign frame [A341j].
d) **zero marker** [f, A341k] : **letter z** [94a] **symbol.**
e) **sign marker** [A341j] : **plus** [94c] **symbol ; minus** [94c] **symbol.**
f) **digit marker** [A341k] : **letter d** [94a] **symbol ; zero marker** [d].

[Beispiele:

a) *"x =" 12z + d* b) *d* c) *"x =" 12z +*]

[Die Semantik der Ganzzahlmuster (**integral-patterns**) siehe in 10.3.4.1.2.e.]

[aa) Die Modi, die ausgabe-(eingabe-) kompatibel mit einem 'Ganzzahl'-('**integral**'-) Muster sind, sind die durch ***L int (ref L int)*** spezifizierten Modi.

bb) Ein Wert W wird wie folgt unter Benutzung eines 'Ganzzahl'-Musters M in eine Zeichenkette S konvertiert:

- Wenn M eine Vorzeichenschablone enthält, ist das erste Zeichen von S das Vorzeichen von W, andernfalls ist, wenn W $<$ 0 gilt, die Konvertierung erfolglos;
- der Rest von S enthält eine wie folgt bestimmte Dezimaldarstellung von W:
  - die Elemente von S, die durch "*d*" und "*z*" Vorlagen gesteuert werden, sind die passenden Ziffern (daher spezifiziert das Muster die Anzahl der zu benutzenden Ziffern);
  - wenn W nicht durch eine solche Zeichenkette dargestellt werden kann, ist die Konvertierung erfolglos.

(Beispielsweise könnte der Wert 99 unter Benutzung des Musters *zzd* in eine Zeichenkette konvertiert werden, aber 9999 oder —99 nicht.)

cc) Eine Zeichenkette S wird wie folgt unter Benutzung eines 'Ganzzahl'-Musters in eine Ganzzahl konvertiert, die zum Namen N paßt (ihm zugewiesen werden kann):

- Die ganze Zahl I, für die S eine Dezimaldarstellung enthält (8.1.1.2), wird betrachtet;
- wenn I größer ist als der größte Wert, zu dem N referieren kann, ist die Konvertierung erfolglos, andernfalls ist I die geforderte Ganzzahl (z. B. wenn der Modus von N durch ***ref short int*** spezifiziert ist und der Wert von *short max int* 65535 ist, dann kann keine Zeichenkette konvertiert werden, die eine Dezimaldarstellung eines Wertes größer als 65535 enthält).]

10.3.4.3. Realmuster

10.3.4.3.1. Syntax

a) **NEST real pattern** [A341c, A345a] :
  NEST sign mould [A342c] **option,**
    NEST variable point mould [b]
    or alternatively NEST floating point mould [c].
b) **NEST variable point mould** [a,c] :
  NEST integral mould [A342b], **NEST point frame** [A341j],
    NEST integral mould [A342b] **option ;**
  NEST point frame [A341j], **NEST integral mould** [A342b].
c) **NEST floating point mould** [a] : **NEST variable point mould** [b]
  or alternatively NEST integral mould [A342b],
    NEST exponent frame [A341j], **NEST integral pattern** [A342a].
d) **point marker** [A341j] : **point** [94b] **symbol.**
e) **exponent marker** [A341j] : **letter e** [94a] **symbol.**

[Beispiele:
a) *+ zd. 11d* oder *+. 12de + 2d* b) *zd. 11d* oder *. 12d*
c) *. 12de + 2d*]

[Die Semantik der Realmuster (**real-patterns**) siehe in 10.3.4.1.2.e.]

[aa) Die Modi, die ausgabe-(eingabe-) kompatibel mit einem Realmuster sind, sind die durch ***L real*** und ***L int (ref L real)*** spezifizierten Modi.

bb) Ein Wert V wird wie folgt unter Benutzung eines Realmusters M in eine Zeichenkette S konvertiert:

- Wenn M eine Vorzeichenschablone enthält, ist das erste Zeichen von S das Vorzeichen von V, andernfalls ist die Konvertierung erfolglos, wenn V $<$ 0 gilt.
- Der Rest von S enthält eine wie folgt bestimmte Dezimaldarstellung von V:
  - wenn nötig, wird V zu einer Realzahl erweitert;
  - das Element von S, das durch eine "." ("*e*") Vorlage von M, falls vorhanden, gesteuert wird, ist "." ("$_{10}$");
- wenn M eine "*e*" Vorlage enthält, dann
  - sei W die Folge der vorangehenden Vorlagen und GM das der "*e*" Vorlage folgende Ganzzahlmuster (**integral-pattern**);
  - es wird ein Exponent E berechnet durch Standardisieren von V zum größten Wert, der konvertierbar ist, indem W benutzt wird (siehe unten);
  - der Teil von S, der durch GM gesteuert wird, wird durch Konvertieren von E unter Benutzung von GM erhalten (10.3.4.2.1.bb); andernfalls
  - sei W das ganze M;
- die Elemente von S, die durch "*d*" und "*z*" Vorlagen von W gesteuert werden, sind die passenden Ziffern (daher spezifiziert das Muster die Anzahl der zu benutzenden Ziffern und die Anzahl der Ziffern nach dem Dezimalpunkt, falls vorhanden);
- wenn V nicht durch eine solche Zeichenkette dargestellt werden kann, ist die Konvertierung erfolglos.

cc) Eine Zeichenkette S wird wie folgt unter Benutzung eines Realmusters in eine Realzahl konvertiert, die zum Namen N paßt (ihm zugewiesen werden kann):

- die Realzahl R, für die S eine Dezimaldarstellung enthält, wird betrachtet;
- wenn R größer ist als der größte Wert, zu dem N referieren kann, ist die Konvertierung erfolglos, andernfalls ist R die geforderte Realzahl.]

10.3.4.4. Booleschmuster

10.3.4.4.1. Syntax

a) **NEST boolean pattern** [A341c] :
    NEST unsuppressible boolean frame [A341j].
b) **boolean marker** [A341j, A348b] : **letter b** [94a] **symbol.**

[Beispiele:

a) *14xb*]

[Die Semantik der Booleschmuster (**boolean-pattern**) siehe in 10.3.4.1.2.e.]

[aa) Der Modus, der ausgabe-(eingabe-) kompatibel mit einem Booleschmuster ist, ist der durch ***bool*** (***ref bool***) spezifizierte.

bb) Ein Wert W wird wie folgt unter Benutzung eines Booleschmusters in eine Zeichenkette konvertiert:

- wenn W true (false) ist, dann ist die Zeichenkette die durch *flip* (*flop*) gelieferte.

cc) Eine Zeichenkette S wird wie folgt unter Benutzung eines Booleschmusters in einen Bolleschwert konvertiert:

• wenn S dieselbe wie die durch *flip* (*flop*) gelieferte Zeichenkette ist, dann ist der geforderte Wert true (false).]

10.3.4.5. Komplexmuster

10.3.4.5.1. Syntax

a) **NEST complex pattern** [A341c] :
NEST real pattern [A343a], **NEST complex frame** [A341j],
NEST real pattern [A343a].
b) **complex marker** [A341j] : **letter i** [94a] **symbol.**

[Beispiel:
a) *+. 12de + 2d3q "+j*" 3 "÷" si +. 10de + 2d*]

[Die Semantik der Komplexmuster (**complex-patterns**) siehe in 10.3.4.1.2.e.]

[aa) Die Modi, die ausgabe-(eingabe-) kompatibel mit einem Komplexmuster sind, sind die durch ***L compl***, ***L real*** und ***L int*** (***ref L compl***) spezifizierten.

bb) Ein Wert W wird wie folgt unter Benutzung eines Komplexmusters K in eine Zeichenkette S konvertiert:
• wenn nötig, wird W zu einer komplexen Zahl erweitert;
• das Element von S, das durch eine *"i"* Vorlage von K gesteuert wird, ist "⊥";
• der Teil von S, der durch das erste (zweite) Realmuster von K gesteuert wird, ist der durch das Konvertieren des ersten (zweiten) Feldes von W in eine Zeichenkette erhaltene, wobei das erste (zweite) Realmuster von K benutzt wird (10.3.4.3.1.bb);
• wenn irgendeine Konvertierung erfolglos ist, ist die Konvertierung von W erfolglos.

cc) Eine Zeichenkette wird wie folgt unter Benutzung eines Komplexmusters K in einen komplexen Wert C konvertiert, der zu einem Namen N zugewiesen werden kann:
• der Teil der Zeichenkette, der durch das erste (zweite) Realmuster von K gesteuert wird, wird in eine passende Realzahl konvertiert (10.3.4.3.1.cc), die dann das erste (zweite) Feld von C bildet;
• wenn irgendeine Konvertierung erfolglos ist, ist die Konvertierung zu C erfolglos.]

10.3.4.6. Zeichenkettenmuster

10.3.4.6.1. Syntax

a) **NEST string pattern** [A341c] :
NEST character frame [A341k] **sequence.**
b) **character marker** [A341k] : **letter a** [94a] **symbol.**

[Beispiel:
a) *p "table of" x10a*]

[Die Semantik der Zeichenkettenmuster (**string-patterns**) siehe in 10.3.4.1.2.e.]

[aa) Die Modi, die ausgabe-(eingabe-) kompatibel mit einem Zeichenkettenmuster sind, sind die durch ***char*** und ***[] char*** (***ref char***, ***ref [] char***, ***ref string***) spezifizierten.

bb) Ein Wert W wird wie folgt in eine Zeichenkette konvertiert, wobei ein Zeichenkettenmuster (**string-pattern**) Z benutzt wird:

- wenn nötig, wird W zu einer Zeichenkette gereiht;
- wenn die Länge der Zeichenkette W gleich der Länge der Zeichenkette ist, die durch Z gesteuert wird, wird W geliefert, andernfalls ist die Konvertierung erfolglos.

cc) Eine Zeichenkette S wird wie folgt unter Benutzung eines Zeichenkettenmusters in ein Zeichen oder eine Zeichenkette konvertiert, das (die) einem Namen N zugewiesen werden kann:

Fall A: Der Modus von N ist durch ***ref char*** spezifiziert:

- wenn S nicht aus einem Zeichen besteht, ist die Konvertierung erfolglos, andernfalls wird jenes Zeichen geliefert.

Fall B: Der Modus von N ist durch ***ref [] char*** spezifiziert:

- wenn die Länge von S nicht gleich ist der Zahl der Zeichen, die von N referiert werden, ist die Konvertierung erfolglos, andernfalls wird S geliefert.

Fall C: Der Modus von S ist durch ***ref string*** spezifiziert:

- S wird geliefert.]

10.3.4.7. Bitsmuster

10.3.4.7.1. Syntax

a) **NEST bits pattern** [A341c] **: NEST RADIX frame** [b],
NEST integral mould [A342b].

b) **NEST RADIX frame** [a] **: NEST insertion** [A341d],
RADIX [82d,e,f,g], **unsuppressible suppression** [A341l],
radix marker [c].

c) **radix marker** [b] **: letter r** [94a] **symbol.**

[Beispiele:

a) *2r6d26sd* b) *2r*]

[Die Semantik der Bitsmuster (**bits-patterns**) siehe in 10.3.4.1.2.e.]

[aa) Die Modi, die ausgabe-(eingabe-) kompatibel mit einem Bitsmuster sind, sind die durch ***L bits (ref L bits)*** spezifizierten.

bb) Ein Wert W wird wie folgt unter Benutzung eines Bitsmusters B in eine Zeichenkette konvertiert:

- die ganze Zahl I, die W entspricht, wird bestimmt, indem der Operator ***abs*** benutzt wird (10.2.3.8.i).
- wenn die *"r"* Vorlage von B durch eine Radix-zwei (-vier, -acht, -sechzehn) Vorlage (**radix-two- (-four-, -eight-, -sixteen-) frame**) geliefert wurde, dann wird I in eine Zeichenkette konvertiert, was durch die Ganzzahlschablone von B gesteuert wird, die dann eine binäre (quaterniäre, oktale, hexadezimale) Darstellung von I enthält (10.3.4.2.1.bb); wenn I nicht durch eine solche Zeichenkette dargestellt werden kann, ist die Konvertierung erfolglos.

cc) Eine Zeichenkette S wird wie folgt unter Benutzung eines Bitsmusters B in einen Bitswert konvertiert, der einem Namen N zugewiesen werden kann:

- wenn die *"r"* Vorlage von B durch eine Radix-zwei (-vier, -acht, -sechzehn) Vorlage (**radix-two- (-four-, -eight-, -sixteen-) frame**) geliefert wurde, dann wird die Ganzzahl I bestimmt, für die S eine binäre (quaterniäre, oktale, hexadezimale) Darstellung enthält;

● der Bitswert W, der I entspricht, wird durch Benutzung des Operators ***bin*** (10.2.3.8.j) bestimmt;

● wenn die Weite von W größer ist als die des Wertes, zu dem N referiert, ist die Konvertierung erfolglos.]

10.3.4.8. Auswahlmuster

10.3.4.8.1. Syntax

a) **NEST integral choice pattern** [A341c] **:**
NEST insertion [A341d], **letter c** [94a] **symbol,**
NEST praglit [c] **list brief pack,**
pragment [92a] **sequence option.**

b) **NEST boolean choice pattern** [A341c] **:**
NEST insertion [A341d], **boolean marker** [A344b],
brief begin [94f] **token, NEST praglit** [c], **and also** [94f] **token,**
NEST praglit [c], **brief end** [94f] **token,**
pragment [92a] **sequence option.**

c) **NEST praglit** [a,b] **: pragment** [92a] **sequence option,**
NEST literal [A341i].

Beispiele:

a) *l 20k c ("mon", "tues", "wednes", "thurs", "fri", "satur", "sun")*

b) *b ("", "error")*

c) *"mon"*]

[aa) Ein Wert W wird wie folgt unter Benutzung eines Bildes B, dessen Muster Q durch ein Ganzzahl-Auswahl-Muster (**integral-choice-pattern**) G geliefert wurde, ausgegeben:

● Der Einschub von Q wird statisch gemacht (10.3.4.1.1.dd) und ausgeführt (10.3.4.1.1.ee).

Wenn der Modus von W durch ***int*** spezifiziert ist, wenn W > 0 gilt und wenn die Anzahl der Bestandteil bildenden Literale des **praglit-list-pack** von G mindestens W ist, dann wird

● das Literal statisch gemacht, das vom W-ten **literal** geliefert wird, und ausgeführt; andernfalls

● wird die *on value error* entsprechende Maßnahmeroutine aufgerufen;

● wenn sie mit false antwortet, wird W unter Benutzung von *put* ausgegeben und *undefined* wird aufgerufen.

● Der Einschub von B wird statisch gemacht und ausgeführt.

bb) Ein Wert wird wie folgt unter Benutzung eines Bildes B, dessen Muster Q durch ein Ganzzahl-Auswahl-Muster G geliefert wurde, zu einem Namen N eingegeben:

● Der Einschub von Q wird statisch gemacht und ausgeführt;

● jedes der Literale, die durch die Bestandteil bildenden Literale (**literals**) des **praglit-list-pack** von G geliefert werden, wird der Reihe nach statisch gemacht und nach ihm "gesucht" (cc).

Wenn der Modus von N durch ***ref int*** spezifiziert ist und das i-te Literal das erste gegenwärtige ist, dann wird i dem N zugewiesen, andernfalls wird

- die *on value error* entsprechende Maßnahmeroutine aufgerufen;
- wenn sie mit false antwortet, wird *undefined* aufgerufen.

- Der Einschub von B wird statisch gemacht und ausgeführt.

cc) Nach einem. Literal wird "gesucht", indem Zeichen gelesen werden und mit den aufeinanderfolgenden Zeichen des Literals verglichen werden. Wenn das Ende der laufenden Zeile oder das logische Ende der Datei erreicht ist, oder wenn ein Zeichenvergleich negativ ausgeht, ist das Suchen erfolglos, und die laufende Position wird auf den Punkt zurückgesetzt, auf dem sie begann.

dd) Ein Wert W wird wie folgt unter Benutzung eines Bildes P, dessen Muster Q durch ein Boolesch-Auswahl-Muster (**boolean-choice-pattern**) B geliefert wurde, ausgegeben:

- Der Einschub von Q wird statisch gemacht und ausgeführt.

Wenn der Modus von W durch ***bool*** spezifiziert ist, wird

- wenn W true (false) ist, das Literal, das durch das erste (zweite) Literal von B geliefert wird, statisch gemacht und ausgeführt, andernfalls wird
- die *on value error* entsprechende Maßnahmeroutine aufgerufen;
- wenn sie mit false antwortet, wird W unter Benutzung von *put* ausgegeben und *undefined* wird aufgerufen.

- Der Einschub von P wird statisch gemacht und ausgeführt.

ee) Ein Wert wird wie folgt unter Benutzung eines Bildes P, dessen Muster Q durch ein Boolesch-Auswahl-Muster (**boolean-choice-pattern**) B geliefert wurde, zu einem Namen N eingegeben:

- Der Einschub von Q wird statisch gemacht und ausgeführt;
- jedes der Literale, die durch **literals** von B geliefert werden, wird der Reihe nach statisch gemacht und nach ihm gesucht.

Wenn der Modus von N durch ***ref bool*** spezifiziert ist und der erste (zweite) Einschub gegenwärtig ist, wird true (false) dem N zugewiesen, andernfalls wird

- die *on value error* entsprechende Maßnahmeroutine aufgerufen;
- wenn sie mit false antwortet, wird *undefined* aufgerufen.

- Der Einschub von P wird statisch gemacht und ausgeführt.]

10.3.4.8.2. Semantik

Das Ergebnis eines Auswahlmusters (**choice-pattern**) P ist ein strukturierter Wert W vom Modus '**CPATTERN**', der wie folgt bestimmt wird:

- sei n die Anzahl der Bestandteil bildenden **NEST-literals** des **praglit-list-pack** von P;
- sei S_i, i = 1, ... , n, ein **NEST**-Einschub (**-insertion**), der verwandt ist [1.1.3.2.k] zu dem i-ten jener Bestandteil bildenden **NEST-literals**;
- der Einschub E von P und alle die von S_1, S_2, ... , S_n werden kollateral abgearbeitet;
- die Felder von W sind der Reihe nach:
  - [*i*] das Ergebnis von E;
  - [*type*] 1 (2), wenn P ein Boolesch- (Ganzzahl-) Auswahlmuster (**boolean- (integral-) choice-pattern**) ist.
  - [*c*] ein mehrfacher Wert vom Modus '**row of INSERTION**' mit einem Deskriptor

((1, n)) und n Elementen, von denen das durch (i) selektierte (i = 1, ... , n) das Ergebnis von S_i ist.

10.3.4.9. Formatmuster

10.3.4.9.1. Syntax

a) **NEST format pattern** [A341c] :
NEST insertion [A341d], **letter f** [94a] **symbol,**
meek FORMAT NEST ENCLOSED clause [31a, 34a],
pragment [92a] **sequence option.**

[Beispiel:

a) *f (uir | **(int)** : $ 5d $, **(real)** : $ d.3d $)*]

[Ein Formatmuster (**format-pattern**) kann benutzt werden, um Formate dynamisch für den Gebrauch in der Transgabe zu bilden. Wenn ein Formatmuster während eines Aufrufes von *get next picture* angetroffen wird, wird es statisch gemacht und sein Einschub ausgeführt. Das erste Bild des Formats, das durch die Routine vom Muster geliefert wird, wird als das nächste Bild genommen, und nachfolgende Bilder werden solange von jenem Format genommen, bis es ausgeschöpft ist.]

10.3.4.9.2. Semantik

Das Ergebnis eines **NEST**-Formatmusters (**NEST-format-pattern**) P in einer Umgebung U ist ein strukturierter Wert vom Modus '**FPATTERN**', dessen Felder der Reihe nach sind:

- [*i*] das Ergebnis seines Einschubs (**insertion**);
- [*pf*] eine Routine vom Modus '**procedure yielding FORMAT**', die zusammengesetzt ist aus einem **procedure-yielding-FORMAT-NEST-routine-text**, dessen Einheit (**unit**) E eine neue Einheit ist, die verwandt [1.1.3.2.k] ist zu der **meek-FORMAT-ENCLOSED-clause** von P, und der Umgebung, die notwendig für E in U ist.

10.3.4.10. Allgemeine Muster

10.3.4.10.1. Syntax

a) **NEST general pattern** [A341c] :
NEST insertion [A341d], **letter g** [94a] **symbol,**
NEST width specification [b] **option.**

b) **NEST width specification** [*a*] : **brief begin** [94f] **token meek integral NEST unit** [32d], **NEST after specification** [c] **option, brief end** [94f] **token, pragment** [92a] **sequence option.**

c) **NEST after specification** [b] :
and also [94f] **token, meek integral NEST unit** [32d],
NEST exponent specification [d] **option.**

d) **NEST exponent specification** [c] :
and also [94]**f token, meek integral NEST unit** [32d].

[Beispiele:

a) *g* und *g(−18, 12, −3)* b) *−18, 12, −3*

c) *, 12, −3* d) , −3]

[aa) Ein Wert W wird wie folgt unter Benutzung eines Bildes B, dessen Muster Q durch ein allgemeines Muster (**general-pattern**) G geliefert wurde, ausgegeben:

- B wird statisch gemacht;
- der Einschub von Q wird ausgeführt.

Wenn Q nicht parametrisiert ist (d. h., G enthält keine Weitenspezifikation (**width-specification**), dann wird W durch Benutzen von *put* ausgegeben;
andernfalls, wenn der Modus von W durch ***L int*** oder ***L real*** spezifiziert ist, wird
- wenn Q einen (zwei, drei) Parameter enthält, W in eine Zeichenkette konvertiert, indem *whole* (*fixed, float*) benutzt wird; und
- die Zeichenkette wird geschrieben, wobei *put* benutzt wird;

andernfalls wird
- die *on value error* entsprechende Maßnahmeroutine aufgerufen;
- wenn sie mit false antwortet, wird W durch Benutzen von *put* ausgegeben und *undefined* wird aufgerufen.

- Der Einschub von B wird ausgeführt.

bb) Ein Wert wird wie folgt unter Benutzung eines Bildes B, dessen Muster ein allgemeines Muster ('**general**' pattern) ist, zu einem Namen N eingegeben:
- B wird statisch gemacht;
- der Einschub von Q wird ausgeführt.
- (irgendwelche Parameter werden ignoriert und) der Wert wird zu N eingegeben, indem *get* benutzt wird;
- der Einschub von B wird ausgeführt;

10.3.4.10.2. Semantik

Das Ergebnis eines **NEST-general-pattern** G in einer Umgebung U ist ein strukturierter Wert vom Modus '**GPATTERN**', dessen Felder der Reihe nach sind
- [*i*] das Ergebnis des Einschubs (**insertion**) von G;
- [*spec*] ein mehrfacher Wert W vom Modus '**row of procedure yielding integral**', der einen Deskriptor ((1, n)) hat, wobei n die Anzahl der Bestandteil bildenden **meek-integral-units** der **width-specification-option** von G ist, und n wie folgt bestimmte Elemente:

Für i = 1, ... , n
- ist das i-te Element von W eine Routine vom Modus '**procedure yielding integral**', die zusammengesetzt ist aus einem **procedure-yielding-integral-NEST-routine-text**, dessen Einheit (**unit**) E eine neue Einheit ist, die verwandt ist [1.1.3.2.k] zu der i-ten jener **meek-integrals-units**, und der Umgebung, die für E in U notwendig ist.

10.3.5. Formatierte Transgabe

a) ***mode format*** = ***struct (flex*** *[1 : 0]* ***piece*** *F);*
mode 𝔖 ***piece*** = ***struct (int*** *cp* **c** *Zeiger auf die laufende Kollektion* **c**,
count **c** *Anzahl, für die piece zu wiederholen ist* **c**, *bp* **c** *Rückwärtszeiger* **c**,
flex *[1 : 0]* ***collection*** *c);*
mode 𝔖 ***collection*** = ***union (picture, collitem);***
mode 𝔖 ***collitem*** = ***struct (insertion*** *i1,*
proc int *rep* **c** *Wiederholer* **c**,
int *p* **c** *Zeiger zu einem anderen piece* **c**, ***insertion*** *i2);*

```
    mode ℑ insertion = flex [1 : 0] struct (proc int rep c Wiederholer c,
      union (string, char) sa);
    mode ℑ picture =
      struct (union (pattern, cpattern, fpattern, gpattern, void) p,
          insertion i);
    mode ℑ pattern = struct (int type c des Musters c,
      flex [1 : 0] frame frames);
    mode ℑ frame = struct (insertion i,
      proc int rep c Wiederholer c,
      bool supp c wahr, wenn unterdrückt c,
      char marker);
    mode ℑ cpattern = struct (insertion i,
      int type c Boolesch oder ganzzahlig c,
      flex [1 : 0] insertion c);
    mode ℑ fpattern = struct (insertion i, proc format pf);
    mode ℑ gpattern =
      struct (insertion i, flex [1 : 0] proc int spec);
b) proc ℑ get next picture =
      (ref file f, bool read, ref picture picture) void :
      begin
      bool picture found := false, format ended := false;
      while ¬ picture found
      do if forp of f = 0 then
        if format ended
        then undefined
        elif ¬ (format mended of f) (f)
        then ref int (forp of f) := 1;
          cp of (F of format of f) [1] := 1;
          count of (F of format of f) [1] := 1
        else format ended := true
        fi
      else
        ref int forp = forp of f;
        ref flex [ ] piece aleph = F of format of f;
        case (c of aleph [forp]) [cp of aleph [forp]] in
            (collitem cl) :
                ([1 : upb (i1 of cl)] sinsert si;
                bp of aleph [p of cl] := forp; forp := skip;
                (staticize insertion (i1 of cl, si),
                  count of aleph [p of cl] := rep of cl);
                (aleph :≠: F of format of f | undefined);
                (read | get insertion (f, si) | put insertion (f, si));
                cp of aleph [p of cl] := (count of aleph [p of cl] > 0 |0| picture
                 found := true; picture := (empty, ( )); upb c of aleph [p of cl]);
                forp := p of cl),
              (picture pict) : (picture found := true;
                picture := pict)
```

```
      esac;
      while
          (forp ≠ 0 | cp of aleph [forp] = upb c of aleph [forp] | false)
      do if (count of aleph [forp] -:= 1) le 0
      then
        if (forp := bp of aleph [forp]) ≠ 0
        then
      insertion extra =
        case (c of aleph [forp]) [cp of aleph [forp]] in
        (collitem cl) :
            (bp of aleph [p of cl] := 0; i2 of cl),
          (picture pict) :
            case p of pict in
            (fpattern fpatt) :
              (int k := forp;
              while bp of aleph [k] ne forp do k +:= 1 od;
              aleph := [: k - 1];
              i of pict)
              esac
            esac;
          int m = upb i of picture, n = upb extra;
          [1 : m + n] struct (proc int rep, union (string, char) sa) c;
          c [1 : m] := i of picture; c [m + 1 : m + n] := extra;
          i of picture := c
        fi
      else cp of aleph [forp] := 0
      fi od;
      (forp ne 0 | cp of aleph [forp] +:= 1)
    fi od
    end;
```

c) **mode** ℌ **sinsert** = **struct** (**int** *rep*, **union** (**string**, **char**) *sa*);

d)
```
proc ℌ staticize insertion =
    (insertion ins, ref [ ] sinsert sins) void :
      c ruft kollateral alle Wiederholer in 'ins' auf c
    if upb ins = 1
    then
      rep of sins [1] := rep of ins [1];
      sa of sins [1] := sa of ins [1]
    elif upb ins > 1 then
      (staticize insertion (ins [1], sins [1]),
        staticize insertion (ins [2 : ], sins [2 : ]))
    fi;
```

e) **mode** ℌ **sframe** = **struct** (**flex** [1 : 0] **sinsert** *si*,
int *rep*, **bool** *supp*, **char** *marker*);

```
f) proc ϑ staticize frames =
     ([ ] frame frames, ref [ ] sframe sframes) void :
       c ruft kollateral alle Wiederholer in 'frames' auf c
       if upb frames = 1
       then
         [1 : upb (i of frames [1])] sinsert si;
           (staticize insertion (i of frames [1], si),
             rep of sframes [1] := rep of frames [1]);
           si of sframes [1] := si;
           supp of sframes [1] := supp of frames [1];
           marker of sframes [1] := marker of frames [1]
     elif upb frames > 1 then
           (staticize frames (frames [1], sframes [1]),
             staticize frames (frames [2 : ], sframes [2 : ]))
       fi;

g) proc ϑ put insertion = (ref file f, [] sinsert si) void :
     begin set write mood (f);
       for k to upb si
       do
         case sa of si [k] in
           (char a) : alignment (f, rep of si [k], a, false),
           (string s) :
             to rep of si [k]
             do
               for i to upb s
               do check pos (f); put char (f, s [i]) od
             od
           esac
         od
       end;

h) proc ϑ get insertion = (ref file f, [] sinsert si) void :
     begin set read mood (f);
       for k to upb si
       do
         case sa of si [k] in
           (char a) : alignment (f, rep of si [k], a, true),
             (string s) :
               (char c;
               to rep of si [k]
               do
                 for i to upb s
                 do check pos (f); get char (f, c);
                   (c ne s [i]
                   | (not (char error mended of f) (f, c := s [i])
                     | undefined);
                   set read mood (f));
```

```
            od
         od)
      esac
   od
end;
```

```
i) proc 𝔖 alignment = (ref file f, int r, char a, bool read) void :
     if a = "x" then to r do space (f) od
     elif a = "y" then to r do backspace (f) od
     elif a = "l" then to r do newline (f) od
     elif a = "p" then to r do newpage (f) od
     elif a = "k" then set char number (f, r)
     elif a = "q"
     then to r
        do
           if read
           then char c; check pos (f); get char (f, c);
              (c ne blank
              | (not (char error mended of f) (f, c := blank)
              | undefined); set read mood (f))
           else check pos (f); put char (f, blank)
           fi
        od
     fi;
```

```
j) proc 𝔖 do fpattern = (ref file f, fpattern fpattern, bool read) void :
     begin format pf;
        [1 : upb (i of fpattern)] sinsert si;
           (staticize insertion (i of fpattern, si),
              pf := pf of fpattern);
           (read | get insertion (f, si) | put insertion (f, si));
           ref int forp = forp of f;
           ref flex [ ] piece aleph = F of format of f;
           int m = upb aleph, n = upb (F of pf);
           [1 : m + n] piece c; c [1 : m] := aleph;
           c [m + 1 : m + n] := F of pf;
           aleph := c; bp of aleph [m + 1] := forp;
           forp := m + 1; cp of aleph [forp] := 1;
           count of aleph [forp] := 1;
           for i from m + 1 to m + n
           do
              for j to upb c of aleph [i]
              do
                 case (c of aleph [i]) [j] in
                    (collitem cl) :
                       (c of aleph [i]) [j] :=
```

```
                    collitem (i1 of cl, rep of cl, p of cl + m, i2 of cl)
                esac
              od
            od
          end;

k) proc ℌ associate format = (ref file f, format format) void :
      begin
        format of f :=
          C ein neu geschaffener Name, der zu dem Ergebnis eines aktuellen Format-
          Deklarierers referiert und dessen Lage gleich ist mit der Lage des durch 'format'
          gelieferten Wertes C
            := format;
        forp of f := heap int := 1;
        cp of (F of format of f) [1] := 1;
        count of (F of format of f) [1] := 1;
        bp of (F of format of f) [1] := 0
    end;
```

10.3.5.1. Formatierte Ausgabe

```
a) proc putf = (ref file f, [] union (outtype, format) x) void :
      if opened of f then
      for k to upb x
      do case
        set write mood (f); set char mood (f); x [k]
        in
        (format format) : associate format (f, format),
        (outtype ot) :
        begin int j := 0;
        picture picture, [ ] simplout y = straightout ot;
        while (j +:= 1) le upb y
        do bool incomp := false;
            get next picture (f, false, picture);
            set write mood (f);
            [1 : upb (i of picture)] sinsert sinsert;
            case p of picture in
            (pattern pattern) :
            begin int rep, sfp := 1;
                [1 : upb (frames of pattern)] sframe sframes;
                (staticize frames (frames of pattern, sframes),
                staticize insertion (i of picture, sinsert));
              string s;
              op ?= (string s) bool :
                c wahr, wenn der nächste Anzeiger ein Element von 's' ist und andern-
                  falls falsch c
```

```
            if sfp > upb sframes
            then false
            else sframe sf = sframes [sfp];
               rep := rep of sf;
               if char in string (marker of sf, loc int, s)
               then sfp +:= 1; true
               else false
               fi
           fi;
   op ?= (char c) bool :? string (c);
   proc int pattern = (ref bool sign mould) int :
     (int l := 0;
        while ? "zuv" do (rep ge 0 | l +:= rep) od;
     sign mould :=? "+−";
     while ?= "zd" do (rep ge 0 | l +:= rep) od; l);
 ¢ proc edit L int = (L int i) void :
   (bool sign mould; int l := int pattern (sign mould);
   string t = subwhole (abs i, l);
   if char in string (errorchar, loc int, t) or l = 0
     or not sign mould and i < L 0
   then incomp := true
   else t plusto s;
        (l − upb t) * "0" plusto s;
        (sign mould | (i < L 0 | "−" | "+") plusto s)
   fi) ¢;
 ¢ proc edit L real = (L real r) void :
   (int b := 0, a := 0, e := 0, exp := 0,
   L real y := abs r, bool sign1, string point := "";
   b := int pattern (sign1);
   (?"." | a := int pattern (loc bool); point := ".");
   if ? "e" then L standardize (y, b, a, exp);
     edit in (exp);
     "₁₀" plusto s
   fi;
   string t = subfixed (y, b + a + (a ne 0 | 1 | 0), a);
   if char in string (errorchar, loc int, t) or  a + b = 0
     or not sign1 and r < L 0
   then incomp := true
   else t [ : b] + point + t[b + 2 : ] plusto s;
        (b + a + (a ne 0 | 1 | 0) − upb t) * "0" plusto s;
     (sign1 | (r < L 0 | "−" | "+") plusto s)
   fi) ¢;
       ¢ proc edit L compl = (L compl z) void :
         (while not ? "i" do sfp +:= 1 od;
         edit L  real (im z); "⊥" plusto s; sfp := 1;
```

```
         edit L real (re z)) ⊁;
    ⊀ proc edit L bits = (L bits lb, int radix) void :
         (L int n := abs lb; ? "r";
         int l := int pattern (loc bool);
         while dig char (S (n mod K radix)) plusto s;
            n overab K radix; n ne L 0
         do skip od;
         if upb s le l
         then (l - upb s) *"0" plusto s
         else incomp := true
         fi) ⊁;
    proc charcount = int : (int l := 0;
       while ?"a" do (rep ge 0 | l +:= rep) od; l);
    case type of pattern in
 c ganzzahlig c
       (y [j] |
       ⊀ (L int i) : edit L int (i) ⊁
       | incomp := true),
 c reell c
       (y [j] |
       ⊀ (L real r) : edit L real (r) ⊁,
       ⊀ (L int i) : edit L real (i) ⊁
       | incomp := true),
 c Boolesch c
       (y[j] |
       (bool b) : s := (b | flip | flop)
       | incomp := true),
 c komplex c
       (y [j] |
       ⊀ (L compl z) : edit L compl (z) ⊁,
       ⊀ (L real r) : edit L compl (r) ⊁,
       ⊀ (L int i) : edit L compl (i) ⊁
       | incomp := true),
 c Zeichenkette c
       (y [j] |
       (char c) :
          (charcount = 1 | s := c | incomp := true),
          ([ ] char t) :
             (charcount = upb t - lwb t + 1
             | s := t [at 1]
             | incomp := true)
       | incomp := true)
          out
 c Bits c
       (y [j] |
       ⊀ (L bits lb) :
```

```
                edit L bits (lb, type of pattern - 4)
                | incomp := true)
              esac;
              if not incomp
              then edit string (f, s, sframes)
              fi
            end
            (cpattern choice) :
            begin
            [1 : upb (i of choice)] sinsert si;
              staticize insertion (i of choice, si);
              put insertion (f, si);
  int l =
    case type of choice in
  c Boolesch c
      (y [j] |
      (bool b) : (b | 1 | 2)
      | incomp := true; skip),
  c ganzzahlig c
      (y [j] |
      (int i) : i
      | incomp := true; skip)
    esac;
  if not incomp
  then
    if l > upb (c of choice) or l le 0
    then incomp := true
    else
        [1 : upb ((c of choice) [l])] sinsert ci;
        staticize insertion ((c of choice) [l], ci);
        put insertion (f, ci)
    fi
  fi;
  staticize insertion (i of picture, sinsert)
end,
(fpattern fpattern) :
begin
  do fpattern (f, fpattern, false);
      for i to upb sinsert
      do sinsert [i] := (0, "") od;
  j -:= 1
end
(gpattern gpattern) :
begin
[1 : upb (i of gpattern)] sinsert si;
[ ] proc int spec = spec of gpattern; int n = upb spec;
[1 : n] int s;
```

```
        (staticize insertion (i of gpattern, si),
            staticize insertion (i of picture, sinsert),
            s := (n | spec [1], (spec [1], spec [2]),
                (spec [1], spec [2], spec [3])|()));
          put insertion (f, si);
          if n = 0 then put (f, y [j])
          else
            number yj =
            (y [j] | ∢(L int i) : i ∢, ∢(L real r) : r∢
              | incomp := true; skip);
            if not incomp
            then case n in
              put (f, whole (yj, s [1])),
              put (f, fixed (yj, s [1], s [2])),
              put (f, float (yj, s [1], s [2], s [3]))
                esac
            fi
          fi
        end,
      (void) :
            (j -:= 1; staticize insertion (i of picture, sinsert))
      esac;
      if incomp
      then set write mood (f);
          (not (value error mended of f) (f) |
      put (f, y [j]);
          undefined)
        fi;
        put insertion (f, sinsert)
            od
          end
        esac od
        else undefined
        fi;
```

b) **proc** ℬ *edit string* = (**ref file** *f*, **string** *s*, [ ] **sframe** *sf*) **void** :

```
    begin bool supp, zs := true, signput := false, again, int j := 0, sign;
      proc copy = (char c) void :
          (not supp | check pos (f); put char (f, c));
      for k to upb sf
      do sframe sfk = sf [k]; supp := supp of sfk;
        put insertion (f, si of sfk);
        to rep of sfk
        do again := true;
```

```
            while again
            do j +:= 1; again := false;
               char sj = s [j], marker = marker of sfk;
               if marker = "d"
               then copy (sj); zs := true
               elif marker = "z" then
                  (sj = "0" | copy ((zs | "⊥" | sj))
                  |: sj = "+" | again := true
                  | zs := false; copy (sj))
               elif marker = "u" or marker = "v" then
                  (sj = "+" | sign := 1; again := true
                   |: sj = "−" | sign := 2; again := true
                  |: sj = "0" | copy ((zs | "⊥" | sj))
                  | (not signput |
                     copy ((sign | (marker = "u" | "+" | "⊥"), "−"));
                     signput := true);
                     copy (sj); zs := false)
               elif marker = "+" then
                  (sj = "+" or sj = "−" | copy (sj)
                  | (not signput | copy ((sign | "+", "−")));
                     j −:= 1)
                  elif marker = "−" then
                     (sj = "+" | copy ("⊥")
                     |: sj = "−" | copy (sj)
                     | (not signput | copy ((sign | "⊥", "−")));
                        j −:= 1)
                  elif marker = "." then
                  copy (".")
                  elif marker = "e" or marker = "i"
                     or marker = "a" or marker = "b"
                  then copy (sj); zs := true; signput := false
                  elif marker = "r"
                  then j −:= 1
                  fi
            od
         od
      od
   end;
```

10.3.5.2. Formatierte Eingabe

```
a) proc getf = (ref file f, [ ] union (intype, format) x) void :
      if opened of f then
      for k to upb x
```

```
do case set read mood (f); set char mood (f); x [k]
in
(format format) : associate format (f, format),
(intype it) :
begin int j := 0;
  picture picture, [ ] simplin y = straightin it;
  while (j +:= 1) le upb y
  do bool incomp := false;
    get next picture (f, true, picture); set read mood (f);
    [1 : upb (i of picture)] sinsert sinsert;
    case p of picture in
    (pattern pattern) :
    begin
      [1 : upb (frames of pattern)] sframe sframes;
      (staticize frames (frames of pattern, sframes),
        staticize insertion (i of picture, sinsert));
      string s;
      int radix =
           (type of pattern ge 6 | type of pattern - 4 | 10);
        indit string (f, s, sframes, radix);
        case type of pattern in
  c ganzzahlig c
      (y [j] |
      ∢ (ref L int ii) :
        incomp := not string to L int (s, 10, ii) ⊅
      | incomp := true),
  c reell c
      (y [j] |
      ∢ (ref L real rr) :
        incomp := not string to L real (s, rr) ⊅
      | incomp := true),
  c Boolesch c
      (y [j] |
      (ref bool bb) : bb := s = flip
      | incomp := true),
  c komplex c
      (y [j] |
      ∢ (ref L compl zz) :
        (int i, bool b1, b2; char in string ("⊥", i, s);
        b1 := string to L real (s [ : i - 1], re of zz);
        b2 := string to L real (s [i + 1 :], im of zz);
        incomp := not (b1 and b2)) ⊅
      | incomp := true),
  c Zeichenkette c
      (y [j] |
```

```
        (ref char cc) :
          (upb s = 1 | cc := s [1] | incomp := true),
        (ref [ ] char ss) :
          (upb ss − lwb ss + 1 = upb s | ss [at 1] := s
          | incomp := true),
        (ref string ss) : ss := s
        | incomp := true )
      out
    c Bits c
        (y [j] |
        ⊀ (ref L bits lb) :
          if L int i; string to L int (s, radix, i)
          then lb := bin i
          else incomp := true
          fi ⊁
        | incomp := true)
    esac
  end,
  (cpattern choice) :
  begin
    [1 : upb (i of choice)] sinsert si;
    staticize insertion (i of choice, si);
    get insertion (f, si);
    int c = c of cpos of f, char kk;
    int k := 0, bool found := false;
    while k < upb (c of choice) and not found
    do k +:= 1;
        [1 : upb ((c of choice) [k])] sinsert si;
        bool bool := true;
        staticize insertion ((c of choice) [k], si);
        string s;
        for i to upb si
        do s plusab (sa of si [i] | (string ss) : ss) *rep of si [i]
        od;
        for jj to upb s
        while bool := bool and not line ended (f)
          and not logical file ended (f)
        do get char (f, kk); bool := kk = s [jj] od;
        (not (found := bool) | set char number (f, c))
    od;
    if not found then incomp := true
    else
      case type of choice in
    c Boolesch c
        (y [j] |
```

```
            (ref bool b) : b := k = 1
            | incomp := true),
            c ganzzahlig c
                (y [j] |
                (ref int i) : i := k
                | incomp := true)
              esac
            fi;
            staticize insertion (i of picture, sinsert)
          end,
          (fpattern fpattern) :
            begin do fpattern (f, fpattern, true);
              for i to upb sinsert
              do sinsert [i] := (0,"") od;
              j –:=1
            end,
          (gpattern gpattern) :
            ([1 : upb (i of gpattern)] sinsert si;
            (staticize insertion (i of gpattern, si),
              staticize insertion (i of picture, sinsert));
           get insertion (f, si);
           get (f, y [j])),
          (void) :
            (j –:= 1;
            staticize insertion (i of picture, sinsert))
          esac;
          if incomp
          then set read mood (f);
            (not (value error mended of f) (f) | undefined)
          fi;
          get insertion (f, sinsert)
        od
      end
    esac od
    else undefined
    fi;
```

b)
```
proc ℌ indit string =
      (ref file f, ref string s, [ ] sframe sf, int radix) void :
    begin
      bool supp, zs := true, sign found := false,
        space found := false, no sign := false, int sp := 1, rep;
      prio ! = 8;
      op ! = (string s, char c) char :
        c erwartet ein in 's' enthaltenes Zeichen; wenn das gelesene Zeichen nicht in 's'
          ist, wird die 'on char error' entsprechende Maßnahmeroutine aufgerufen mit
          c als Vorschlag c
```

```
    if char k; check pos (f); get char (f, k);
       char in string (k, loc int, s)
    then k
    else char sugg := c;
       if (char error mended of f) (f, sugg) then
          (char in string (sugg, loc int, s) | sugg | undefined; c)
       else undefined; c
       fi;
       set read mood (f)
    fi;
op ! = (char s, c) char : string (s) ! c;
[ ] char good digits = "0123456789abcdef" [ : radix];
s := "+";
for k to upb sf
do sframe sfk = sf [k]; supp := supp of sfk;
   get insertion (f, si of sfk);
   to rep of sfk
   do char marker = marker of sfk;
      if marker = "d" then
      s plusab (supp | "0" | good digits ! "0"); zs := true
      elif marker = "z" then
      s plusab (supp | "0"
         | char c = ((zs | "∸" | "") + good digits) ! "0";
           (c ne "∸" | zs := false); c)
      elif marker = "u" or marker = "+" then
         if sign found
         then zs := false; s plusab ("0123456789" ! "0")
         else char c =
            ("+-" + (marker = "u" | "∸" | "")) ! "+";
            (c = "+" or c = "-"
            | sign found := true; s [sp] := c)
         fi
      elif marker = "v" or marker = "-" then
         if sign found
         then zs := false; s plusab ("0123456789" ! "0")
         elif char c; space found
         then c := "+-∸0123456789" ! "+";
            (c = "+" or c = "-"
            | sign found := true; s [sp] := c
            |: c ne "∸"
            | zs := false; sign found := true; s plusab c)
         else c := "+-∸" ! "+";
               (c = "+" or c = "-"
               | sign found := true; s [sp] := c
               | space found := true)
         fi
```

```
        elif marker = "." then
          s plusab (supp | "." | "." ! ".")
        elif marker = "e" then
          s plusab (supp | "₁₀" | "₁₀E\e" ! "₁₀"; "₁₀");
          sign found := false; zs := true; s plusab "+"; sp := upb s
        elif marker = "i" then
          s plusab (supp | "⊥" | "i⊥" ! "⊥"; "" ⊥);
          sign found := false; zs := true; s plusab "+"; sp := upb s
        elif marker = "b" then
          s plusab (flip + flop) ! flop; no sign := true
        elif marker = "a" then
          s plusab (supp | "∸" | char c; check pos (f);
          get char (f, c); c);
          no sign := true
        elif marker = "r" then skip
        fi
    od
  od;
  if no sign then s := s [2 :] fi
end;
```

10.3.6. Binäre Transgabe

[In binärer Transgabe werden die durch Streckung erhaltenen Werte einer Datenliste (vgl. 10.3.3) über eine spezifizierte Datei einer nach dem anderen transgegeben. Die Art und Weise, in der solch ein Wert in dem Buch gespeichert wird, ist nur in dem Umfang bestimmt, daß an einer gegebenen Position ein ausgegebener Wert vom Modus M (der ein gewisser Modus ist, aus dem der durch ***simplout*** spezifizierte vereint ist) nachfolgend wieder von derselben Position zu einem Namen vom Modus '**reference to** M' eingegeben werden kann. Beachte, daß während der Eingabe zu einem Namen, der zu einem mehrfachen Wert referiert, die Anzahl der gelesenen Elemente die existierende Anzahl der Elemente, die von jenem Namen referiert werden, sein muß.

Die laufende Position wird nach jedem Wert um einen passenden Betrag voranbewegt und am Ende jeder Zeile oder Seite wird die entsprechende Maßnahmeroutine aufgerufen. Danach wird, wenn sie mit false antwortet, die nächste gute Zeichenposition des Buches gefunden (vgl. 10.3.3).

Für binäre Ausgabe können *put bin* (10.3.6.1.a) und *write bin* (10.5.1.h) benutzt werden und für binäre Eingabe *get bin* (10.3.6.2.a) und *read bin* (10.5.1.i).]

a) ***proc*** *𝔖 to bin* = ***(ref file*** *f*, ***simplout*** *x) [ ]* ***char*** :
*C ein Wert vom Modus 'row of character', dessen untere Grenze eins ist und dessen obere Grenze vom Wert von 'book **of** f' und vom Modus und dem Wert von 'x' abhängt; außerdem muß gelten x = from bin (f, x, to bin (f, x))* ***C;***

b) ***proc*** *𝔖 from bin* = ***(ref file*** *f*, ***simplout*** *y, [ ]* ***char*** *c)* ***simplout*** :

C ein Wert, wenn einer existiert, vom Modus des Wertes, der durch 'y' geliefert wird, so daß gilt c = to bin (f, from bin (f, y, c)) C;

10.3.6.1. Binäre Ausgabe

```
a) proc put bin = (ref file f, [ ] outtype ot) void :
     if opened of f then
       set bin mood (f); set write mood (f);
       for k to upb ot
       do [ ] simplout y = straightout ot [k];
         for j to upb y
         do [ ] char bin = to bin (f, y [j]);
           for i to upb bin
           do next pos (f);
             set bin mood (f);
             ref pos cpos = cpos of f, lpos = lpos of book of f;
             case text of f in
             (flextext t2) :
               t2 [p of cpos] [l of cpos] [c of cpos] := bin [i]
             esac;
             c of cpos +:= 1;
             if cpos beyond lpos then lpos := cpos
             elif not set possible (f)
               and pos (p of lpos, l of lpos, 1) beyond cpos
             then lpos := cpos;
               (compressible (f) |
                 C die Größe der Zeile und Seite, die das logische Ende des Buches ent-
                 hält und aller folgenden Zeilen und Seiten kann erhöht werden C)
             fi
           od
         od
       od
     else undefined
     fi;
```

10.3.6.2. Binäre Eingabe

```
a) proc get bin = (ref file f, [] intype it) void :
     if opened of f then
       set bin mood (f); set read mood (f);
       for k to upb it
       do [] simplin y = straightin it [k];
         for j to upb y
         do
           simplout yj = case y[j] in
           ⊀ (ref L int i) : i ⊁, ⊀ (ref L real r) : r ⊁,
           ⊀ (ref L compl z) : z ⊁, (ref bool b) : b,
           ⊀ (ref L bits lb) : lb ⊁, (ref char c) : c,
```

```
            (ref [] char s) : s, (ref string ss) : ss
            esac;
            [1 : upb (to bin (f, yj))] char bin;
            for i to upb bin
            do next pos (f); set bin mood (f);
               ref pos cpos = cpos of f;
               bin [i] :=
                  case text of f in
                  (flextext t2) :
                     t2 [p of cpos][l of cpos][c of cpos]
                  esac;
               c of cpos +:= 1
            od
            case y[j] in
               ≮ (ref L int ii) :
                  (from bin (f, ii, bin) | (L int i) : ii := i) ≯,
               ≮ (ref L real rr) :
                  (from bin (f, rr, bin) | (L real r) : rr := r) ≯,
               ≮ (ref L compl zz) :
                  (from bin (f, zz, bin) | (L compl z) : zz := z) ≯,
               (ref bool bb) :
                  (from bin (f, bb, bin) | (bool b) : bb := b),
               ≮ (ref L bits lb) :
                  (from bin (f, lb, bin) | (L bits b) : lb := b) ≯,
               (ref char cc) :
                  (from bin (f, cc, bin) | (char c) : cc := c),
               (ref [] char ss) :
                  (from bin (f, ss, bin) | ([] char s) : ss := s),
               (ref string ssss) :
                  (from bin (f, ssss, bin) | ([] char s) : ssss := s)
            esac
         od
      od
   else undefined
   fi;
```

[But Eeyore wasn't listening. He was taking the balloon out, and putting it back again, as happy as could be. . . .
Winnie - the - Pooh, A. A. Milne

Aber I-Aah hörte nicht. Er nahm den Ballon heraus und legte ihn wieder zurück und war so glücklich, wie er nur sein konnte . . .
Pu, der Bär, A. A. Milne.]

10.4. Das Systemvorspiel und die Task-Liste

10.4.1. Das Systemvorspiel

Die Darstellung des Systemvorspiels (**system-prelude**) wird aus der folgenden Form erhalten, zu der weitere nicht in diesem Bericht definierte Formen hinzugefügt werden dürfen. [Die Syntax der Programmtexte (**program-texts**) sichert, daß eine Deklaration (**declaration**), die in dem Systemvorspiel enthalten ist, nicht einer Deklaration im Standardvorspiel (**standard-prelude**) widersprechen kann. Es ist beabsichtigt, daß die weiteren Formen gewisse Deklarationen enthalten sollten, die für die korrekte Operation irgendwelcher System-Tasks benötigt werden, die hinzugefügt werden dürfen (durch den Implementator, wie in 10.1.2.d vorgesehen).]

a) ***sema*** ⅁ *gremlins* = ***(sema*** *s*; ***F of*** *s* := ***PRIM int*** := *0*; *s*);

10.4.2. Die System-Task-Liste

Die Darstellung des [ersten] Bestandteil bildenden System-Tasks (**system-task**) der System-Task-Liste (**system-task-list**) wird aus der folgenden Form erhalten. Die anderen System-Tasks, wenn vorhanden, sind durch diesen Bericht nicht definiert [aber können durch den Implementator definiert sein, um spezielle Eigentümlichkeiten seiner Operationsumgebung zu erklären, besonders insoweit, wie sie mit dem Lauf der speziellen-Programme (**particular-programs**) zusammenwirkt (siehe z. B. 10.3.1.1.dd)].

a) ***do down*** *gremlins*; *undefined*; ***up*** *bfileprotect* ***od***

[Die Absicht ist, daß dieser Aufruf von *undefined*, der durch ein ***up*** *gremlins* ausgelöst wird sobald ein Buch geschlossen wird, die Kette der Dateibereiche und die Kette der gesperrten Dateibereiche reorganisieren kann, etwa durch Entfernen des Buches, wenn es nicht verfügbar für weiteres Eröffnen zu sein braucht, oder durch sein mehrmaliges Einfügen in die Kette der Dateibereiche, wenn es für mehrere spezielle-Programme erlaubt ist, es gleichzeitig zu lesen. Beachte, daß wenn ein ***up*** *gremlins* gegeben ist, das Signal *bfileprotect* immer geschlossen (down) ist und so bleibt, bis solche Reorganisation stattgefunden hat.]

[From ghoulies and ghosties and longleggety
beasties and things that go bump in the night,
Good Lord, deliver us!
Ancient Cornish litany

Vor Dämonen und Gespenstern und langbeinigen Bestien und Wesen, die in der Nacht poltern,
gütiger Herr, beschütze uns!
Alte Kornische Litanei]

10.5. Spezielle-Vorpiele und Nachspiele

10.5.1. Spezielle-Vorspiele

Die Darstellung des speziellen-Vorspiels (**particular-prelude**) jedes Benutzer-Tasks (**user-task**) wird aus den folgenden Formen erhalten, zu denen solche anderen Formen hinzugefügt werden dürfen, die für das korrekte Funktionieren der Programmkonstruktionen nötig sind, die in dem Bestandteil bildenden Bibliotheksvorspiel (**library-prelude**) des Programmtextes (**program-text**) definiert sind [z. B. Deklarationen (**declarations**) und Aufrufe von *open* für zusätzliche Standarddateien]. Jedoch für jedes **QUALITY-new-new-PROPS1-LAYER2-defining-indicator-with-TAX**, das in solch einer zusätzlichen Form enthalten ist, muß das Prädikat '**where QUALITY TAX independent PROPS1**' [7.1.1.a,c] gelten [d. h., es kann zu keiner Deklaration (**declaration**) im Standardvorspiel ein Widerspruch entstehen].

a) ***L int** L last random* := ***round** (L max int / **L** 2);*

b) ***proc** L random* = ***L real*** :
L next random (L last random);

c) ***file** stand in, stand out, stand back;*
open (stand in, "", stand in channel);
open (stand out, "", stand out channel);
open (stand back, "", stand back channel);

d) ***proc** print = ([] **union** (**outtype**, **proc** (**ref file**) **void**) x) **void*** :
put (stand out, x),
proc** write = ([] **union** (**outtype**, **proc** (**ref file**) **void**) x) **void :
put (stand out, x);

e) ***proc** read = ([] **union** (**intype**, **proc** (**ref file**) **void**) x) **void*** :
get (stand in, x);

f) ***proc** printf = ([] **union** (**outtype**, **format**) x) **void*** :
putf (stand out, x),
proc** writef = ([] **union** (**outtype**, **format**) x) **void :
putf (stand out, x);

g) ***proc** readf = ([] **union** (**intype**, **format**) x) **void*** :
getf (stand in, x);

h) ***proc** write bin = ([] **outtype** x) **void*** :
put bin (stand back, x);

i) ***proc** read bin = ([] **intype** x) **void*** :
get bin (stand back, x);

10.5.2. Spezielle-Nachspiele

Die Darstellung des speziellen-Nachspiels (**particular-postlude**) jedes Benutzer-Tasks (**user-task**) wird aus der folgenden Form erhalten, zu der solche anderen Formen hinzugefügt werden dürfen, die für das korrekte Funktionieren der Programmkonstruktionen nötig sind, die in dem Bestandteil bildenden Bibliotheksvorspiel (**library-prelude**) des Programmtextes definiert sind [d. h. Aufrufe von *lock* für zusätzliche Standarddateien].

a) *stop : lock (stand in); lock (stand out); lock (stand back)*

11. Beispiele

11.1. Quadratwurzel im Komplexen

```
proc compsqrt = (compl z) compl :
        co Quadratwurzel mit nichtnegativem Realteil aus der komplexen Zahl 'z' co
  begin real x = re z, y = im z;
    real rp = sqrt ((abs x + sqrt (x ** 2 + y ** 2)) / 2);
    real ip = (rp = 0 | 0 | y / (2 * rp));
    if x ge 0 then rp ⊥ ip else abs ip ⊥ (y ge 0 | rp | − rp) fi
  end
```

Aufrufe [5.4.3] von *compsqrt* :

```
compsqrt (w)
compsqrt (−3.14)
compsqrt (−1)
```

11.2. Skalarprodukt 1

```
proc skalarprodukt 1 = (int n, proc (int) real x, y) real :
        co Skalarprodukt von zwei Vektoren mit je 'n' Komponenten, x(i), y(i), i = 1,
        ... , n, wobei 'x' und 'y' beliebige Abbildungen (Funktionen) sein können, die
        Integer- zu Realzahlen zuordnen co
  begin long real s := long 0;
    for i to n do s +:= leng x(i) * leng y(i) od;
    shorten s
  end
```

Aufrufe (real-calls) von *skalarprodukt 1* :

```
skalarprodukt 1 (m, (int j) real : x1 [j], (int j) real : y1 [j])
skalarprodukt 1 (n, nsin, ncos)
```

11.3. Skalarprodukt 2

```
proc skalarprodukt 2 = (ref [] real a, b) real :
  if upb a − lwb a = upb b − lwb b
  then co Skalarprodukt von zwei Vektoren 'a' und 'b' mit der gleichen Anzahl von
  Elementen co
    long real s := long 0;
    ref [ ] real a1 = a [at 1], b1 = b [at 1];
      co die Grenzen von 'a [at 1]' sind [1 : upb a − lwb a + 1] co
    for i to upb a1 do s +:= leng a1 [i] * leng b1 [i] od;
    shorten s
  fi
```

Aufrufe von *skalarprodukt 2* :

```
skalarprodukt 2 (x1, y1)
skalarprodukt 2 (y2 [2, ], y2 [ , 3])
```

11.4. Größtes Element

```
proc absmax = (ref [,] real a, co Resultat co ref real y,
  co Indizes co ref int i, k) void :
      co der absolute Wert des absolut größten Elementes der Matrix 'a' wird 'y', die
      Indizes dieses Elementes werden 'i' und 'k' zugewiesen co
  begin y := -1;
    for p from 1 lwb a to 1 upb a
    do
      for q from 2 lwb a to 2 upb a
      do
        if abs a [p, q] > y then y := abs a [i :=, k := q] fi
      od
    od
  end
```

Aufrufe von *absmax* :

```
absmax (x2, x, i, j)
absmax (x2, x, loc int, loc int)
```

11.5. Eulersummation

```
proc euler = (proc (int) real f, real eps, int tim) real :
      co Die Summe der 'f(i)' wird berechnet für i von 1 bis unendlich mit Hilfe einer
      passend verfeinerten Euler-Transformation. Die Summation wird beendet, wenn
      die Beträge der Terme der transformierten Reihe 'tim'-mal nacheinander kleiner
      sind als 'eps'. Diese Transformation ist besonders wirksam im Falle einer langsam
      konvergent oder divergent alternierenden Reihe co
  begin int n := 1, t; real mn, ds := eps; [1 : 16] real m;
    real sum := (m [1] := f(1)) / 2;
    for i from 2 while (t := (abs ds < eps | t + 1 | 1) le tim
    do mn := f (i);
      for k to n
      do mn := ((ds := mn) + m [k]) / 2; m [k] := ds od;
      sum +:= (ds := (abs mn < abs m [n] and n < 16 |
        n +:= 1; m [n] := mn; mn / 2 | mn))
      od
      sum
  end
```

Ein Aufruf von *euler* :

```
euler ((int i) real : (odd i | - 1 / i | 1 / i), 1E - 5,2)
```

11.6. Norm eines Vektors

```
proc norm = (ref [] real a) real :
        co Euklidische Norm des Vektors 'a' co
    (long real s := long 0;
     for k from lwb a to upb a do s +:= leng a [k] ** 2 od;
     shorten long sqrt (s))
```

Zum Gebrauch von *norm* in einem Aufruf siehe 11.7.

11.7. Determinante einer Matrix

```
proc det = (ref [,] real x, ref [] int p) real :
  if ref [,] real a = x [at 1, at 1];
     1 upb a = 2 upb a and 1 upb a = upb p - lwb p + 1
  then int n = 1 upb a;
        co Die Determinante einer quadratischen Matrix 'a' (n, n) wird nach der Methode
        von Crout mit Zeilenaustausch berechnet. 'a' wird ersetzt durch ihre Dreiecks-
        zerlegung l * u, wobei alle u [k, k] = 1. Der Vektor 'p' gibt die Pivotzeilenindizes
        an; das k-te Pivotelement wird in der k-ten Spalte von 'l' so ausgewählt, daß
        abs l [i, k] / Zeilennorm maximal ist. co
    [1 : n] real v; real d := 1, s, pivot;
    for i to n do v [i] := norm (a [i, ]) od;
    for k to n
    do int k1 = k - 1; ref int pk = p [at 1] [k];
         real r := -1;
         ref [,] real al = a [ , 1 : k1], au = a [1 : k1, ];
         ref [] real ak = a [k, ], ka = a [ , k], alk = al [k, ],
            kau = au [ , k];
         for i from k to n
         do ref real aik = ka [i];
            if (s := abs (aik -:= skalarprodukt 2 (al [i, ], kau)) / v [i]) > r
            then r := s; pk := i
            fi
         od;
         v [pk] := v [k]; pivot := ka [pk];
         ref [] real apk = a [pk, ];
         for j to n
         do ref real akj = ak [j], apkj = apk [j];
               r := akj;
               akj := if j le k then apkj
                  else (apkj - skalarprodukt 2 (alk, au [ , j])) / pivot fi
               if pk ne k then apkj := - r fi
```

```
            od;
            d *:= pivot
        od;
        d
    fi
```

Ein Aufruf von *det* :

det (y2, i1)

11.8. Größter gemeinsamer Teiler

```
proc gcd = (int a, b) int :
        co größter gemeinsamer Teiler zweier ganzer Zahlen co
    (b = 0 | abs a | gcd (b, a mod b))
```

Ein Aufruf von *gcd* :

gcd (n, 124)

11.9. Kettenbruch

```
op /= ([] real a, [] real b) real :
        co Der Wert von a / b ist gleich dem des Kettenbruches
        a1 / (b1 + a2 / (b2 + ... an / bn) ...) co
  if lwb a = 1 and lwb b = 1 and upb a = upb b
  then (upb a = 0 | 0 | a[1] / (b[1] + a[2 : ] / b[2 : ]))
```

Eine Formel mit /:

x1 / y1

[Der Gebrauch der Rekursivität wird oft eleganter als effektiv sein, wie in der rekursiven Prozedur 11.8 und in der rekursiven Operation 11.9. Man beachte jedoch die Beispiele, in welchen die Rekursivität von wesentlicher Art ist, 11.10 und 11.13.]

11.10. Formelmanipulierung

```
begin
  mode form = union (ref const, ref var, ref triple, ref call);
  mode const = struct (real value);
  mode var = struct (string name, real value);
  mode triple = struct (form left operand, int operator,
     form right operand);
  mode function = struct (ref var bound var, form body);
  mode call = struct (ref function function name, form parameter);
  int plus = 1, minus = 2, times = 3, by = 4, to = 5;
  heap const zero, one; value of zero := 0; value of one := 1;
  op == (form a, ref const b) bool :
       (a | (ref const ec) : ec :=: b | false);
```

```
op += (form a, b) form :
    (a = zero | b |: b = zero | a | heap triple := (a, plus, b));

op -= (form a, b) form :
    (b = zero | a | heap triple := (a, minus, b));

op *= (form a, b) form :
    (a = zero ∨ b = zero | zero |: a = one | b
      |: b = one | a | heap triple := (a, times, b));

op /= (form a, b) form :
(a = zero and not (b = zero) | zero |: b = one | a |
  heap triple := (a, by, b));

op **= (form a, ref const b) form :
(a = one ∨ (b :=: zero) | one |: b :=: one | a |
  heap triple := (a, to, b));

proc derivative of = (form e, co abgeleitet nach co ref var x) form :
    case e in
        (ref const) : zero,
        (ref var ev) : (ev :=: x | one | zero),
        (ref triple et) :
          case form u = left operand of et, v = right operand of et;
            form udash = derivative of (u, co abgeleitet nach co x),
                 vdash = derivative of (v, co abgeleitet nach co x);
               operator of et
          in
               udash + vdash,
               udash - vdash,
               u * vdash + udash * v,
               (udash - et * vdash) / v,
               (v | (ref const ec) : v * u ** (heap const c;
                  value of c := value of ec -1; c) * udash)
          esac,

        (ref call ef) :
          begin ref function f = function name of ef;
            form g = parameter of ef; ref var y = bound var of f;
            heap function fdash :=
                 (y, derivative of (body of f, y));
            (heap call := (fdash, g)) * derivative of (g, x)
          end
    esac;

proc value of = (form e) real :
    case e in
        (ref const ec) : value of ec,
        (ref var ev) : value of ev,
        (ref triple et) :
```

```
            case real u = value of (left operand of et),
              v = value of (right operand of et);
              operator of et
            in u + v, u − v, u * v, u / v, exp (v * ln (u))
            esac,
          (ref call ef) :
            begin ref function f = function name of ef;
              value of bound var of f := value of (parameter of ef);
              value of (body of f)
            end
        esac;
    heap form f, g;
    heap var a := ("a", skip), b := ("b", skip), x := ("x" skip);

co beginne hier co
      read ((value of a, value of b, value of x));
        f := a + x / (b + x); g := (f + one) / (f − one);
      print ((value of a, value of b, value of x,
        value of (derivative of (g, co abgeleitet nach co x))))
  end co Beispiel Formelmanipulierung co
```

11.11. Informationssuche

```
  begin
  mode ra = ref auth, rb = ref book;
    mode auth = struct (string name, ra next, rb book),
      book = struct (string title, rb next);
    ra auth, first auth := nil, last auth;
    rb book; string name, title; int i; file input, output;
      open (input, "", remote in); open (output, "", remote out);
      putf (output, ($ p

        "Um einen neuen Autor aufzunehmen, gebe man ""autor"" "x" und nach einem
        Zwischenraum seinen Namen ein."l
        "Um ein neues Buch aufzunehmen, gebe man ""buch"" "x" und nach einem
        Zwischenraum den Namen des Autors, und auf einer neuen Zeile den Titel
        ein."l
        "Bei Wunsch der Liste aller Bücher eines Autors gebe man ""liste"" "x" und nach
        einem Zwischenraum seinen Namen ein."l
        "Bei Anfrage nach dem Autor eines Buches gebe man ""suche"" "x" und auf
        einer neuen Zeile den Titel ein."l
        "Am Ende gebe man ""ende"" ein "al$,"."));

      proc update = void :
        if ra (first auth) :=: nil
        then auth := first auth := last auth := heap auth :=
            (name, nil, nil)
```

```
        else auth := first auth;
            while ra (auth) :≠: nil
        do
            (name = name of auth | go to known | auth := next of auth)
        od;
          last auth := next of last auth := auth := heap auth :=
            (name, nil, nil);
    known : skip
      fi;
do
    try again :
        getf (input, ($ c ("autor", "buch", "liste", "suche", "ende", ""),
          x30al, 80al $, i));
      case i in
          co autor co
          (getf (input, name); update), co buch co
          begin getf (input, (name, title)); update)
          if rb (book of auth) :=: nil
          then book of auth := heap book := (title, nil) .
          else book := book of auth;
            while rb (next of book) :≠: nil
            do
                (title = title of book
                | go to try again | book := next of book)
            od;
              (title ne title of book
              | next of book := heap book := (title, nil))
          fi
          end,
          co liste co
          begin getf (input, name); update;
              putf (output, ($ p "autor :∸"30all $, name));
              if rb (book := book of auth) :=: nil
              then put (output, ("keine∸veröffentlichungen", newline))
              else on page end (output,
                (ref file f) bool :
                    (putf (f, ($ p "autor :∸"30a4k"fortsetzung∸nächste∸seite"ll $,
                    name));
                    true));
              while rb (book) :≠: nil
              do putf (output, ($ l80a $, title of book));
                  book := next of book
              od
              on page end (output, (ref file f) bool : false)
            fi
        end,
```

```
        co suche co
        begin getf (input, (loc string, title)); auth := first auth;
            while ra (auth) :≠: nil
            do book := book of auth;
              while rb (book) :≠: nil
              do
                if title = title of book
                  then putf (output, ($ l "autor : ∸ "30a $, name of auth));
                    go to try again
                else book := next of book
                fi
              od;
              auth := next of auth
          od;
          put (output, (newline, "unbekannt", newline))
        end,
        co ende co
        (put (output, (new page, "abbruch∸auf∸wunsch", close));
            close (input); go to stop),
        co fehler co
        (put (output, (newline, "fehler,∸neue∸ eingabe∸bitte")); newline (input))
      esac
    od
  end
```

11.12. Zusammenarbeit sequentieller Prozesse

```
begin int nmb magazine slots, nmb producers, nmb consumers;
    read ((nmb magazine slots, nmb producers, nmb consumers));
    [1 : nmb producers] file infile,
    [1 : nmb consumers] file outfile;
  for i to nmb producers
  do open (infile [i], "", inchannel i[) od;
      co 'inchannel' und 'outchannel' sind in einem umfassenden Bereich definiert wor-
      den co
  for i to nmb consumers
  do open (outfile [i], "", outchannel [i]) od;
  mode page = [1 : 60, 1 : 132] char;
  [1 : nmb magazine slots] ref page magazine;
  int co Zähler eines zyklischen Magazines co
  index := 1, exdex := 1;
  sema full slots = level 0,
    free slots = level nmb magazine slots,
    in buffer busy = level 1, out buffer busy = level 1;
```

```
  proc par call = (proc (int) void p, int n) void :
      co Paralleles Aufrufen von 'n' Verkörperungen von 'p' co
      (n > 0 | par (p(n), par call (p, n - 1)));
  proc producer = (int i) void :
    do heap page page;
      get (infile [i], page);
      down free slots; down in buffer busy;
        magazine [index] := page;
        index modab nmb magazine slots plusab 1;
      up full slots; up in buffer busy
    od;
  proc consumer = (int i) void :
    do page page;
      down full slots; down out buffer busy;
        page := magazine [exdex];
        exdex modab nmb magazine slots plusab 1;
      up free slots; up out buffer busy;
      put (outfile [i], page)
    od;
  par (par call (producer, nmb producers),
      par call (consumer, nmb consumers))
  end
```

11.13. Die Türme von Hanoi

```
for k to 8
do file f := stand out;
  proc p = (int me, de, ma) void :
    if ma gt 0 then
      p (me, 6 - me - de, ma - 1);
      putf (f, (me, de, ma));
      co lege Stein 'ma' von Platz 'me' nach Platz 'de' co
      p (6 - me - de, de, ma - 1)
    fi;
  putf (f, ($ l"k∸=∸"dl, n((2 ** k + 15) over 16) (2(2(4(3(d)x)x)x)l) $ , k));
  p (1, 2, k)
od
```

12. Fachwörterverzeichnisse

12.1. Technische Termini

Für Wörter, die in diesem Bericht eine spezifische technische Bedeutung besitzen, werden die Stellen des definierenden Auftretens angegeben. Die alphabetische Ordnung erfolgt nach dem englischen Original. Ein Wort, das in unterschiedlichen grammatischen Formen erscheint, wird nur einmal angegeben, und zwar bei Verben im Infinitiv und bei Substantiven im Nominativ. Termini, die nur in pragmatischen Anmerkungen benutzt werden, sind in eckige Klammern eingeschlossen.

abstraction (a protonotion of a protonotion) 1.1.4.2.b
Oberbegriff (ein Protobegriff eines Protobegriffes)

acceptable to (a value acceptable to a mode) 2.1.3.6.d
akzeptierbar für (ein Wert, akzeptierbar für einen Modus)

access (inside a locale) 2.1.2.c
Zugriff (innerhalb eines Lokalen)

action 2.1.4.1.a
Aktion

active (action) 2.1.4.3.a
aktiv (Aktion)

after (in the textual order) 1.1.3.2.i
nach (in der textlichen Anordnung)

akin (a production tree to a production tree) 1.1.3.2.k
verwandt (ein Erzeugungsbaum mit einem Erzeugungsbaum)

[alignment] 10.3.4.1.1.ff
[Ausrichtung]

alternative 1.1.3.2.c
Alternative

apostrophe 1.1.3.1.a
Apostroph

arithmetic value 2.1.3.1.a
arithmetischer Wert

ascribe (a value or scene ascribed to an **indicator)** 4.8.2.a
zuschreiben (ein Wert oder eine Szene, die einem Indikator zugeschrieben ist)

assign (a value assigned to a name) 5.2.1.2.b
zuweisen (ein Wert, der einem Namen zugewiesen ist)

asterisk 1.1.3.1.a
Stern

[balancing] 3.4.1
[Balancierung]

before (in the textual order) 1.1.3.2.i
vor (in der textlichen Anordnung)

blind alley 1.1.3.2.d
Sackgasse

[book] 10.3.1.1.
[Buch]

bound 2.1.3.4.b
Grenze

bound pair 2.1.3.4.b
Grenzenpaar

built (the name built from a name) 6.6.2.c
gebildet (der Name, der aus einem Namen gebildet wurde)

built (the multiple value built from a value) 6.6.2.b
    gebildet (der mehrfache Wert, der aus einem Wert gebildet wurde)
calling (of a routine) 5.4.3.2.b
    Aufrufen (einer Routine)
[channel] 10.3.1.2.
    [Kanal]
character 2.1.3.1.g
    Zeichen
chosen (scene of a **chooser-clause**) 3.4.2.b
    gewählte (Szene einer Wählerklausel)
[close (a file)] 10.3.1.4.ff
    [schließen (einer Datei)]
collateral action 2.1.4.2.a
    kollaterale Aktion
collateral elaboration 2.1.4.2.f
    kollaterale Abarbeitung
[collection] 10.3.4.1.1.gg
    [Kollektion]
colon 1.1.3.1.a
    Doppelpunkt
comma 1.1.3.1.a
    Komma
complete (an action) 2.1.4.3.c, 2.1.4.3.d
    vollständig ausführen (eine Aktion), komplettieren
[compressible] 10.3.1.3.ff
    [komprimierbar]
consistent substitute 1.1.3.4.e
    durchgehend (simultan) substituieren
constituent 1.1.4.2.d
    Bestandteil
construct 1.1.3.2.e
    Sprachkonstruktion
construct in a representation language 9.3.b
    Sprachkonstruktion in einer Darstellungssprache
contain (by a hypernotion) 1.1.4.1.b
    enthalten (von einem Hyperbegriff)
contain (by a production tree) 1.1.3.2.g
    enthalten (von einem Erzeugungsbaum)
contain (by a protonotion) 1.1.4.1.b
    enthalten (von einem Protobegriff)
[control (a string by a pattern)] 10.3.4.1.1.dd
    [Steuerung (einer Zeichenkette durch ein Muster)]
[conversion key] 10.3.1.2
    [Konvertierungsschlüssel]
[create (a file on a channel)] 10.3.1.4.cc
    [schaffen (eine Datei auf einem Kanal)]
[cross-reference (in the syntax)] 1.1.3.4.f
    [Querbeziehung, Hinweis (in der Syntax)]
[data list] 10.3.3
    [Datenliste]
defining **range** (of an **indicator**) 7.2.2.a
    Definitionsbereich (eines Indikators)
deflex (a mode to a mode) 2.1.3.6.b
    entflexieren (einen Modus zu einem Modus)
[deproceduring] **6**
    [entprozedurieren]
[dereferencing] **6**
    [entreferenzieren]
descendent 1.1.3.2.g
    Abkomme
descendent action 2.1.4.2.b
    Teilaktion
descriptor 2.1.3.4.b
    Deskriptor
designate (a hypernotion designating a protonotion) 1.1.4.1.a
    bezeichnen (ein Hyperbegriff, der einen Protobegriff bezeichnet)
designate (a paranotion designating a construct) 1.1.4.2.a
    bezeichnen (ein Parabegriff, der eine Sprachkonstruktion bezeichnet)
develop (a scene from a **declarer**) 4.6.2.c
    entwickeln (eine Szene aus einem Deklarierer)
direct action 2.1.4.2.a
    direkte Teilaktion
direct descendent 1.1.3.2.f
    direkter Abkomme
direct parent 2.1.4.2.c
    direkte Vollaktion

symbol 1.1.3.1.f
Symbol
[synchronization operation] 10.2
Synchronisierungsoperation]
syntax 1.1.1
Syntax
terminal metaproduction (of a metanotion) 1.1.3.3.c
terminale Metaerzeugung (eines Metabegriffes)
terminal production (of a notion) 1.1.3.2.f
terminale Erzeugung (eines Begriffes)
terminal production (of a production tree) 1.1.3.2.f
terminale Erzeugung (eines Erzeugungsbaumes)
terminate (an action) 2.1.4.3.e
verlassen (eine Aktion)
textual order 1.1.3.2.i
textliche Anordnung
times (of arithmetic values) 2.1.3.1.e
mal (für arithmetische Werte)
transform 10.3.4.1.2.b
transformieren
[transient name] 2.1.3.6.c
[zeitweiliger Name]
transitive relationship 2.1.2.a
transitive Verwandtschaft
[transput declaration] 10.2
[Transgabedeklaration]
[transput] 10.3
Transgabe
traverse 10.3.2.3.d
Traverse, traversieren (durchlaufen)
trim 2.1.3.4.h
Trim
truth value 2.1.3.1.f
Wahrheitswert
typographical display feature 9.4.d
drucktechnische Maßnahme
undefined 1.1.4.3.a
nicht definiert
united from (of modes) 2.1.3.6.a
vereint aus (aus Modi)
[uniting] 6
[vereinen]
upper bound 2.1.3.4.b
obere Grenze
vacant locale 2.1.1.1.b
freies Lokales
value 2.1.1.1.a
Wert
variant (of a value) 4.4.2.c
Variante (eines Wertes)
variant of ALGOL 68 1.1.5.b
Variante von ALGOL 68
version (of an **operator**) 10.1.3. Step 3
Version (eines Operators)
visible 1.1.3.2.h
echt, sichtbar
void value 2.1.3.1.h
leerer Wert
[voiding] 6
[Löschen]
[weak (position)] 6.1.1
[schwache (Position)]
[well formed] 7.4
[wohl geformt]
widenable to (an integer to a real number) 2.1.2.d, 2.1.3.1.e
erweiterbar zu (eine ganze Zahl zu einer Realzahl)
[widening] 6
[Erweitern]
yield (of a scene) 2.1.2.b, 2.1.4.1.b, 2.1.5.c, 2.1.5.d
Ergebnis (einer Szene)

[Denn eben, wo Begriffe fehlen,
Da stellt ein Wort zur rechten Zeit sich ein.
Faust, J. W. von Goethe.]

12.2. Parabegriffe

In der Folge werden jeweils die kürzesten Parabegriffe angegeben, die die im Bericht definierten Begriffe repräsentieren. Die Referenzen zu ihren Hyperregeln sind dabei mit vermerkt. Außerdem sind die im deutschsprachigen Text verwendeten Bezeichnungen hinzugefügt.

after-specification 10.3.4.10.1.c
Zusatzspezifikation (für gebrochenen Teil und Größenordnung (Exponent))
alignment 10.3.4.1.1.e
Ausrichtung, Anordnung, Positionierung
alignment-code 10.3.4.1.1.f
Ausrichtungscode, Positioniercode
alternate-CHOICE-clause 3.4.1.d
alternative-**CHOICE**-Klausel
assignation 5.2.1.1.a
Zuweisung
bits-denotation 8.2.1.l
Bitsgestalt
bits-pattern 10.3.4.7.1.a
Bitsmuster
boolean-choice-pattern 10.3.4.8.1.b
boolesches-Auswahlmuster
boolean-marker 10.3.4.4.1.b
Booleschanzeiger
boolean-pattern 10.3.4.4.1.a
Booleschmuster
boundscript 5.3.2.1.j.
Grendex
call 5.4.3.1.a
Aufruf
case-clause 3.4.1.p
Fallklausel
case-part-of-CHOICE 3.4.1.i
Fallteil-des-**CHOICE**
cast 5.5.1.1.a
Zuschnitt
character-glyph 8.1.4.1.c
Zeichenglyphe
character-marker 10.3.4.6.1.b
Zeichenanzeiger
choice-clause 3.4.1.n
Auswahlklausel
chooser-CHOICE-clause 3.4.1.b
Wähler-**CHOICE**-Klausel
closed-clause 3.1.1.a
abgeschlossene-Klausel
coercee 6.1.1.g
Angepaßtes
coercend 6.1.1.h
Anzupassendes
collateral-clause 3.3.1.a, 3.3.1.d, 3.3.1.e
kollaterale-Klausel
collection 10.3.4.1.1.b
Kollektion
complex-marker 10.3.4.5.1.b
Komplexanzeiger
complex-pattern 10.3.4.5.1.a
Komplexmuster
conditional-clause 3.4.1.o
bedingte-Klausel
conformity-clause 3.4.1.q
Konformitätsklausel
constant 3.0.1.d
Konstante
declaration 4.1.1.a
Deklaration
declarative 5.4.1.1.e
Deklarative
declarator 4.6.1.c, 4.6.1.d, g, h, o, s
Deklarator
declarer 4.2.1.c, 4.4.1.b, 4.6.1.a, 4.6.1.b
Deklarierer
definition 4.1.1.d
Definition
denotation 8.1.0.1.a, 8.1.1.1.a, 8.1.2.1.a, 8.1.3.1.a, 8.1.4.1.a, 8.1.5.1.a, 8.2.1.a, 8.2.1.b, 8.2.1.c, 8.3.1.a, 9.1
Gestalt
denoter 8.0.1.a
Gestalter
deprocedured-to-FORM 6.3.1.a
entprozeduriert-zu-**FORM**
dereferenced-to-FORM 6.2.1.a
entreferenziert- zu-**FORM**

sample-generator 5.2.3.1.b
Ersatzgenerator
selection 5.3.1.1.a
Selektion
serial-clause 3.2.1.a
serielle-Klausel
series 3.2.1.b
Serie
sign-marker 10.3.4.2.1.e
Vorzeichenanzeiger
sign-mould 10.3.4.2.1.c
Vorzeichenschablone
skip 5.5.2.1.a
Lücke
slice 5.3.2.1.a
Schnitt
softly-deprocedured-to-FORM 6.3.1.b
sanft-entprozeduriert-zu-**FORM**
source 5.2.1.1.c
Herkunft
source-for-MODINE 4.4.1.d
Herkunft-für-**MODINE**
specification 3.4.1.j, 3.4.1.k
Spezifikation
stagnant-part 8.1.2.1.f
Mantissenteil
statement 3.0.1.c
Anweisung
string 8.3.1.b
Zeichenkette
string-denotation 8.3.1.c
Zeichenkettengestalt
string-item 8.1.4.1.b
Zeichenkettenposten
string-pattern 10.3.4.6.1.a
Zeichenkettenmuster
structure-display 3.3.1.h
Strukturdarstellung
subscript 5.3.2.1.e
Index
suppression 10.3.4.1.1.l
Unterdrückung
symbol 9.1.1.h
Symbol
system-task 10.1.1.e
System-Task
tasks 10.1.1.d
Tasks
times-ten-to-the-power-choice 8.1.2.1.h
mal-Zehn-hoch-Auswahl
token 9.1.1.g
Type
trimmer 5.3.2.1.f
Trimmer
trimscript 5.3.2.1.h
Trimex
unchanged-from-FORM 6.1.1.f
ungeändert-von-**FORM**
unit 3.2.1.d
Einheit
unitary-clause 3.2.1.h
Einzelklausel
united-to-FORM 6.4.1.a
vereint-zu-**FORM**
unsuppressible-literal 10.3.4.1.1.i
nicht-unterdrückbares-Literal
unsuppressible-replicator 10.3.4.1.1.h
nicht-unterdrückbarer-Wiederholer
unsuppressible-suppression 10.3.4.1.1.l
nicht-unterdrückbare-Unterdrückung
upper-bound 4.6.1.n
obere-Grenze
user-task 10.1.1.f
Benutzer-Task
vacuum 3.3.1.k
Vakuum
variable 3.0.1.e
Variable
variable-declaration 4.4.1.e
Variablendeklaration
variable-definition 4.4.1.f
Variablendefinition
variable-point-mould 10.3.4.3.1.b
Festpunktschablone
variable-point-numeral 8.1.2.1.b
Festpunktnumeral
voided-to-FORM 6.7.1.a, b
gelöscht-zu-**FORM**
while-do-part 3.5.1.f
solange-und-Ausführungsteil

while-part 3.5.1.g
solange-Teil
widened-to-FORM 6.5.1.a, b, c, d
erweitert-zu-**FORM**
width-specification 10.3.4.10.1.b
Weitenspezifikation
zero-marker 10.3.4.2.1.d
Nullanzeiger

Die folgenden Parabegriffe beginnen jeweils mit einem Metabegriff und bilden eine gesonderte Liste.

ADIC-operand 5.4.2.1.c
ADIC-Operand
CHOICE-again 9.1.1.c
CHOICE-Fortsetzung
CHOICE-finish 9.1.1.e
CHOICE-beendet
CHOICE-in 9.1.1.b
CHOICE-in
CHOICE-out 9.1.1.d
CHOICE-aus
CHOICE-start 9.1.1.a
CHOICE-Start
CHOICE-clause 3.4.1.a
CHOICE-Klausel
COMMON-joined-definition 4.1.1.b, c
COMMON-gemeinsame-Definition
DYADIC-formula 5.4.2.1.a
DYADIC-Formel
EXTERNAL-prelude 10.1.1.c
EXTERNAL-Vorspiel
FIELDS-definition-of-FIELD 4.6.1.f
FIELDS-Definition-von-**FIELD**
FIELDS-portrait 3.3.1.f, g
FIELDS-Portrait, **FIELDS**-Abbild
FIELDS-portrayer-of-FIELDS1 4.6.1.e
FIELDS-Anleger-von-**FIELDS1**
FORM-coercee 6.1.1.a, b, c, d, e
FORM-Angepaßtes
FROBYT-part 3.5.1.d
FROBYT-Teil
INDICATOR 4.8.1.a, b
INDICATOR
MOIDS-joined-declarer 4.6.1.t, u
MOIDS-gemeinsamer-Deklarierer
MONADIC-formula 5.4.2.1.b
MONADIC-Formel
NOTETY-pack 1.3.3.d
NOTETY-Packen
NOTION-bracket 1.3.3.e
NOTION-Klammer
NOTION-list 1.3.3.c
NOTION-Liste
NOTION-option 1.3.3.a
NOTION-Möglichkeit
NOTION-sequence 1.3.3.b
NOTION-Folge
NOTION-token 9.1.1.k
NOTION-Type
PARAMETERS 5.4.3.1.b
PARAMETERS
PARAMETERS-joined-declarer 4.6.1.q, r
gemeinsamer-Deklarierer-für-**PARAMETERS**
PRAGMENT 9.2.1.b
PRAGMENT
PRAGMENT-item 9.2.1.c
PRAGMENT-Posten
QUALITY-FIELDS-field-selector 4.8.1.c,d
QUALITY-FIELDS-Feldselektor
RADIX 8.2.1.d, e, f, g
RADIX
RADIX-digit 8.2.1.h, i, j, k
RADIX-Ziffer
RADIX-frame 10.3.4.7.1.b
RADIX-Vorlage
ROWS-leaving-ROWSETY-indexer 5.3.2.1.b, c, d
ROWS-verbleibend-**ROWSETY**-Indexer
TALLY-declarer 4.2.1.c
TALLY-Deklarierer
THING1-or-alternatively-THING2 1.3.3.f
THING1-oder-aber-**THING2**
UNSUPPRESSETY-literal 10.3.4.1.1.i
UNSUPPRESSETY-Literal
UNSUPPRESSETY-suppression 10.3.4.1.1.l
UNSUPPRESSETY-Unterdrückung

12.3. Prädikate

Nachstehend werden Kurzformen der in diesem Bericht definierten Prädikate angegeben. Außerdem sind die im deutschsprachigen Text verwendeten Formen hinzugefügt.

12.4. Index zum Standardvorspiel

Operatoren, die durch Symbole dargestellt werden

Operator- und Modusindikationen, die durch Wörter dargestellt werden

Standardidentifikatoren, die der Programmierer verwenden kann

Standardmodi in längeren und kürzeren Versionen
(das große *L* davor steht für eine Anzahl von ***long*** oder ***short***)

Standardidentifikatoren, die der Programmierer verwenden darf, in längeren und kürzeren Versionen (das große *L* davor steht für eine Anzahl *long* oder *short*)

Standardmodi und -operatoren, die der Programmierer nicht verwenden darf, bzw. die er neu in seinem Programm deklarieren muß (gekennzeichnet mit einem 𝔖 am Anfang).

Standardidentifikatoren, die der Programmierer nicht verwenden darf, bzw. die er neu in seinem Programm deklarieren muß (großes *L* steht für eine Anzahl *long* oder *short*), gekennzeichnet durch ein 𝔖 am Anfang.

12.5. Alphabetische Liste der Metaerzeugungsregeln

ABC [942L] :: **a ; b ; c ; d ; e ; f ; g ; h ; i ; j ; k ; l ; m ; n ; o ; p ; q ; r ; s ; t ; u ; v ; w ; x ; y ; z.**

ADIC [542C] :: **DYADIC ; MONADIC.**

ALPHA [13B] :: **a ; b ; c : d ; e ; f ; g ; h ; i ; j ; k ; l ; m ; n ; o ; p ; q ; r ; s ; t ; u ; v ; w ; x ; y ; z.**

BECOMESETY [942J] :: **com becomes ; cum assigns to ; EMPTY.**

BITS [65A] :: **structured with row of boolean SITHETY letter aleph mode.**

BYTES [65B] :: **structured with row of character SITHETY letter aleph mode.**

CASE [34B] :: **choice using integral ; choice using UNITED.**

CHOICE [34A] :: **choice using boolean ; CASE.**

COLLECTION [A341C] :: **union of PICTURE COLLITEM mode.**

COLLITEM [A341D] :: **structured with INSERTION field letter i digit one procedure yielding integral field letter r letter e letter p integral field letter p INSERTION field letter i digit two mode.**

COMARK [A341N] :: **zero ; digit ; character.**

COMMON [41A] :: **mode ; priority ; MODINE identity ; reference to MODINE variable ; MODINE operation ; PARAMETER ; MODE FIELDS.**

COMORF [61G] :: **NEST assignation ; NEST identity relation ; NEST LEAP generator ; NEST cast ; NEST denoter ; NEST format text.**

CPATTERN [A341I] :: **structured with INSERTION field letter i integral field letter t letter y letter p letter e row of INSERTION field letter c mode.**

DEC [123E] :: **MODE TAG ; priority PRIO TAD ; MOID TALLY TAB ; DUO TAD ; MONO TAM.**

DECS [123D] :: **DEC ; DECS DEC.**

DECSETY [123C] :: **DECS ; EMPTY.**

DEFIED [48B] :: **defining ; applied.**

DIGIT [942C] :: **digit zero ; digit one ; digit two ; digit three ; digit four ; digit five ; digit six ; digit seven ; digit eight ; digit nine.**

DOP [942M*] :: **DYAD ; DYAD cum NOMAD.**

DUO [123H] :: **procedure with PARAMETER1 PARAMETER2 yielding MOID.**

DYAD[942G] :: **MONAD ; NOMAD.**

DYADIC [542A] :: **priority PRIO.**

EMPTY [12G] :: **.**

ENCLOSED [122A] :: **closed ; collateral ; parallel ; CHOICE ; loop.**

EXTERNAL [A1A] :: **standard, library ; system ; particular.**

FIELD [12I] :: **MODE field TAG.**

FIELDS [12J] :: **FIELD ; FIELDS FIELD.**

FIRM [61B] :: **MEEK ; united to.**

FIVMAT [A341L] :: **mui definition of structured with row of structured with integral field letter c letter p integral field letter c letter o letter u letter n letter t integral field letter b letter p row of union of structured with union of PATTERN CPATTERN structured with INSERTION field letter i procedure yielding mui application field letter p letter f mode GPATTERN void mode field letter p INSERTION field letter i mode COLLITEM mode field letter c mode field letter aleph mode.**

FLEXETY [12K] :: flexible ; EMPTY.

FORM [61E] :: MORF ; COMORF.

FORMAT [A341A] :: structured with row of PIECE field letter aleph mode.

FPATTERN [A341J] :: structured with INSERTION field letter i procedure yielding FIVMAT field letter p letter f mode.

FRAME [A341H] :: structured with INSERTION field letter i procedure yielding integral field letter r letter e letter p boolean field letter s letter u letter p letter p character field letter m letter a letter r letter k letter e letter r mode.

FROBYT [35A] :: from ; by ; to.

GPATTERN [1341K] :: structured with INSERTION field letter i row of procedure yielding integral field letter s letter p letter e letter c mode.

HEAD [73B] :: PLAIN ; PREF ; structured with ; FLEXETY rows of ; procedure with ; union of ; void.

INDICATOR [48A] :: identifier ; mode indication ; operator.

INSERTION [A341E] :: row of structured with procedure yielding integral field letter r letter e letter p union of row of character mode field letter s letter a mode.

INTREAL [12C] :: SIZETY integral ; SIZETY real.

LAB [123K] :: label TAG.

LABS [123J] :: LAB ; LABS LAB

LABSETY [123I] :: LABS ; EMPTY.

LAYER [123B] :: new DECSETY LABSETY.

LEAP [44B] :: local ; heap ; primal.

LENGTH [65D] :: letter l letter o letter n letter g.

LENGTHETY [65F] :: LENGTH LENGTHETY ; EMPTY.

LETTER [942B] :: letter ABC ; letter aleph ; style TALLY letter ABC.

LONGSETY [12E] :: long LONGSETY ; EMPTY.

MARK [A341M] :: sign ; point ; exponent ; complex ; boolean.

MEEK [61C] :: unchanged from ; dereferenced to ; deprocedured to.

MODE [12A] :: PLAIN ; STOWED ; REF to MODE ; PROCEDURE ; UNITED ; MU definition of MODE ; MU application.

MODINE [44a] :: MODE ; routine.

MOID [12R] :: MODE ; void.

MOIDS [46C] :: MOID ; MOIDS MOID.

MOIDSETY [47C] :: MOIDS ; EMPTY.

MONADIC [542B] :: priority iii iii iii i.

MONAD [942H] :: or ; and ; ampersand ; differs from ; is at most ; is at least ; over ; percent ; window ; floor ; ceiling ; plus i times ; not ; tilde ; down ; up ; plus ; minus ; style TALLY monad.

MONO [123G] :: procedure with PARAMETER yielding MOID.

MOOD [12U] :: PLAIN ; STOWED ; reference to MODE ; PROCEDURE ; void.

MOODS [12T] :: MOOD ; MOODS MOOD.

MOODSETY [47B] :: MOODS ; EMPTY.

MORF [61F] :: NEST selection ; NEST slice ; NEST routine text ; NEST ADIC formula ; NEST call ; NEST applied identifier with TAG.

MU [12V] :: muTALLY.

NEST [123A] :: LAYER ; NEST LAYER.

NOMAD [942I] :: is less than ; is greater than ; divided by ; equals ; times ; asterisk.

NONPREF [71B] :: PLAIN ; STOWED ; procedure with PARAMETERS yielding MOID ; UNITED ; void.

NONPROC [67A] :: PLAIN ; STOWED ; REF to NONPROC ; procedure with PARAMETERS yielding MOID ; UNITED.

NONSTOWED [47A] :: PLAIN ; REF to MODE ; PROCEDURE ; UNITED ; void.

NOTETY [13C] :: NOTION ; EMPTY.

NOTION [13A] :: ALPHA ; NOTION ALPHA.

NUMERAL [810B*] :: fixed point numeral ; variable point numeral ; floating point numeral.

PACK [31B] :: STYLE pack.

PARAMETER [12Q] :: MODE parameter.

PARAMETERS [12P] :: PARAMETER ; PARAMETERS PARAMETER.

PARAMETY [12O] :: with PARAMETERS ; EMPTY.

PART [73E] :: FIELD ; PARAMETER.

PARTS [73D] :: PART ; PARTS PART.

PATTERN [A341G] :: structured with integral field letter t letter y letter p letter e row of FRAME field letter f letter r letter a letter m letter e letter s mode.

PICTURE [A341F] :: structured with union of PATTERN CPATTERN FPATTERN GPATTERN void mode field letter p INSERTION field letter i mode.

PIECE [A341B] :: structured with integral field letter c letter p integral field letter c letter o letter u letter n letter t integral field letter b letter p row of COLLECTION field letter c mode.

PLAIN [12B] :: INTREAL ; boolean ; character.

PRAGMENT [92A] :: pragmat ; comment.

PRAM [45A] :: DUO ; MONO.

PREF [71A] :: procedure yielding ; REF to.

PREFSETY [71C*] :: PREF PREFSETY ; EMPTY.

PRIMARY [5D] :: slice coercee ; call coercee ; cast coercee ; denoter coercee ; format text coercee ; applied identifier with TAG coercee ; ENCLOSED clause.

PRIO [123F] :: i ; ii ; iii ; iii i ; iii ii ; iii iii ; iii iii i ; iii iii ii ; iii iii iii .

PROCEDURE [12N] :: procedure PARAMETY yielding MOID.

PROP [48E] :: DEC ; LAB ; FIELD.

PROPS [48D] :: PROP ; PROPS PROP.

PROPSETY [48C] :: PROPS ; EMPTY.

QUALITY [48F] :: MODE ; MOID TALLY ; DYADIC ; label ; MODE field.

RADIX [82A] :: radix two ; radix four ; radix eight ; radix sixteen.

REF [12M] :: reference ; transient reference.

REFETY [531A] :: REF to ; EMPTY.

REFLEXETY [531B] :: REF to ; REF to flexible ; EMPTY.

ROWS [12L] :: row ; ROWS row.

ROWSETY [532A] :: ROWS ; EMPTY.

SAFE [73A] :: safe ; MU has MODE SAFE ; yin SAFE ; yang SAFE ; remember MODE1 MODE2 SAFE.

SECONDARY [5C] :: LEAP generator coercee ; selection coercee ; PRIMARY.

SHORTH [65E] :: **letter s letter h letter o letter r letter t.**
SHORTHETY [65G] :: **SHORTH SHORTHSETY ; EMPTY.**
SHORTSETY [12F] :: **short SHORTSETY ; EMPTY.**
SITHETY [65C] :: **LENGTH LENGTHETY ; SHORTH SHORTHETY ; EMPTY.**
SIZE [810A] :: **long, short.**
SIZETY [12D] :: **long LONGSETY ; short SHORTSETY ; EMPTY.**
SOFT [61D] :: **unchanged from ; softly deprocedured to.**
SOID [31A] :: **SORT MOID.**
SOME [122B] :: **SORT MOID NEST.**
SORT [122C] :: **strong ; firm ; meek ; weak ; soft.**
STANDARD [942E] :: **integral ; real ; boolean ; character ; format ; void ; complex ; bits ; bytes ; string ; sema ; file ; channel.**
STOP [A1B] :: **label letter s letter t letter o letter p.**
STOWED [12H] :: **structured with FIELDS mode ; FLEXETY ROWS of MODE.**
STRONG [61A] :: **FIRM ; widened to ; rowed to ; voided to.**
STYLE [133A] :: **brief ; bold ; style TALLY.**
TAB [942D] :: **bold TAG ; SIZETY STANDARD.**
TAD [942F] :: **bold TAG ; DYAD BECOMESETY ; DYAD cum NOMAD BECOMESETY.**
TAG [942A] :: **LETTER ; TAG LETTER ; TAG DIGIT.**
TAILETY [73C] :: **MOID ; FIELDS mode ; PARAMETERS yielding MOID ; MOODS mode ; EMPTY.**
TALLETY [542D] :: **TALLY; EMPTY.**
TALLY [12W] :: **i ; TALLY i.**
TAM [942K] :: **bold TAG ; MONAD BECOMESETY ; MONAD cum NOMAD BECOMESETY.**
TAO [45B] :: **TAD ; TAM.**
TAX [48G] :: **TAG ; TAB ; TAD ; TAM.**
TERTIARY [5B] :: **ADIC formula coercee ; nihil ; SECONDARY.**
THING [13D] :: **NOTION ; (NOTETY1) NOTETY2 ; THING (NOTETY1) NOTETY2.**
TYPE [A341P] :: **integral ; real ; boolean ; complex ; string ; bits ; integral choice ; boolean choice ; format ; general.**
UNIT [5A] :: **assignation coercee ; identity relation coercee ; routine text coercee ; jump ; skip ; TERTIARY.**
UNITED [12S] :: **union of MOODS mode.**
UNSUPPRESSETY [A341O] :: **unsuppressible ; EMPTY.**
VICTAL [46A] :: **VIRACT ; formal.**
VIRACT [46B] :: **virtual ; actual.**
WHETHER [13E] :: **where ; unless.**

[Lex mihi ars.]

FSC
www.fsc.org
MIX
Papier | Fördert gute Waldnutzung
FSC® C083411

Kolibri 360 GmbH
Ferdinand-Jühlke-Straße 7
99095 Erfurt, Deutschland
produktsicherheit@kolibri360.de